谨以此书

献给我的家人：爱妻孙筝、爱女宋苏宁。

缅怀我的父亲宋永然（1946—2014）、母亲关淑云（1949—2018）。

2010年度国家社科基金青年项目资助（编号：10CSH033）

监狱社會化

中国监狱的角色转向

宋立军 著

知识产权出版社

全国百佳图书出版单位

图书在版编目（CIP）数据

监狱社会化：中国监狱的角色转向/宋立军著. —北京：知识产权出版社，2019.6
ISBN 978 - 7 - 5130 - 6172 - 8

Ⅰ.①监… Ⅱ.①宋… Ⅲ.①监狱—管理—社会化—研究—中国 Ⅳ.①D926.7

中国版本图书馆 CIP 数据核字（2019）第 054129 号

内容提要

监狱社会化，可能是一个新的概念，在特定领域里也是一种新的思维模式。首先，作者将监狱视为一个人，它也必须经历着社会化的过程；其次，作者将监狱的性质定位为公共社会组织，是与其他各种组织和个人有着密切交往的主体；最后，监狱社会化既是一个动态的现实过程，也是应然的理想图景。作者在长期从事监狱田野工作的基础上，重点对 1995—2015 年我国监狱的社会角色变迁进行了详细描述与必要解释，特别是对当前监狱面临的"成长的烦恼"给予密切关注和分析，并提出"双向开放"的策略，具有现实价值和理论意义。

责任编辑：韩婷婷	**责任校对**：潘凤越
封面设计：邵建文	**责任印制**：孙婷婷

监狱社会化：中国监狱的角色转向

宋立军　著

出版发行：	知识产权出版社有限责任公司	网　址：	http：//www.ipph.cn
社　址：	北京市海淀区气象路 50 号院	邮　编：	100081
责编电话：	010 - 82000860 转 8359	责编邮箱：	176245578@qq.com
发行电话：	010 - 82000860 转 8101/8102	发行传真：	010 - 82000893/82005070/82000270
印　刷：	北京九州迅驰传媒文化有限公司	经　销：	各大网上书店、新华书店及相关专业书店
开　本：	787mm×1092mm　1/16	印　张：	17.75
版　次：	2019 年 6 月第 1 版	印　次：	2019 年 6 月第 1 次印刷
字　数：	288 千字	定　价：	79.00 元

ISBN 978 - 7 - 5130 - 6172 - 8

序一

展示监狱社会化视角与景象的佳作

郭 明

《监狱社会化：中国监狱的角色转向》一书是宋立军博士基于多年来对监狱进行田野调查及整理相关文献撰写而成的一项专题研究成果。当他把书稿发给我时，除了嘱我为之序，特别要求我在序中应当对其作品不吝批评指正。历来为书作序，无不具有更好地介绍和推广作品的用意，故作序或多或少难免会有某些溢美之辞。但我知道立军老弟的要求并非虚假之请，作为人类学博士，这是他受到专业训练所养成的学术诚实使然。我认为，此种学术自觉既是确保学术利益优先的必要条件，也是彼此作为学友的信任基础。

过去30多年，同步于整个国家和社会的转型发展，中国的监狱制度亦发生了相应的深刻变化。而此种变化的原因和表征之一，简而言之是监狱原有社会状态所经历的"再社会化"，即在监狱与社会双向互动的过程中经历的所谓从"传统监狱"到"现代监狱"的监狱制度变迁。如何描述和评价此种正在进行的监狱制度变迁现象，以便为未来监狱变革决策提供具有信效度的事实依据和理论认知？相信读过本书的读者和我一样，很容易从该书内容作出判断，它其实就是一部关于过去20年当代中国监狱现状及其变革的调查研究报告。可以说，无论就调查深度，还是研究广度以及研究规模，与其他同类题材调研报告相比，这部作品在我所见范围内都是遥遥领先的。

通读之下，我认为该书的学术特色突出表现在下述三个方面：

一是充足的事实描述。掌握可靠的事实材料并加以充分描述对于确保调查研究报告的可信度是必不可少的。为此，作者采取的主要方法是以1995年至2015年的监狱发展和个人在此期间所经历的监狱职业生涯为研究时段和依据，自觉将田野调查和文献整理加以结合，通过参与观察、个案访谈、文献检索等多种手段，获得大量形态丰富、足资征信的微观和宏观材料，并加以精心整理和合理编织，据此构成叙事说理的具体内容，从而体现了该书事实描述的充足性。

二是完整的理论建构。读者从书名可知，"监狱社会化"及其演变过程是该书的主要研究对象。这一"研究对象"的理论意义不仅在于它是一种经验事实，也是一个概念构造。作为概念构造，它提供了赖以研究的立论根据，其作为一个核心"思想工具"的重要性毋庸置疑。对此，作者亦不乏清醒的理论意识，为了确立这一概念构造的正当性，作者首先在导论中对监狱、社会化、监狱化等相关概念及不同理论观点，进行了周到、细致的概念辨析，目的是重构"监狱社会化"这一核心概念，并界定在其研究中的基本定义，从而奠定其作为理论工具应用的合理性和可行性。在明确了"监狱社会化"及其研究方法之后，作者把正文所要论述的主要内容从逻辑上分为紧密关联的三编。其中，上编"监狱生活"对囚犯和狱警两个主体的监狱社会生活做了必要的知识铺叙，此编既有独立的监狱认识意义，又为更好地进入中编内容的讨论提供了知识背景。中编以"监狱形象与成长烦恼"为标题，对转型的监狱社会化景象，包括其现状、困扰及成因等展开了全方位、多侧面的事实描述与问题分析。以中编所揭示的基本问题为基础，作者通过下编给出的"监狱社会化的理论与前瞻"，系统表达了对于如何正确认识监狱社会化现象及其成因、合理解决转型时代的监狱社会化问题与出路的理论探索和变革思考。

三是复合的研究方法。为了实现从"监狱社会化"的视角综合研究长达20年的中国监狱制度变迁的目的，作者力求从微观和宏观两方面搜集尽可能多的材料，以避免其研究落入"只见森林，不见树木"或"只见树木，不见森林"的陷阱。为此，通过深入监狱实地，以"田野调查法"为主，侧重搜集微观材料；同时依托互联网，以"文献研究法"为主，侧重搜集宏观材料。这样一种复合研究法的运用，使得该书的表述形态既非纯粹人类学"民族志"式的个别叙事分析，也非纯粹统计社会学式的一般综合研究。从学科归属而言，此种非驴非马的"骡奔"之作显然是一种两不讨好的"犯忌"，但作者的研究抱负想必是"醉翁之意不在酒"，在乎其是否有助于实现研究目的，是否有助于真实表达其研究结果吧。

除了上述学术特色，本书中各编论述过程中的诸多生动材料、新颖观点以及丰富多样的政策建言等，均表现了作者热忱的社会人文关怀和严谨的实地研究精神，给人留下深刻印象，具有不容忽视的参鉴意义。

总之，归纳宋立军博士这本书的主要学术贡献，我认为是他运用其建构的"监狱社会化"这一视角，对过去 20 年我国监狱社会变迁所作的事实描述与理论分析，丰富和拓展了人们对于当下中国监狱现状及其变革的认知和理解。因此，该书不仅对于一般监狱行业人士、尤其是各级监狱管理者反思现代监狱问题，制定监狱变革决策等具有指导意义，而且对于关心监狱问题的其他跨学科研究者或热心社会改革的各界相关人士也是一部不可多得的参考用书。

2017 年 8 月

（郭明，法学教授，法律史学博士，浙江警官职业学院图书馆馆长）

序二

应当用更多视角研究监狱

吴宗宪

宋立军博士发来他的新著《监狱社会化：中国监狱的角色转向》电子版，希望我写个序。我阅读书稿后感到，这是一部特色鲜明、内容丰富、引人入胜的监狱学著作，值得在监狱系统工作和对监狱工作感兴趣的所有人阅读。

这部书稿给我印象最深的，是在研究过程中采用的田野调查方法。田野调查方法是人类学的重要研究方法，重视实地观察（特别是参与观察）和对研究对象的深度访谈，此方法能够深入细致地了解到很多使用其他研究方法难以获得的情况和信息。在监狱研究中，利用这种方法开展研究，起码能够更加客观地看待监狱的制度和运行，能够更加真切地了解监狱中不同类型人员的心理和行为，其中既包括监狱工作人员的心理和行为，也包括在监狱中服刑的罪犯的心理和行为……这样的研究特色往往是法学的研究方法所欠缺的，也是目前中国监狱研究中普遍较为缺乏的。通过这样的研究方法获得的研究结果，更加贴近现实，能够帮助人们更好地了解监狱的相关情况，能够给监狱领域的实务人员和研究人员提供更加可靠的事实资料，因而也更有利于真正做好监狱工作和研究监狱问题。因此，这种研究方法对于监狱工作和监狱研究的价值是毋庸置疑、不能低估的。

同时，在阅读本书时，能够深切地感受到研究者与研究对象（特别是罪犯）之间的平等关系。在利用法学等学科的方法研究监狱时，研究者往往以一种居高临下（相对于罪犯而言）的视角"俯瞰"罪犯，不能真正体察到罪犯的所思所想；或者以一种相互对立的视角"审视"罪犯，把罪犯看成违反法律的作恶者和破坏道德的坏人，看成应当予以制裁的对象，以这种视角研究罪犯，会忽略研究者本来应当认真关注的许多信息和现象。只有当研究者把自己摆到与罪犯之间平等的关系中，以"平等"的视角"平视"罪犯时，才能更加深入、准确地理解罪犯，体会罪犯的内心感受，了解到大量被忽视的内容。

宋立军博士在我国人类学和社会学教学研究的重镇——中央民族大学民族学与社会学学院攻读博士学位期间，接受了系统的人类学训练，奠定了从事人类学调查研究的理论基础和方法基础。同时，他曾经从事过监狱工作的经历以及他与监狱系统保持的密切联系，也为他在监狱中从事人类学调查研究奠定了良好的实践基础。在这些基础上进行的监狱人类学调查研究，不仅产生了很好的论著，更为以后的监狱研究提供了很好的方法论启发。应当说，本书使用和倡导的人类学田野调查研究方法，是本书对于监狱研究的最大贡献，期待在以后能够用这样的视角进行更多的监狱研究，进一步扩展监狱研究的内容。

目前，我国从事监狱实务工作的人员大多数是从警察院校和政法院校毕业的，从事监狱研究工作的人员大多数是接受过法学训练的，他们熟悉法学的研究方法，还有一些人可能熟悉管理学、教育学等学科的研究方法。在未来，应当认真了解和注意使用人类学的田野调查研究方法开展研究工作，用更多的视角研究监狱。

本书也是一本内容丰富的监狱学论著。虽然本书的篇幅不是很大，但是，在有限的篇幅中论述了多方面的内容，其中既涉及理论方面的内容，又包含十分丰富的监狱实务方面的内容；既有对监狱发展历史的论述，也有对监狱发展前景的展望；既有对监狱宏观问题的探讨，也有对具体监狱工作的剖析；既有对服刑罪犯的多角度论述，也有对监狱警察的多侧面描述。

本书还具有引人入胜的特点。书中的不少论述，以生动形象的笔触展示了作者通过观察和访谈获得的大量鲜活的资料，尽管讨论的是沉重的话题，但是，并没有一味地用古板的语言进行论述，而是夹叙夹议，既有说理论述，又有事例佐证，文风较为活泼，趣味性强，能够激发人们的阅读兴趣，使人们饶有兴味地阅读全书。

总之，这部视角独特的论著，能够给人们带来不少启发和信息。我相信，书中的很多论述、所用的研究方法等，无论是对于普通读者，还是对于监狱工作者和专业研究者，都会有很好的启发，能够让大家更全面、更准确地认识监狱和监狱中的人员（服刑罪犯和监狱警察）。

2017 年 8 月 18 日

（吴宗宪，北京师范大学刑事法律科学研究院教授、法学博士、博士生导师）

目 录

上编　监狱生活

中编 监狱形象与成长烦恼

下编　监狱社会化的理论与前瞻

导　论

　　监狱是文明社会里一朵令人厌倦的黑花。这朵黑花在众人心中丑陋不堪，避之不及，痛苦难忍。然而，正是这朵看似为正义文明的人们所不齿的花朵却也散发着一缕缕人性的芳香。❶

　　人类文明创造了两个特殊的处所，一个是墓地，另一个是监狱。有人认为，这两者应该是同时产生的。❷ 墓地，是人类死亡后肉体的归宿，是既令人恐惧，又极为神圣的所在；监狱，是活人的坟墓，这里也令人恐惧，同时让人感到厌恶。本书研究的对象就是其中之一——监狱，研究的内容是监狱社会化问题，更确切地说是中国监狱社会化问题。

　　对监狱进行研究，常常面临着重重困难。这困难主要来源于两个方面：一是监狱作为禁区，无法给外界研究者提供绝对自由的研究条件，一些意欲研究监狱的专家学者，一般只能"走马观花"；二是那些深浸于监狱内的"研究者"，因身在庐山而难识其真面目。这使监狱研究长期以来很难接近事实，使监狱的形象不断受到误解和质疑。

　　在这个历史时刻，也许我要担起某种责任。机缘巧合，我在监狱中工作九年多，后来成功"逃离"到司法警校任教又有十多年。众所周知，司法警校与监狱有着无法分割的关系，我会经常去监狱调查，进得去出得来。一般来说，狱方不会把我当外人，我可以独立自由地进行观察访谈；服刑者认为我不是"他们"（狱方）的人，因而也会相对放心地说些心里话。这种得天独厚的情形，仿佛上天所赐，我不能不珍惜。

---

❶ 宋立军主编：《科学认知监狱》，江苏人民出版社 2014 年版，第 1 页。
❷ ［美］霍桑著：《红字》，侍桁译，上海译文出版社 1981 年版，第 1 页。

1995—2015 年，我国监狱发生了惊人的变化，这是我亲身经历的一段历史。这段监狱的发展变迁史，对我来说既曾身陷其中，又曾超脱其外。在内外穿梭中，我不断开展着自己的研究。在我的印象中，监狱随着社会的变迁而变迁，就像一个孩子在不断成长，伴随成长的有很多烦恼，对未来之路也有不少迷茫。但是不管怎么说，今日之监狱已不再是过去之监狱，研究者不能无视这一现实。

监狱是什么

对监狱社会化问题的研究，务必首先解决一个问题：监狱是什么？此问题的答案，将直接影响研究者的判断和结论。

许章润认为，"监狱是一种特殊的营建物"。在这个特殊的营建物中，关押着犯了罪的人，对他们执行自由刑、教育刑。❶ 郭明则认为，监狱是凭借封闭的结构，运用隔离的功能，用于监禁罪犯的系统。二人都把握住了监狱最显著的特征。郭明更进一步说明，从"基本定义"中又可以得到若干"衍生定义"：

监狱是执行自由刑的工具，监狱是执行监禁刑的机构，监狱是国家的刑罚执行机关等。

监狱是国家暴力机器的组成部分，监狱是无产阶级专政的机关，监狱是一个改造罪犯的场所等。

监狱是劳改工厂或劳改农场，监狱是一个特殊企业，监狱是纳税人埋单的公共物品，或监狱是支付给犯罪的一种社会成本等。

监狱是一个特殊的社会组织，监狱是一个特殊的社区，或监狱是社会分工的职能部门等。

监狱是刑罚精神的实践形式，监狱是刑罚观念的制度形态，或监

---

❶ 参见许章润著：《监狱学》，中国人民公安大学出版社 1991 年版，第 23 – 24 页。

狱是刑罚文明的组成部分等。❶

这诸多衍生定义，给我们不同的观察监狱的视角，但总体上来说，大体有三种观点。

第一种观点认为，监狱是政治工具。

"监狱，恩格斯称之为国家'物质的附属物'，列宁称之为'构成国家实质的东西'，是国家暴力机器的组成部分，由于部分取决于整体，所以有什么性质的国家，也就有什么性质的监狱。由于我国是工人阶级领导的以工农联盟为基础的人民民主专政的社会主义国家，因此监狱的根本性质便只能是人民民主专政的工具。这不仅由国家的国体所决定，而且由国家的法律所规定，既然是国家机器的专政工具，就必须发挥专政职能，按照我国法律规定，不仅对反革命犯、严重刑事罪犯和严重经济罪犯，而且对于一般的普通刑事罪犯也需实行专政。"❷

在目前的监狱学著作中，已经很少再见到前述文字。这种对监狱性质的定位，有其历史背景。在政治意识形态占主导的新中国初期，是否有"专政意识"成为划分敌我阵营的标志之一。《中华人民共和国劳动改造条例》（1954 年，已于 1994 年废止）第二条规定："中华人民共和国的劳动改造机关，是人民民主专政的工具之一，是对一切反革命犯和其他刑事犯实施惩罚和改造的机关。"这无疑从法律上确立了监狱鲜明的阶级属性。

第二种观点认为，监狱是刑罚执行机关。

在 1994 年《中华人民共和国监狱法》中已经取消了"专政""机器""工具"等名词。这实际上对监狱性质有了新的界定。随着整个社会的发展，监狱作为国家机关的组成部分，其政治工具的色彩逐步淡化。监狱更多地担负着维护社会稳定、促进经济发展的任务。然而，将监狱作为专政工具的意识并未随着《中华人民共和国监狱法》的颁行而彻底消除。

在 1996 年的一次全国性监狱改造理论研讨会上，时任中国监狱学会会

---

❶ 参见郭明主编：《监狱学基础理论》，中国政法大学出版社 2011 年版，第 22－25 页。

❷ 步先永、陶国元、丁长镜著：《监狱工作操作学》，江苏人民出版社 1994 年版，第 58 页。

长的金鉴认为，在社会主义市场经济条件下"要增强专政意识"。

司法部过去曾多次强调过这个问题，但是近年来，在一部分干警中，专政意识有所淡化，造成这种情况的原因是多方面的。社会上各种消极因素的影响，在我们的干警中引起了一些思想混乱，不加分析地、盲目地把社会上一些流行的观点和思潮运用到我们工作中，忽视了监狱工作的特殊性；而在一些年轻干警中，由于缺乏严格的培训，对监狱人民警察的工作性质认识不足，只是把监狱警察作为一种普通的社会职业，把罪犯作为一种普通的管理对象来对待，头脑里缺乏专政这根弦。专政意识淡化，对我们抓好监管改造工作是极为有害的。我们应该从监狱的性质、职能以及所肩负的历史使命来认识增强专政意识的重要性。要看到，我国的监狱从法律上说是执行刑罚的机关，具有惩罚与改造罪犯的职能，而从根本上说，我们的监狱是实行人民民主专政，打击各种犯罪分子，维护社会治安、社会稳定的重要工具之一，要看到，极少数反革命罪犯和严重刑事犯罪分子投入监狱后，仍然顽固坚持反动立场，抗拒改造，公然与国家和人民为敌，这些人虽然不多，但却对监狱改造秩序起到巨大的破坏作用。从这个意义上讲，监狱人民警察与罪犯的关系，不仅是惩罚与被惩罚、改造与被改造的关系，也是专政与被专政的关系。坚持人民民主专政，是我们立国的四项基本原则之一，监狱对罪犯实施惩罚与改造，维护社会稳定，就是坚持人民民主专政的具体体现。因此，我们必须教育广大干警，在任何时候，任何情况下，都要保持警钟长鸣，都要牢记我们肩负的历史使命和神圣职责。需要提出的是我们强调专政意识，主要是从监狱的职能和当前狱内存在的严峻形势考虑的，但这绝不能理解为，所有在押罪犯都是专政对象，在这点上，应当保持清醒头脑。❶

---

❶ 金鉴：《在社会主义市场经济条件下强化监管改造工作的若干思考》，载王明迪主编：《监管改造理论研究》，中国监狱学会编印 1997 年版，第 8—9 页。

时任司法部副部长的张秀夫在 1998 年 1 月的全国监狱管理局长会议上的讲话对于监狱的认识已经超越了"工具论"。他认为："监狱中关押的罪犯，许多是带有反社会性的，当他们被判刑投监后，从自由人转变成为被剥夺了自由的人，思想上、心理上都有一个巨大的反差，难以适应监狱严格的管束，他们身上的反社会性往往会变得更加强烈，直接表现为恶性难改，抗拒改造，伺机脱逃和作案。因此，监狱随时可能发生罪犯脱逃或其他案件……监狱中的罪犯有的有心理缺陷、性格怪异，有的好逸恶劳、流氓成性、放荡不羁，要将这样的罪犯改造好，需要一个很长、很复杂的过程。在这个过程中，改造与反改造的斗争是长期的、复杂的，有时是尖锐和激烈的，甚至是你死我活的。罪犯脱逃及暴狱、杀人等重大案件随时可能发生。"❶

2007 年 12 月 13 日，时任司法部监狱管理局局长的邵雷在题为《当前监狱工作的形势和任务》的讲话中，对于监狱警察队伍管理还不能完全适应新形势的要求，总结了四点：基层警力不足，执法能力需进一步提高，队伍中存在一些不稳定因素，体制机制不够完善。❷ 这时已经基本上看不到"专政""工具"等名词。

将上述文献进行对比，我们会发现，我国监狱性质已经实现了从"机器论""工具论"向"机关论"转化。阶级斗争的哲学已经渐渐从中国人的日常生活中淡化，人们意识到犯罪与刑罚是社会问题，不必上纲上线，并非你死我活的"敌我矛盾"。

在时代变迁中，人们也越来越意识到监狱是国家刑罚执行机关这一判断的合宜性。

第三种观点认为，监狱是社会公共组织。

任何一个现代社会都包含着各类社会组织，各社会组织间分工合作，以保证社会正常运作。监狱是社会公共组织，它和其他组织一起，为社会的稳定与发展服务。将监狱作为社会公共组织看待，这是从监狱与社会的

❶　张秀夫：《抓住机遇 解放思想 加快监狱工作改革与发展》，载《犯罪与改造研究》1998 年第 4 期。

❷　邵雷：《当前监狱工作的形势和任务——在全国监狱长、政委培训班上的讲话》，载司法部监狱管理局编：《全国监狱长政委培训班论文集》，法律出版社 2008 年版，第 20 - 21 页。

关系角度来认识监狱及监狱现象的。● 也就是说，监狱是整个社会结构的重要组成部分，它在运作过程中既要有其独特的规律，又应遵循社会组织共性的规律。另外，生活在监狱中的人们与在其他组织中的人一样，也要处理相当复杂的社会关系，也要不断地应付各种日常活动，有点和我们常说的"社区"相似。

台湾地区学者林纪东主张："监狱，是执行自由刑，限制受刑人的自由，加以教化辅导，使他能够改过迁善，适于社会生活的地方。"● 这里仅仅讲明监狱功能，却未说明这个"地方"的属性。我认为不妨进一步引申：监狱是执行自由刑，限制服刑人员的自由，与外界共同努力，对其加以教化辅导，并使其能够改过迁善，适于社会生活的社会公共组织。

采以上三种观点中的何种观点，决定着本书立论的方向。倘采第一种观点，则监狱专政职能正在退化，监狱并无成长可言；倘采第二种观点，则监狱国家机关的属性正当其时，执行刑罚职能是监狱的主要价值取向；本书采第三种观点，认为监狱是既封闭又一步一步不断开放的社会公共组织，它与外界社会一道为解决特定社会问题——犯罪与刑罚问题，甚至更广阔的社会问题而努力。

监狱、社会与国家的关系

国家—社会二元对立模式和市民社会理论所形成的理性批判精神●，让更多的人看到国家与社会属于两个不同的实体。从历时角度分析，国家与社会的关系有三种表现形态："国家涵盖社会，社会与国家不相分离"；"社会与国家已产生分离，但国家明显处于强势地位，社会处于弱势状态"；"社会与国家之关系的均衡状态"。● 第一种形态，在我国表现为集权主义。我国有集权主义的传统，而这种集权主义的国家价值观在"文化大

● 郭明主编：《监狱学基础理论》，中国政法大学出版社 2011 年版，第 24 – 25 页。
● 林纪东著：《监狱学》，台北三民书局股份有限公司 1977 年版，第 2 页。
● 文史哲编辑部编：《国家与社会：建构怎样的公域秩序？》，商务印书馆 2010 年版，第 15 页。
● 文史哲编辑部编：《国家与社会：建构怎样的公域秩序？》，商务印书馆 2010 年版，第 21 页。

革命"期间达到极致，国家成为社会的对立物。❶ 第二种形态，出现于改革开放初期至 20 世纪末。21 世纪以来，我国正走向第三种形态。

那么，在第三种形态下，我国监狱、社会与国家是怎样的关系呢？有人认为，监狱、社会与国家是三元互动的关系。❷ 但是这种解释没有讲明，监狱到底存在于社会还是国家中。人们常常将"社会"等同于"外界社会"，这样就很容易在逻辑上产生混乱。

在政治国家层面看，国家越来越从阶级统治向社会治理转变，而这种社会治理的重要内容是公共决策和服务。❸ 但是这并不代表国家对监狱管控的放松。本书第三章由官方话语建构起来的监狱形象，就代表着国家的意志。这种国家意志的内容在表面形式上从"专政"转向"人权""平安""法治"与"文化"。但是，隐藏在文明后面的国家，从本质上看依然是一台动力强大的机器。监狱服刑人员和监狱警察都意识到，有一股无法反抗的力量在支配着监狱的方向。尽管这种力量有时在他们看来是非常令人不快和反感的。但是，身处于其间的人们，总是无可奈何，当然他们也会在暗地里进行一些变通或者反叛。

除了这种力量以外，还有社会力量对监狱产生作用。这里的社会常被称为市民社会，是指与政治国家相对分离的非政治领域。社会"通过自我调节的经济以及社会团体的自组织发展，和在政治体系之外的公共意见表达，使得社会可以在政治组织以外达致某种统一和协调，而对这种社会自主性的承认，将导致对政权活动范围的限制，社会能够通过在政治组织以外的自主性权利的表达，限制政府权力的扩张"。❹ 这一点从监狱现象中也能得到印证。

第一，从理论上说，监狱所有的问题，都离不开外界社会的支持。现实上看，监狱也越来越离不开外界社会力量的介入，我们称这种现象为

---

❶ 文史哲编辑部编：《国家与社会：建构怎样的公域秩序?》，商务印书馆 2010 年版，第 8 页。

❷ 从功能定位上讲，狱制改革是实现监狱工作社会化的基础要素；从价值定位上讲，社会吸纳是实现监狱工作社会化的关键所在；从目标定位上讲，国家统筹是实现监狱工作社会化的根本保障。见吉林省监狱管理局课题组：《监狱、社会、国家的三维架构与互动——关于监狱工作社会化问题的定位研究与思考》，载《中国监狱学刊》2006 年第 6 期。

❸ 文史哲编辑部编：《国家与社会：建构怎样的公域秩序?》，商务印书馆 2010 年版，第 19 页。

❹ 文史哲编辑部编：《国家与社会：建构怎样的公域秩序?》，商务印书馆 2010 年版，第 20 页。

监狱工作社会化。

第二，监狱警察和服刑人员的权利意识增强，与社会公众社会心理总的趋势相一致。

第三，外界对监狱的质疑，实际上也是社会力量对监狱作用的一种表现。这种表现，比以往更明显。

今天的监狱正处于国家力量与社会力量的共同作用下。这两种力量并不完全统一，而是具有一定矛盾和张力。监狱往往处于迷茫的状态，在解决监狱面临的问题时，是国家主导还是社会主导，这就成为摆在监狱面前比较棘手的抉择。因而，如何平衡并整合国家与社会力量就显得非常关键。国家与社会并不是对立的。国家与社会的良性互动才是现代国家应具有的品质。一些难题是监狱自身无法解决的，它必须求助于国家和社会，特别是取决于二者的互动。如果国家在监狱这个领域里表现得无所不能，最终只能导致监狱管理的僵化，结果是国家反而难以控制。如果社会完全取代了国家，成为主导监狱发展的力量，那么国家的权威就可能受到挑战和破坏，监狱的刑罚职能就可能弱化。在解决监狱问题时，如果全部依据上级命令和长官意志，可能会使问题变得更为复杂。要找到一种最适合转型期中国社会的社会管理模式，"一个基本的方向可能是政府扶植社会力量，并与社会力量一起作为社会管理的主体"❶。

监狱社会化及相关概念

社会化

社会化是一个相对成熟的概念。无论是心理学还是社会学，都将社会化作为本学科的核心概念来看待。

有学者认为，"社会化"（socialization）是一个非常复杂甚至近乎混乱

---

❶ 季正矩、彭萍萍、王瑾主编：《当代世界与社会主义前沿学术对话》，重庆出版社 2005 年版，第 431 页。

的概念。这个概念运用于社会科学的不同领域，包括心理学、社会学、人类学、伦理学、教育学、社会工作和政治学等。"社会化"这个词，在社会科学词汇表中是一个非常含糊的概念。这种含糊并未阻止大量包含"社会化"的组合词组或衍生词。"社会化"概念群通常在各类理论阐释中被使用，在我们所能阅读的文献中，各种"社会化"着实令人眼花缭乱，大有滥用之势。❶

当然，"社会化"的含义也可以作相当简练的归纳：一方面，它意指内在过程，通过这一过程使人主动成为社会人；另一方面，它也指外在过程（系列活动），通过人类环境的影响，使人被迫成为社会人。无论这种"成为社会人"是主动的还是被动的，都属于社会化的范畴。还有学者则认为："社会化——这是一个两方面的过程。一方面，它包括个体通过加入社会环境、社会联系系统的途径，掌握社会经验；另一方面（这是研究中常常不被强调的一面），它是个体对社会联系系统积极再生产的过程，这

---

❶　如："家庭""父母"（parental）、"学校""职业"（professional）、"政治"和"宗教"社会化；"认知""语言""情感""动机""道德""音乐""性"和"性别特性"（gender‐specific）社会化；"初级""次级""三级"社会化；"儿童"和"成人"社会化；"社会化类型""社会化模式""社会化方法""社会化技术""社会化实践"；"社会化设施""社会化实例"（socialization instance）、"社会化机构"（socialization agencies）、"社会化团体"（socialization institutions）、"社会化影响"（socialization influences）、"社会化背景"（socialization mileus）；"社会化环境"（socialization environments）、"社会化领域"（socialization fields）、"社会化体系"；"社会化项目""社会化供给"（socialization offerings）、"社会化成就""社会化尝试"（socialization attempts）、"社会化协助""社会化训练""社会化经验""社会化需求""社会化努力"（socialization efforts）；"社会化效果""社会化结果""社会化成功""社会化赤字"（socialization deficits）、"社会化剥夺"（socialization deprivation）；"已然社会化"（socializedness）、"社会化不足"（under‐socialization）、"社会化过度"（over‐socialization）、"再社会化"；"社会化模式""社会化目标""社会化任务""社会化内容"；"socializands""socializees""社会化的人"（persons to be socialized）、"社会化的物"（objects of socialization）、"社会化的残障人"（persons handicapped by socialization）；"社会化实施者"（socializers）、"社会化的传递者"（bearer of socialization）、"社会化个体""社会化代理人""社会化专家"；"社会化的互动""社会化实施者的角色""社会化实施者的权力""社会化实施者的垄断（monopoly）"；"成功社会化""不成功社会化"；"幸运的社会化""不幸的社会化"；"紊乱的（disturbed）社会化""错误执行的社会化"；"完善社会化""偏差社会化""匮乏（deficient）社会化"；"肯定的（affirmative）社会化""解放的（emancipatory）社会化"；"均匀（symmetrical）社会化""不均匀（asymmetrical）社会化"；……这里恕不一一罗列。Wolfgang Brezinka, *Socialization and education*: *essays in conceptual criticism*, translated by James Stuart Brice. （Westport：Greenwood Press, 1994）, pp. 2 - 3.

是个体积极活动进入社会环境的过程。"❶ 这两种界定其实都包含了人影响社会环境的能动性的一面。总之，"社会化"最本源的概念离不开对整体的社会与个体的人之间关系的实践与思考。

由社会化衍生出另一个概念——"再社会化"。再社会化，一是指个体在社会环境或社会角色发生很大变化时，为适应新情况而做出重大调整或重新学习的过程。例如，参军使社会角色变化，必须从思维方式到行为方式方面重新学习，方可适应军队要求。移民到一个新的国家，也要重新学习。二是指社会化失败以后进行的重新社会化过程。这里再社会化是一种强制性的教化过程，通过一些特别的机构（如监狱、教养所等）来实施。"再社会化的基本特点是，改变社会化对象原有的世界观、人生观、价值观及生活方式和行为习惯。"❷

由于人们热衷于"社会化"组合，也不断出现诸如"生产社会化""组织社会化""后勤工作社会化""大学生社会化""政治社会化"等概念，当然这其中的许多已经与社会化本义相去甚远。

在提出"监狱社会化"这个概念前，我们还得认识几个相关的概念，包括行刑社会化、监狱工作社会化、监狱化。只有这样，我们才能真正理解监狱社会化的内涵。

行刑社会化

袁登明曾将国内行刑社会化的不同观点进行归纳，认为有四种观点："社会力量参与说""出狱人保护说""自由社会接近说"和"综合说"。❸他本人比较认同"综合说"，并对行刑社会化进行了更为严谨的界定："所谓行刑社会化，是指为了避免和克服监禁刑存在的某些弊端，使刑罚执行服务于罪犯再社会化的目标，在执行刑罚的过程中，通过弱化行刑机构的封闭性，拓展罪犯、行刑机关与社会的互动联系，塑造罪犯符合社会正常生活的信念和人格，促使其与社会发展保持同步，最终促成

---

❶ 时蓉华著：《社会心理学》，浙江教育出版社1998年版，第91页。
❷ 朱力、肖萍、翟进著：《社会学原理》，社会科学文献出版社2003年版，第62－63页。
❸ 袁登明著：《行刑社会化研究》，中国人民公安大学出版社2005年版，第26－30页。

罪犯顺利回归社会。"❶ 从中我们不难发现作者的某种抱负，那就是如何真正打通监狱高墙，将行刑活动作为一项社会活动来看待和组织。但是，很明显，在这里，袁登明等人的立足点仍是以监狱为本位的，外界社会仍然是一种配角。

监狱工作社会化

监狱工作社会化正式为官方提起大约始于 2002 年年底，在当年的"全国司法厅（局）长会议"上，司法部党组首次系统提出推进监狱工作法制化、科学化、社会化（被业内简称"三化"）建设的要求，次年司法部又下发了《关于进一步推进监狱工作法制化、科学化、社会化建设的意见》（司发〔2003〕21 号），对监狱工作社会化作出如下界定："监狱工作社会化，就是监狱工作在坚持以监狱人民警察为主的基础上，充分利用社会资源和社会力量，做好监狱工作。主要任务是运用社会资源，逐步建立起多层次、全方位的社会帮教体系，营造社会化的改造环境，实现改造力量、改造手段、改造内容的社会化和监狱工作后勤保障的社会化，实现监狱工作与社会大环境的良性互动。"该意见还明确了推进监狱工作社会化建设的主要任务与措施："营造有利于罪犯重返社会的改造环境"；"强化社会帮教工作"；"进一步扩大辅助教育力量"；"充分运用社会教育资源，对罪犯进行文化技术和职业技能等方面的教育"；"加强罪犯刑释就业前指导培训工作"；"推进后勤保障工作社会化"。

冯卫国认为，监狱工作社会化包括：监狱工作主旨的社会化、教育改造力量的社会化、罪犯处遇模式的社会化、管理改造手段的社会化、监区环境建设的社会化和后勤保障工作的社会化等内容。❷ 李豫黔认为，监狱工作社会化是"在监狱管理工作中，坚持专门机关与群众路线相结合，调动监狱内外一切积极因素，运用多元主体参与罪犯改造和矫治的开放式活动"。❸

---

❶　袁登明著：《行刑社会化研究》，中国人民公安大学出版社 2005 年版，第 32 页。
❷　冯卫国：《监狱工作社会化初论》，载《中国司法》2005 年第 7 期。
❸　李豫黔：《推进监狱改革发展 依法保障罪犯人权》，载《中国司法》2008 年第 6 期。

金鉴对监狱工作社会化有自己的理解："一些同志提出在行刑理念、行刑制度、行刑环境、改造手段、改造力量、改造过程、监狱后勤服务等方面实现社会化的设想，这些都是必要的。但要坚持两条，一是以我为主，二是社会资源为我所用。监狱工作社会化中还有一个社会监督问题。当前监狱工作的社会监督，面还不够广，运作也不够规范，有些地方还流于形式。要组成广泛的社会监督网络，包括人大权力机关监督，党政机关、政协、群众团体监督，罪犯家属监督，新闻媒体监督，等等。只有这样，才能维护自身形象，也才能减少和避免腐败现象的滋生和蔓延。"❶

我们发现，监狱工作社会化最为重要的特征是从"封闭"到"开放"。当然，绝对的开放是不可能的，至少从当前的形势来看，"监狱工作社会化"所强调的开放是有限度的。

监狱化

卓恩·P. 里亥（June P. Leahy）对20世纪40年代以来美国社会学家关于监狱化的研究情况进行了总结❷。

唐纳德·克莱默的《监狱社区》❸第一次使用了监狱化（prisonization）这个概念，他认为，服刑人员很容易被刻上监狱文化的烙印，这些烙印包括囚犯的价值观、态度、角色和语言等。这个概念出现后，被广泛地运用于社会学和监狱学等学科领域。从此，人们倾向关注监狱生活适应性的研究。随后，斯坦通·威勒的《矫正社区中的社会化》❹认为一个人在服刑生涯中被模塑共分三个重要阶段：早期阶段，他们的人格特点最接近自由社会；中间阶段，服刑人员更多

---

❶ 金鉴：《树立正确行刑理念推动监狱"三化"建设》，载 http：//www. moj. gov. cn/jyglj/content/2004 - 08/24/content_ 127810. htm? node = 253。

❷ June P. Leahy, "Coping Strategies of Prisoners in Maci - Maximum Security Prison: Minimals, Optimals and Utilitarians，" *Social Thought*, (1998, 21) No. 1 - 2.

❸ D. Clemmer, *The Prison Community*, New York: Holt, Rhinehart, and Winston, 1940.

❹ Stanton Wheeler, "Socialization in Correctional Communities," *American Sociological Review*, 1961（26）：697 - 712.

地是受到服刑人员文化的影响；最后阶段，也就是接近刑期尾声时，他们更愿意遵守监狱职员的要求。

格来沙姆·赛克斯的《囚犯社会：对一所最高警戒度监狱的研究》❶认为，服刑人员尝试的内容常与监狱生活被剥夺有关，同时还发现监禁的条件是监狱服刑人员社会系统存在的根源。换言之，他发现服刑人员应对被剥夺时，将创造出属于他们自己的社会，分配稀有的资源，维持社会认同。

有两份有价值的关于女性监狱的研究是由罗斯·吉罗姆巴多❷和埃丝特·赫弗南❸做出的，他们是从美国社会男女性别角色差异的视角来研究女子监狱内服刑人员组织社会关系的。吉罗姆巴多强调整个社会的文化对监狱的影响，整个社会怎样界定男女性别，狱内服刑人员就怎样界定男女性别，并在女子监狱内创造出男女角色来。赫弗南则强调，女子监狱中的服刑人员更加重视"家庭"，进而在狱内组成拟制式家庭。两个研究都将监狱视为整个社会的缩影。

汉斯·陶兹❹从事的一项重大研究，旨在发现狱内的男性和女性在入狱遭受人生低谷时的表现。他的研究探索危机中个人的反应。他最为显著的发现是在人生低谷时，人们更加认同社会因素，例如对于服刑人来说，缺少外界的支持系统，将很难应对监狱生活。

詹姆斯·B.杰考布斯❺发现在监狱的人口中，会形成新的社会组织模式，这种模式就是帮派的兴起。在他的关于 Stateville 的研究中，他发现绝对数量的好战的帮派群体取代了旧有的服刑人员亚文化，帮派/职员关系取代了常见的警囚关系。

---

❶　Gresham Sykes M. , *The Society of Captives. Princeton*, NJ: University Press, 1958.

❷　Rose Giallombardo, *Society of Women: A Study of a Women's Prison*, New York: Johm Wiley, 1996.

❸　Esther Heffernan, *Making It in Prison: The Square, the Cool , and the Life*, New York: Wiley Interscience, 1972.

❹　Hans Toch, *Mosaic of Despair: Human Breakdowns in Prison*, New Brunswick, NJ: Transaction, 1992.

❺　James B. Jacobs, *Stateville: The Penitentiary in Mass Soviety*, Chicago: University of Chicago Press, 1977.

里亥认为，以往的研究都认为监狱化要求服刑人员在适应监狱生活中必须选边站队（或者服刑人员一方，或者监狱职员一方），但是他的研究却发现并非如此，绝大多数服刑人员并不想跟任何一方走得太近。❶

监狱化主要有两个模式：输入模式（importation model）和剥夺模式（deprivation model）。前者是受入狱前的因素影响的，包括：受教育程度、被捕前两年平均月收入、被捕前两年持续就业的最长时间、犯罪次数等；后者是指强制隔离所造成的对常人所应拥有的能力剥夺，如对物质的剥夺、强制性管理体制、异性关系的剥夺。❷ 剥夺模式还应包括这样的因素：与自由社会中的人接触的频次、对出狱后生活机会的了解程度❸和参与服刑人员经济（participation in the inmate economy）❹ 等。一直以来，人们更加关注的是剥夺模式，认为监狱生活剥夺了服刑人员的某些能力。

通过以上的回顾我们看到，监禁生活破坏了服刑人员原本正常的生活规律，他们必须"接受监狱的风俗（folkways）、习俗（mores）、习惯（customs）和一般文化（general culture）"。❺ 久而久之，服刑人员就形成了机构化人格❻或者监狱化人格（或罪犯人格异化、罪犯人格监狱化)❼。经过监狱化的服刑人员会有以下几个方面的表现："首先，监狱化意味着服刑人员对监狱不再恐惧，使监狱的威慑功能丧失。其次，监狱化意味着服刑人员对监狱生活的适应，使监狱成为其生存空间的一种选择，这样，

----

❶ 这一结论与我的调查结论有相似之处，有的服刑人员出于自保，不与任何人走得太近。

❷ Charles W. Thomas, "Theoretical Perspectives on Prisonization: A Comparison of the Importation and Deprivation Models," *Journal of Criminal Law and Criminology*, 1977 (68). 王捷编授：《监狱学经典》，大领航国际文化事业有限公司 2004 年版，第 3–4 页。

❸ Charles W. Thomas, and Samuel C. Foster, "The Importation Model Perspective on Inmate Social Roles: An Empirical Test," *The Sociological Quarterly*, 1973 (14).

❹ Andy Hochstetler and Matt Delisi, "Importation, Deprivation, and Varieties of Serving Time: An Integrated-lifestyle-exposure Model of Prison Offending," *Journal of Criminal Justice*, 2005 (33).

❺ D. Clemmer, *The Prison Community*, New York: Rhinehart and Company. 1958, p. 299.

❻ 吴宗宪著：《当代西方监狱学》，法律出版社 2005 年版，第 504–505 页。

❼ 郭明主编：《监狱学基础理论》，中国政法大学出版社 2011 年版，第 81–85 页；郭明：《监狱化人格：老布为什么自杀》，载《青少年犯罪问题》2012 年第 1 期。

逮捕、定罪与判刑对服刑人员来说只是换种生活方式。最后，监狱化意味着一种生活依赖，在监狱中虽然被剥夺自由，有人干预自己的生活，但是只要遵守监管纪律，不仅有温暖的住宿，而且有吃有喝。离开监狱，便没了这个环境。"❶

对监狱化这个主题，一些研究者也针对我国监狱进行了研究。有学者深入我国监狱做实证性研究。浙江警官职业学院朱华军等学者的研究告诉我们，监狱化对一个人的影响有多深。"监狱的封闭和缺乏交流，还体现在监狱内部的相对单一（如性别、角色和辈分等社会功能）。时间久了，原先的社会功能（亦是一种心理关系）被淡忘和遗忘，甚至受损。"其中这样的例子令人震撼。

> Z（职务犯罪、无期徒刑）：在罪犯中间我觉得失去了什么叫尊老爱幼，而看见外面民工来的时候，看见有年纪大的民工，我才想起了尊老爱幼。我会叫几个犯人去帮助一下，而如果是一个年老的罪犯在干活我却不会去帮助他，不知道为什么在管理和教育别的罪犯的时候，没有了年龄关系。❷

显然，在监狱中失去的社会功能并不局限于年龄关系。我的调查也证明了这一点。本书附录 1 中受访人在狱中想方设法避免被监狱化，而附录 2 中受访人被监狱化程度极深，甚至影响了他出狱后的正常社会生活。这种社会功能的缺失恰是研究监狱化的学者相当关注的方面。

李晓明从理论的角度进行论证认为，监狱化是"一个难以避免的现象"，是多方面共同作用的结果，这些因素包括"来自社会大环境上的宏观问题，也包括来自监狱体制上和监狱自身管理上的微观问题"。❸ 这一判断有一定道理。

---

❶ 翟中东著：《矫正的变迁》，中国人民公安大学出版社 2013 年版，第 139 页。
❷ 朱华军、苏丽亚：《印象、价位和（监狱）人格——交流与心理发展》，载《中国监狱学刊》2014 年第 4 期。
❸ 李晓明：《监狱化：问题与对策》，载《犯罪与改造研究》2003 年第 5 期。

监狱社会化的内涵

社会化的本义是指人主动或被动成为社会人的过程。那么我们是否可以说监狱社会化是指监狱主动或被动成为"社会监狱"的过程呢？前面在对"监狱是什么"的问题进行解析时，指出中华人民共和国成立后曾经长期将监狱作为国家机器或者专政工具来看待。或者可以说，在官方意识形态领域中监狱自然是"国家监狱"，而非"社会监狱"。这就使主流社会，包括决策者、执行者或者学术研究都围绕着"国家监狱"来看监狱。但是，当国家与社会出现二元冲突与平衡时，监狱就出现了由"国家监狱"向"社会监狱"转型的趋势。这种趋势表现在，监狱角色由国家机器或专政工具转向社会公共组织。这一转型过程，本书称为监狱社会化。

在这里，我们需要把握以下三点。

第一，监狱与社会的关系。

从社会结构层面上讲，监狱是社会不可或缺的一部分，它与其他社会组成部分共同构成社会并被动地受制于社会；从社会功能层面上讲，监狱发挥着特有的社会功能，从特定的领域保障社会的存在并能动地影响社会。然而，我们日常生活中常常发生一种逻辑上的混乱，常把监狱与社会二元化，这是不利于理解二者之间关系的。正确的理解是：监狱是社会的监狱，是社会的重要组成部分。

第二，监狱社会化的过程，实质上就是监狱与外界交往互动的过程。

马克思和恩格斯在《德意志意识形态》中指出："各民族之间的相互关系取决于每一个民族的生产力、分工和内部交往的发展程度。这个原理是公认的。然而不仅一个民族与其他民族的关系，而且一个民族本身的内部结构都取决于它的生产以及内部和外部的交往的发展程度上。"❶ 社会发展的实践是生产和交往的统一，一个社会的内部结构与交往关系是密不可分的。监狱存在一种特殊的生产形式，因而也就有了与其他社会组织和个人交往的可能性。任平通过对马克思交往理论进行研究发现，"时至今日，

---

❶ ［德］马克思、恩格斯：《马克思恩格斯全集》（第三卷），人民出版社1960年版，第24页。

随着全球高科技的发展，国际间的交往活动正以日新月异的方式加速着世界一体化的进程，各种对话、科技经贸合作，文化交流，已成为当代人类存在和发展的普遍方式，这是一个全球化信息时代，也是交往实践的时代。人们在空间日益广阔、关系日益缜密的交往中越来越察觉到：在全球化信息时代，人类发展不可能孤立于个体或局部的闭关操作，而必须要开放，与国际联网合作。人类存在与发展方式上的这一重大改变，使人们在哲学上重新关注交往问题，将之凸显到主题的地位，多极主体间的交往实践必然成为全球的主导思绪。"❶ 这种全球化的思维，同样也适用于监狱领域。

哈贝马斯在对传统的社会学理论的梳理和批判中，提出了"沟通理性"的概念。他的近乎乌托邦式的理论集中表现在他的著作《交往行动理论》中。在他看来，那种仅仅满足自己目的的沟通并不是真正的沟通。❷

> 哈贝马斯指出，人们应当放弃使用命令，放弃战略性行为，放弃对个人自我利益的追求。相反，他们应该追求"所有人的共同利益"。但这似乎是一种劝诫和信念的表述。社会学理论中没有任何迹象表明，人们会普遍性地、随时随处地将放弃策略性行动作为一种惯例，也没有迹象表明，人们会以"共同利益"会真正满足世界上所有人这种思路来解释这种"共同利益"。哈贝马斯甚至没有探究人们在有些时候会被驱动着朝向这些理想而行动的社会条件。❸

上面的这段话，明显是对哈贝马斯的指责，但是却隐藏不住哈贝马斯理想主义的合理之处。那就是这个社会若想和谐，就必须进行理性沟通，就必须充分考虑交往双方甚至其他方面的共同利益。

本书对监狱社会化的理解，同样也受到这一理论的启发。在监狱社会

---

❶　任平：《走向交往实践的唯物主义》，载《中国社会科学》1999 年第 1 期。

❷　杨善华、谢立中主编：《西方社会学理论》（下卷），北京大学出版社 2006 年版，第 59 页。

❸　[美] 兰德尔·柯林斯、迈克尔·马科夫斯基著：《发现社会之旅》，李霞译，中华书局 2006 年版，第 454 页。

化的重要方式——双向交往中，要实现这种"所有人的共同利益"。

第三，弱监狱化的趋向。

与社会公共组织角色相对应地，监狱社会化围绕的核心是监狱如何发挥社会职能，以实现弱监狱化。所谓的弱监狱化，是指监狱在实现监狱职能的同时，更加强化社会属性，尽最大可能减少监狱化对于服刑人员的不良影响。这是本书最为关注的焦点，这一焦点贯串于本书的始终。

基于此，可以将监狱社会化界定为：监狱社会化，是指监狱作为社会公共组织与其他社会组成部分广泛平等交往，塑造特定社会角色，发挥特定社会职能，成长为"社会监狱"的过程。

此外，在理解监狱社会化时，我们还需要保持这样的心态：一要认识到监狱社会化既是实然的状态，即监狱社会化的现状如何；二要认识到监狱社会化也需要有应然性的考量，即监狱社会化的理想状态大概是什么情状。这二者缺一不可。本书就是综合考虑应然与实然两个方面进行论述的。

监狱社会化与行刑社会化、监狱工作社会化

第一，监狱社会化与行刑社会化。监狱社会化涵盖了行刑社会化的内容，同时行刑社会化也客观上推动了监狱社会化进程。不过，推动监狱社会化的因素还有很多，行刑社会化只是其中的一个方面。

第二，监狱社会化与监狱工作社会化。二者的差异在于，前者是将监狱作为社会公共组织来看待的，监狱社会化研究的是监狱如何成为社会的重要组成部分，监狱是如何紧跟时代的步伐成长起来的，面临什么困境，如何破解，未来的路怎么走。后者研究的是如何使监狱的工作主体从监狱扩展到整个社会，将狱外力量拉进监狱工作机制中来，内外联手做好监狱工作。二者的相通之处在于：与曾经封闭的监狱工作体制相比，现时的监狱工作社会化恰恰说明监狱本身正在日益成为"社会监狱"，监狱越来越将自己定位为社会公共组织的角色，以发挥其不可替代的社会职能。

监狱社会化与监狱化

监狱社会化的目标是多层面的。从社会的层面看，监狱社会化可使社

会结构（监狱作为社会公共组织在社会中的地位和作用）更趋合理，社会公众的理性（如人道主义）得到进一步培育；从监狱层面看，可以使监狱避免封闭和孤立，从而不断走向成熟发展；从个人层面看，监狱社会化可以使服刑人员减少监禁的痛苦。换言之，监狱社会化最重要的就是为了克服监狱化的不良后果。

既然监狱化是无法避免的，那么最明智的做法不是"去监狱化"而是"弱监狱化"。解决这个问题的途径可能不止一条，但是我们所提出的监狱社会化可以成为策略之一，理由如下。

第一，监狱社会化可以解决监狱机构固化的弊端。就我国而言，监狱大体像一只封闭的"铁桶"，几乎所有的行为都在不受外界监督和参与的情况下进行。因而，监狱警察在狱中相对于服刑人员来说具有绝对的权威，与之相应的是监狱的制度（无论是否合理）都必须得到最坚决的执行。可想而知，在这种环境下，服刑人员除了无条件服从，别无选择。❶但是，监狱社会化却要求监狱作为社会公共组织同外界社会进行广泛交往、有效沟通，相互交换资源和理念，变成"活的监狱"❷。本书第四章对监狱成长的经历进行了描述，我们从中发现在社会化的过程中，监狱警察的权威受到前所未有的质疑，服刑人员不断地强调自我权利。如果从管理的角度看，这些属于不利因素。但是，从弱监狱化的角度看，是非常有价值的。

第二，监狱社会化可以将社会主流价值观引入监狱。目前，将市场经济的思维引入监狱管理中，使监狱管理者和服刑人员都看到出狱人的生存问题至关重要。因而，包括职业培训、狱内招聘等措施进入监狱，给监狱日常生活增加了活力。

第三，监狱社会化保证了参与监狱工作的主体多元化。这就最大限度地吸收外界社会力量，从而保证服刑人员与外界保持经常性的密切联系。最直接的变化是，服刑人员的社会关系不再表现为单一的"警囚关系"和"囚囚关系"，还会介入其他复杂的社会关系中，如与家庭成员、心理咨询师、律师、监狱研究者和其他志愿者等的关系。这样，服刑人员就可以在

---

❶ 当然，他们也可以选择地下经济等行为，但毕竟这些行为都不是正大光明的。
❷ 宋立军：《监狱：封闭的活地》，载《法律和社会科学》2015年第14卷第1辑。

不同角色转换中找到对自己有价值的角色，避免陷入单一角色中。由此，还可促进服刑人员公民责任意识的提高。

第四，监狱社会化还可以部分恢复服刑人员的社会功能。在吉登斯（Anthony Giddens）看来，如果服刑人员的行为脱离了整个社会规范，他们就无法具有完备的社会功能，相反地却可能提高犯罪技能。● 在第八章中，我提到监狱分类问题，不同类别的监狱对于恢复服刑人员的社会功能来说，其能力有所区别，对于低度戒备监狱或者开放、半开放监狱来说，就是要提高其自治能力，拥有"常态生活"，如此则"他日出监再入社会，即不致无所适从，而再趋于犯罪之途"。❷

为何选择 1995—2015 年

监狱社会化的过程，就是监狱不断成长的过程。因而，有必要从历史的维度来观察监狱的成长。何兆武先生认为，"历史"一词通常包括两层含义："一是指过去发生过的事件，二是指我们对过去事件的理解和叙述。"❸ 虽然本书的研究重点不是监狱史或监狱史学，但是仍然要关注监狱的历史，因为只有对历时性的监狱成长史有所了解，才能真正理解监狱社会化这一论题。

监狱的历史是非常久远的，本书不必从皋陶造狱讲起，因为那样做显然离本书主题太远。因而，我决定将本研究的时间段主要限定在1995—2015 年。当然也会述及此前更早些的情形。

我为什么要偏偏选择这样的时段呢？一方面，1994 年 12 月 29 日《中华人民共和国监狱法》颁布实施，而三天后就是 1995 年。这部法律的颁布实施，在新中国监狱历史上具有里程碑意义。❹ 另一方面，我是 1995 年

---

❶ ［英］安东尼·吉登斯著：《社会学》，李康译，北京大学出版社 2009 年版，第 686 页。
❷ 民进中央宣传部编：《严景耀论文集》，开明出版社 1995 年版，第 70 页。
❸ 何兆武著：《历史理性的重建》，北京大学出版社 2005 年版，第 123 页。
❹ 潘国和：《新中国监狱发展史上的里程碑》，载《法学》1996 年第 4 期；张宝义：《我国监狱法制建设的新里程碑——关于〈中华人民共和国监狱法〉的颁布施行》，载《法学》1995 年第 6 期。

参加监狱工作的。20多年来，我见证了我国监狱成长的过程。我于1995年7月结束了大学生活，从一个与监狱完全隔离的世界进入监狱中，开始了我的职业生涯，在监狱摸爬滚打了9年多。2004年9月，我调离监狱到警校任教，虽然离开了监狱，但却依然与监狱有着千丝万缕的联系。2007年9月，我开始攻读人类学博士学位，将博士论文的主题确定为监狱秩序研究，2010年毕业回校。为了完成博士学位论文，我前后做了总计长达半年的田野调查，写成了监狱民族志文本❶。从这个文本以及本书中，读者会发现，短短20余年，监狱发生了巨大变化。古罗马史学家波里比乌斯（Polybius）认为，"最可靠的史料是历史家本人的直接观察和直接经验"。❷也有研究者认为，对过去的文献进行整理分析是必要的，但是出于对文献的过度关注，而忽略研究者"个人的经验、自我的深入思考以及任何探索性研究"都是得不偿失的。❸因而，就这一点来说，将研究时段限定在这20多年，将有利于我个人经验的融入。显然，将经验知识作为思考的来源，对我来说也是一种优势所在。

研究方法

本研究主要采用了文献法与田野调查法相结合的方法。

我会选择那些与监狱社会化主题有关的、具有史料价值的文献。它们主要包括纸质文献和网络文献。纸质文献主要来自著作或期刊以及监狱内部资料。与本研究有关的网络文献大多出现于2000年以后，也是相当重要的资源。因为，监狱社会化的证据，许多就掩藏在数量巨大的网络资源中，特别是那些由监狱系统主办的门户网站，那是一座座不可多得的"富矿"。

为了使本研究能够得到大量第一手资料的支持，我还采取了田野调查

---

❶　宋立军：《超越高墙的秩序：记录监狱生活的民族志》，中央民族大学博士学位论文，2010年。

❷　郭小凌编著：《西方史学史》，北京师范大学出版社2011年版，第63页。

❸　［美］Joseph A. Maxwell 著：《质性研究设计》，陈浪译，中国轻工业出版社2008年版，第43页。

法。这里有必要对这种方法做一些介绍。

田野调查，又称为田野工作或田野作业（field work），是指经过专门训练的人类学工作者亲自进入特定地区（研究对象），通过直接观察、具体访问、住居体验等方式获取第一手研究资料的过程。❶ 美国人类学家基辛（R. Keesing）认为，"对人类学者而言，田野工作是一种视觉的探索。当自己投入另一种生活方式时，就会从新的角度来反省自己，来看待自己的生活方式和人性。田野工作是种深刻的经验，很不舒服，有时甚至令人精神崩溃，但所获确很丰硕。"❷ 田野调查是一门技术，需要经过专业的训练。田野调查的主要手段是参与观察和深度访谈两种。

参与观察（participant observation），顾名思义包括两层含义：一是参与，二是观察。参与，就是通过行动，成为某个群体的一分子，与大家持有相似的生活方式，成为局内人。参与又可分为部分参与和全部参与。观察，就是通过眼睛，观看和体察周围的人和事，包括非参与性观察和参与性观察。前者，如站在马路边上观察一小时内有几人闯红灯；后者，如刚入学的大学生对学校生活的观察和感受。参与观察是参与和观察的结合。一个人到了田野中，最少不了的工作就是观察。俗话说："入乡随俗"，这个"俗"，常常要通过观察才能真正体会得到。但这种观察又免不了浮于表层，看似弄明白了，其实只是想当然的错觉。当我们看到一个人快速张合眼睑时，一般我们看到的只是一个物理性动作。可是，这个动作是随意的眨眼，还是另有深意呢？这个刚进入田野的调查者恐怕一时无法领会。这就是单纯观察的局限。当调查者渐渐地深入当地人的生活时，观察的深度和广度就会发生变化，渐渐地做到了既参与又观察。

深度访谈（depth interview），是就某一主题进行开放性、深入交谈。只有这样的访谈，才能挖掘出有深度的材料，才能对这一社群的文化做出更适切的解释。

以参与观察和深度访谈为主要手段的田野调查方法，使我能真正掌握监狱里最鲜活的素材，对本书所要探讨的主题有更加清醒的认知和理解。

---

❶ 田兆元主编：《文化人类学教程》，华东师范大学出版社 2006 年版，第 23 页。
❷ ［美］基辛著：《文化人类学》，张恭启、于嘉云译，巨流图书公司 2004 年版，第 25 页。

本书的结构

本书除了导论外，共分三编八章。

上编共分两章，着重记述监狱生活。第一章、第二章分别介绍了服刑生活和监狱警察职业生活。这两章内容旨在让那些对监狱一无所知或知之甚少的读者能够对监狱有一个最为基本的了解，避免让普通读者产生"空中楼阁"式的困扰。当然，这两章也为后面解释分析监狱现象、阐述监狱社会化理论做一些铺垫。在看似生活化的叙述中，我们仍然可以看到监狱社会化的进程。

中编共分三章，着重介绍监狱形象与成长烦恼，对监狱社会化现状进行描述和深入剖析。第三章通过多元话语的解读，让读者见到一个立体的监狱形象；第四章向读者展示了 1995—2015 年这二十多年监狱成长的历程，选择了几个侧面来讲述监狱变迁；第五章分析监狱成长过程中面临何种困境以及背后的原因。

下编共分三章，主要内容是理论探讨与未来展望。第六章通过对前面几章内容的归纳和提炼，形成了监狱社会化理论的初步思考；第七章提出监狱社会化的理念应以双向开放为基础；第八章试着对我国监狱未来走向提出若干假设路径。

关于附录的说明

本书后面的附录，可以帮助读者更真切地领悟正文中的内容。其中附录 1 和附录 2 值得反复玩味。

这两个附录，都是根据我亲自访谈所作的记录。它们是本书不可分割的部分。从这两个附录文本中，我们会发现监狱社会化是一项多么紧迫的工程。

附录 1 中的访谈对象 M，在监狱中努力避免受到"监狱化"的侵蚀，在服刑期间以及出狱后仍然在反思监狱管理中存在的诸多不合理之处。这位访谈对象，文化水平较高，也有一定的理论功底。他对监狱的深邃见解，令我这个以"监狱学者"自居的人无比汗颜。我甚至在想，为什么监狱不能多听听他们的"高见"呢？他们的声音难道要永远被埋没吗？而理由只是他们曾经蹲过监狱？事实上，有罪与"有思想"并不矛盾，相反地，有一部分服刑人员是非常"有思想"的。入狱，对他们自身来说固然是痛苦和不幸的，但是对于社会改良，特别是对于监狱改良，他们有自己独到的见解，这种见解是在炼狱中获得的。本书中的许多观点，便源自包括 M 在内的众多正在服刑的人或出狱人。我希望通过自己的努力，把他们微弱的声音传达出来。

附录 2 中的访谈对象钱某与 M 正好形成鲜明对比。他是真正的社会最底层的人。他迷迷糊糊、浑浑噩噩地度过了长期的监禁生涯，出狱后所经历的种种不适应，都成了他讲给我的笑谈。他没有自觉地意识到已然被深深地监狱化，因为在他的头脑中，并没有任何人为他解释这些现象背后的原因。他始终是被动地接受监狱亚文化对他的模塑。然而，他不仅是作为个体的出狱人，更是众多（数量可能相当可观）出狱人的典型代表。

读过附录的人也许会有这样的感慨——我国监狱社会化程度着实令人担忧，通往理想中的监狱社会化之路仍然十分漫长。

上编　监狱生活

第一章　服刑生活片断

引　言

　　有一种说法：20世纪三四十年代，在欧洲大陆的一些国家，吉卜赛人的遭遇之悲惨，比犹太人有过之而无不及。然而，对于这一切，今天却鲜为人知，其原因就在于前者的生存状态长期游离于主流社会之外，由此造成的文化差异，使他们的遭遇很少见诸公开的文字记载。于是，就很快湮没了。❶

　　同样，如果不能把今日服刑人员的生活做一个平实的记录，怎能让主流社会对高墙内的另类生活有所关切？本章我将选择几个侧面讲述服刑人员的监禁生活。

身份意识

　　被判处监禁的人，一般入狱前会在看守所待一段时间，因而他们对监禁有初步认识，但看守所毕竟不同于监狱。在经过必要的手续和相关检查❷后，服刑人员便开始了新的生活。这个学做服刑人员的过程被称为

---

❶ 严祖佑著：《人曲》，东方出版中心2012年版，第368页。
❷ 参见海岩著：《深牢大狱》，作家出版社2003年版，第265–269页。

"入监教育"。

入监时的许多第一次对于服刑人员来说感触至深，我们可以从三名服刑人员书写的文字中窥见其心境。

A：穿上囚服，就意味着自己在一段时间内与社会彻底隔绝，失去了自我，穿上囚服的感觉有一种可怕的感觉，自己想要的东西要过一段时间才能得到，真正体会到了让你做什么，你就得做什么是什么感觉，这就是犯人，犯人应有的着装，穿上囚服你就得服从，服从，一切行动听指挥。❶

B：刚才我在监狱吃了第一顿饭，在吃饭的时候，我看到了监狱在管理方面就如同部队一样，行动一致，一切都是有序地进行。我在吃饭时想到以前在外面时是多么的浪漫，要什么就有什么，要办什么事，就办什么事。而到了这里只有安（按）照监狱里的规定来办了，一切按要求去做好每一件事，决不去违反监狱里的规定。想到以前我所做的事，是多么的悔恨，现在到了这里只有用劳动来洗刷自己，争取早日回归社会，从（重）新做人。❷

C：今天，是我到监狱的第一天，马上准备睡觉，在睡觉前说说我来监狱的感想：虽然以前还未来到这里时觉得自己没有什么，现在来到这里一天了，才真正感觉到我是一名罪犯。以前还有一点看不起其他的犯人，而我现在同样跟他们融合在一起，自己也是犯人，没有什么可高傲的。只有低下头来认罪悔罪才行。刚开始到监狱的那一刻，不知道该怎么办，也不知道如何来适应这新的环境，心里不是那么踏实，但是通过近一天的看、做，我想，按照监狱和监狱服刑人员的行为规范去做好每一件事，还是会很快地适应这种改造的环境的。

---

❶ 曹军瑭著：《隐形人——拘禁心理解析与治疗》，南京师范大学出版社 2012 年版，第 8 页。
❷ 曹军瑭著：《隐形人——拘禁心理解析与治疗》，南京师范大学出版社 2012 年版，第 11 页。

这样才能够改造好，才能早日回归社会，重新做人。❶

上面的三段话，是一个"新人"的真实感受。第一次穿上囚服，便标定了一种身份的符号，"穿上囚服你就得服从，服从"，没有了自由选择的机会；第一次吃"囚饭"，体验一种秩序井然的监狱生活，"一切按要求去做好每一件事，绝不去违反监狱里的规定"；在监狱中的第一觉，真正有了身份认同，并坚信"会很快地适应这种改造的环境"。这些感受说明服刑人员开始确立自己的社会角色，即学习如何做一名合格的服刑人员。

我们知道，任何社会角色的确立，都是自觉或不自觉学习的结果。角色是"在特定的社会关系中由文化决定的，期待于个人的行为模式"。❷ 由自由人变为服刑人员，也是角色转变的过程。入监教育实际上就是让服刑人员从自由人转化为"监狱人"的过程。"新犯们只有经过了两个或者三个月的入监教育并验收通过后，才有资格成为'真正的'罪犯。从这个意义上讲，入监教育也具有使人转变身份的功能。"❸ 入监的教育营造一种"严格的规训环境"，使服刑人员"懂得反抗毫无裨益"❹。国外的研究者认为，对于一个初入监狱（或再次入狱）的人来说，都有一个适应的过程，包括生理、社会和心理适应，而这个过程大约要经历一个月的时间。❺

对于入监教育的理由，可以从不同的角度进行分析。有人从角色认知角度分析："在监狱里身为罪犯也要遵循改造规范，如见到警官时要立正问好，每天保质保量地完成劳动任务等。不能很好地遵守改造规范的罪犯必然受到程度不同的处罚。对入监前后落差较大的经济犯而言要想有正确

---

❶ 曹军瑭著：《隐形人——拘禁心理解析与治疗》，南京师范大学出版社 2012 年版，第 13 页。

❷ J. M Norlin & W. A. Chess, *Human behavior and the social environment. Social system theory*, 3rd ed. Boston: Allyn & Bacon, 1997, p.56. 转引自［美］查尔斯·H. 扎斯特罗、卡伦·K. 柯斯特-阿什曼著：《人类行为与社会环境》，师海玲、孙岳等译，中国人民大学出版社 2006 年版，第 6 页。

❸ 张大成：《作为通过仪式的入监教育》，载《中国监狱学刊》2014 年第 4 期。

❹ ［澳］迈克尔·R. 达顿著：《中国的规制与惩罚——从父权本位到人民本位》，郝方昉、崔洁译，清华大学出版社 2009 年版，第 351 页。

❺ Joel Harvey, *Young men in prison: surviving and adapting to life inside*, Cullompton: Willan Publishing, 2007, p.73.

的罪犯角色规范认知是有相当难度的。"❶ 也有人对入监新犯的情绪状况进行调查，间接地说明入监教育的必要性。研究表明，入监服刑初期，人的情绪是非常复杂的，以孤独、悲观、绝望、恐惧、害怕为主。❷

无论从何种角度看，入监教育对于监狱和服刑人员来说都相当重要。有必要让服刑人员知道该做什么不该做什么，也就是让他们"懂规矩"。入监的一系列活动，也在时刻提醒着服刑人员正发生着身份角色的转变。

入监教育大体可分为三个阶段：

第一个阶段是收押阶段。"在人员交接的过程中，监狱方面会刻意营造一种严厉和压抑的氛围，通过装备整齐的警察和简短严厉的命令，达到震慑人心的效果。""新犯被人为地剥夺了原先获致的全部社会身份，等级、地位的差别不复存在，他们被迫进入一种无差别的绝对平等状态，这为他们的身份转变提供了基础。"

第二阶段是教育阶段。内容一般分两部分：规范化训练和思想教育。其中规范化训练至关重要，"监狱希望通过对服刑人员身体的训练，以保证服刑人员能对命令绝对服从，并在合法的权威下变得更加顺从"，"通过强体力训练，可减轻刚入狱者精神上的痛苦，让他们没有空间时间胡思乱想"。思想教育包括：《中华人民共和国监狱法》和监狱的规章制度纪律的学习，旨在让服刑人员认罪服法，遵守监规，服从管教。在这个阶段，还会教服刑人员唱改造歌曲、做心理保健操等。指导服刑人员"撰写认罪悔罪书，坦白检举材料，个人自传等文字材料"。教育阶段的核心是培养新犯"身份意识"。

第三阶段是验收阶段。验收合格者可以被分到其他监区。❸

---

❶ 季力：《试论角色认知理论在新犯入监教育中的应用》，载《社会心理科学》2004 年第 3 期。

❷ 朱华军：《浙江某重刑犯监狱新入监服刑人员适应性调查报告》，载《中国监狱学刊》2009 年第 6 期。

❸ 此部分主要参考张大成：《作为通过仪式的入监教育》，载《中国监狱学刊》2014 年第 4 期。

某监狱的入监教育工作流程有以下内容：

（1）收押。主要包括：人员交接，体检，物品检查，现金及贵重物品移交，办理收监手续，发放囚服及日用品，清理个人卫生，制作胸卡、床头卡等标识，编班编组，组织照相，核对服刑人员款项及办理消费卡等。

（2）入监动员。主要包括：制订入监教育方案（见表1-1），入监动员，监狱狱情知识学习等。

（3）犯情排查。主要包括：服刑人员文化普查，查阅服刑人员档案，进行个别谈话，寄发服刑人员《入监通知书》，服刑人员基本信息采集，开展心理测试，犯情汇总，确定包夹监控事宜等。

（4）教育内容。主要包括：开展队列训练，认罪悔罪教育，法律常识教育，学唱改造歌曲，《服刑人员行为规范》教育，《弟子规》教育，心理健康教育，安全知识教育，职业技能培训，心理保健操，内务规范教育等。

（5）科目考核。主要包括：《服刑人员行为规范》考核、生产安全知识考核、入监教育成果汇报和验收、确定分级处遇等。

（6）总结分流。主要包括：开展调查问卷，入监教育总结及分流动员，建档和档案整理，分流服刑人员物品检查，服刑人员及其档案、物品移交等。

表1-1　某监狱一周入监教育方案

		7：00-7：30	内务训练	值班干警
第二周	星期一	9：00-11：30	队列训练	值班干警
		12：30-13：30	内务训练	值班干警
		13：30-16：00	认罪服法教育（二）	教育科干警
		16：00-19：00	训练时间：按相关要求组织训练	值班干警
		19：30-21：00	复习、讨论学习内容，写当日小结	值班干警

第二周	星期二	7：00－7：30	内务训练	值班干警
		9：00－11：30	队列训练	值班干警
		12：30－13：30	内务训练	值班干警
		13：30－16：00	认罪悔罪书撰写讲座	狱政科干警
		16：00－19：00	训练时间：按相关要求组织训练	值班干警
		19：30－21：00	书写认罪悔罪书	值班干警
	星期三	7：00－7：30	内务训练	值班干警
		9：00－11：30	队列训练	值班干警
		12：30－13：30	内务训练	值班干警
		13：30－16：00	入监初期心理健康辅导	教育科干警
		16：00－19：00	训练时间：按相关要求组织训练	值班干警
		19：30－21：00	复习、讨论学习内容，写当日小结	值班干警
	星期四	7：00－7：30	内务训练	值班干警
		9：00－11：30	队列训练	值班干警
		12：30－13：30	内务训练	值班干警
		13：30－16：00	心理测试相关知识讲解及测试	教育科干警
		16：00－19：00	训练时间：按相关要求组织训练	值班干警
		19：30－21：00	复习、讨论学习内容，写当日小结	值班干警
	星期五	7：00－7：30	内务训练	值班干警
		9：00－11：30	队列训练	值班干警
		12：30－13：30	内务训练	值班干警
		13：30－16：00	法制教育之《监狱法》	狱政科干警
		16：00－19：00	训练时间：按相关要求组织训练	值班干警
		19：30－21：00	复习、讨论学习内容，写当日小结	值班干警
	星期六	7：00－7：30	内务训练	值班干警
		9：00－11：30	队列训练	值班干警
		12：30－13：30	内务训练	值班干警
		13：30－16：00	《监狱法》考前辅导	狱政科干警
		16：00－19：00	训练时间：按相关要求组织训练	值班干警
		19：30－21：00	复习、讨论学习内容，写当日小结	值班干警
	星期日	7：00－7：30	内务训练	值班干警
		9：00－11：30	休息、清洗衣物	值班干警
		12：30－13：30	内务训练	值班干警
		14：00－16：00	拨打亲情电话	值班干警
		16：00－17：00	一周教育总结	值班干警
		18：00－19：00	拨打亲情电话	值班干警
		19：30－21：00	休息、整理个人卫生	值班干警

我于 2015 年 2 月观看了某监狱入监教育验收的场面。当天下午，入监监区的新犯被集中到操场上，等待监狱机关有关领导验收考核。验收考核的程序如下：

监狱警察向列队准备迎接验收考核的服刑人员下达指令："开始——"

于是，所有被考核的服刑人员高声呼喊："警官好——"

指挥人员（服刑人员）指令："报数——"伴随着连贯而响亮的"1、2、3、4、5、6……"，服刑人员呈"S 形"（或者"蛇形"）依次蹲下，仿佛有一位娴熟的木工，有秩序地将一颗颗钉子迅速钉下，并且全部留出一截钉帽来，而每一颗"钉子"在被敲打时，都有力地喊出属于自己的数字。

停止间转法：向左、向右、向后转。

行进与立定：起步与立定，正步与立定，跑步与立定。

广播体操，做得很标准，一丝不苟，要比学校学生做操更严肃些。

手语操《从头再来》❶，是让人心生触动的一个汇报项目，由服刑人员边唱边做。

不知道为什么，这首歌在此场合来唱，更有切入心脾的感受。我看到有的服刑人员眼里含着泪花（此时，我的眼睛也湿润了）。

上边一系列的演练全部结束后，由狱政科、教改科、生卫科三个科室的领导抽查背诵行为规范和技术规范。所有服刑人员都蹲下，被点名抽背者站起来背，背好者再行蹲下。凡是背不出的，便站在那里。最后大约有十分之一的人背不出，他们要经过进一步训练直至达到要求方能分配到其他监区。

––––––––––––––––––

❶ 这首歌的歌词是："昨天所有的荣誉，已变成遥远的回忆/勤勤苦苦已度过半生，今夜重又走入风雨/我不能随波浮沉，为了我至爱的亲人/再苦再难也要坚强，只为那些期待眼神/心若在梦就在，天地之间还有真爱/看成败人生豪迈，只不过是从头再来。"不知是谁倡议选择这首歌，但的确与服刑人员此刻心境极为贴切。

对于一个服刑人员来说，入监及其后的早期监狱生活是刻骨铭心的。正如陀思妥耶夫斯基在《死屋手记》中写的那样："最初的一个月以及我早期的监狱生活，至今记忆犹新。此后几年的监狱生活在我的记忆里却模糊得多了。有些事情仿佛已被忘却，彼此混在一起，只剩下一种笼统的印象：痛苦的、单调的、令人窒息的印象。"❶

一位出狱大约半个月的服刑人员对入监队的生活仍然记忆深刻：

入监队严啊。进门出门，进号房门，出号房门，都得报告。见着干部喊"警官好"，这是必须的，见着就必须喊，无论在什么场合。干部迎面过来了，你得喊"警官好"。在任何情况下，见到干部，立正，"警官好"。走廊里走路都是，看到干部了，马上立正，警官好！靠边。

站队了，报数了，在里边严。站队就跟当兵一样啊。整整齐齐地，报数也一样。喊的声音很大。溜直，跟当兵的一样。一走全都正步，咔咔。

一个脚着地，这就是标准蹲法。两只手与膝盖一齐。刚来的，一动不敢动。看看老犯人，时间一长的，就这么蹲，甚至有的蹲都不蹲，往那一站就跟干部说话了。❷

熬时间

在美国，坐牢有一个专有名词"doing time"。对于一个服刑人员而言，"每日的痛苦都缘于一些小事已然被强行从心灵中剥夺，诸如，伴随着'你好'或'再见'的热吻，孩子们天真的微笑，厨房里的紧张忙碌，

---

❶ ［俄］陀思妥耶夫斯基著：《死屋手记》，曾宪溥、王健夫译，人民文学出版社 1981 年版，第 27 页。

❷ 根据我的访谈资料整理。

修理草坪的悠闲自得——罗列不尽。在社会上的人看来可能是任务或者琐碎的事，在服刑人员看来却是朝思暮想的美梦和期待"，"他一旦被监禁，他首先要面临的现实问题是，必须'熬时间'（doing time）"。❶

某监区夏日的一天服刑人员以表1－2所记录的方式度过。

表1－2　服刑人员以哨声安排一日活动❷

时间	活动
6：00	哨响。起床、洗漱、整理内务。可以在指定位置抽烟。
6：20	哨响。……
6：50	哨响。……
7：10	哨响。……
9：00	哨响。服刑人员到楼下排列报数，放风，抽烟。
9：20	哨响。……
11：30	哨响。杂务组下楼抬饭菜，并分至小组。
11：45	哨响。……
12：30	哨响。……
15：30	哨响。服刑人员到楼下排队报数，放风，抽烟。
15：50	哨响。……
17：00	哨响。杂务组下楼抬饭菜，并分至小组。
17：15	哨响。……
18：50	哨响。准备看中央电视台新闻联播，后看录相片。
21：00	哨响。关电视，洗漱，准备点名睡觉。

各监狱的时间和内容安排可能多少有些差异，但是有一点是十分肯定的，就是服刑人员每天的生活轨迹都基本雷同。因而，他们在基本上一成不变的日子里"熬"。一些心理素质好的，能够想办法调整自己的心态；而心理素质差些的，就可能出现不同程度的心理障碍甚至心理疾病。

---

❶　Stephen Stanko, "Surviving in Prison," edited by Stanko, Stephen, Gillespie, Wayne and Crews, Gordon A. Westport: Greenwood Press, 2004, p. 177.

❷　宋立军：《超越高墙的秩序：记录监狱生活的民族志》，中央民族大学博士学位论文，2010年，第128页。

严格规范训练

参观过监狱的人都会很感慨，服刑人员居住的房间内务整理得与军人无异。是的，这正是严格规范所起到的作用。我曾经听过一位初中班主任说，一个班级的好坏可以从教室的卫生中看出来。实际上，监狱管理的严格与否也同样可以从内务卫生中窥见一斑。下面是某监狱监室内务卫生管理制度的摘录：

三、监室配置的内务设施和物品摆放要求定点定位，整齐划一：

（1）毛巾叠三折，竖对折后挂在毛巾架上成一条线，长度统一为20厘米，底边平齐。洗脚毛巾叠放整齐悬挂在两侧脸盆架靠墙一侧。

（2）漱口杯统一摆放在水池边靠墙内侧，杯把统一朝南斜摆成一线。牙膏、牙刷放于漱口杯中，牙刷在外，刷头朝上，牙膏在里，牙膏头朝上。

（3）肥皂盒放在水池南（北）较宽侧靠墙边成一条线，分两排重叠放置。

（4）脸盆架按统一要求，摆放在东西两侧靠墙紧贴卫生间隔断指定位置，脸盆统一放入盆架，由下至上，由大至小，重心上下对齐成一线，盆内及盆架上不允许悬挂和摆放衣物。个人饭盆、调羹、筷子一律放于脸盆内。

（5）水瓶分两排整齐贴墙摆放于南侧晒台窗下，顺水池边由东（西）向西（东）依次摆放整齐，东（西）侧与水池边平齐，水瓶把朝外斜放成一条线。

（6）备用水桶放于水池下靠南，与水池外侧边平齐。

（7）垃圾桶、笤帚统一摆放在卫生间蹲便坑靠里侧隔断摆放。垃圾每天按规定时间清倒。

（8）凳子一排叠放于西侧脸盆架靠墙贴床位置。

（9）衣服晾晒统一按小（内衣内裤、袜子、毛巾）中（衬衣衬裤）大（外衣外裤大衣等）顺序悬挂。晾衣叉摆放在脸盆架西侧靠墙外。

（10）窗台与窗下不准晾晒、悬挂鞋子和其他任何杂物。❶

上述规定并不是摆设，我在这个监狱中做了长达半年的实地调查，内务卫生的确严格按照上述规定进行考核。从这些细致入微的规范入手，监狱严格规训了服刑人员的身体和精神，其目标是避免监狱混乱，让服刑人员养成令行禁止的习惯以及培养遵守规则的意识。

监狱严格的规范不仅限于内务卫生一个方面，《监狱服刑人员行为规范》（司法部第 88 号令）共 38 条，涉及思想道德规范、生活规范、学习规范、劳动规范、礼貌规范等方面。各监狱局或者监狱还对《监狱服刑人员行为规范》进行了细化❷，以便进行计分考核。监狱会根据细化的规则，对服刑人员的表现进行加扣分，并根据分数奖惩。

三大教育

熟悉监狱的人都知道，"三大教育"是服刑人员在服刑期间必须接受的教育。《中国劳改学大辞典》对"三大教育"作如下解释：

1. 革命根据地监、所对罪犯进行政治教育、劳动教育、文化教育的总称……

2. 我国劳动改造机关对罪犯实施政治思想、文化知识和生产技术三项基本教育的简称。❸

《中华人民共和国监狱法》也对"三大教育"进行了规定，第四条规

---

❶　宋立军主编：《新编监狱工作实务教程》，对外经济贸易大学出版社 2012 年版，第 326 – 328 页。

❷　宋立军：《超越高墙的秩序：记录监狱生活的民族志》，中央民族大学博士学位论文，2010 年，第 244 – 254 页。

❸　中国劳改学会编：《中国劳改学大辞典》，社会科学文献出版社 1993 年版，第 15 页。

定："监狱对罪犯应当依法监管，根据改造罪犯的需要，组织罪犯从事生产劳动，对罪犯进行思想教育、文化教育、技术教育。"

思想教育是监狱机关有目的、有计划、有组织地通过正面强制灌输，集中授课的形式，对服刑人员进行的系统性思想政治教育，是提高其思想认识，促其树立正确的世界观、人生观、价值观，端正改造思想的有效途径。思想教育的意义在于：端正服刑人员的政治方向，提高服刑人员的道德修养，促使服刑人员认罪服法，激发服刑人员的改造动力。思想教育的内容包括法制教育（认罪服法教育、法律基础知识教育）、道德教育、形势教育、政策教育、前途教育。❶

在"三大教育"中，思想教育对于服刑人员认罪悔罪是有一定作用的。同时，有的思想教育可能对于提高个人修养以及预防重新犯罪有帮助。

2011 年 7 月 15 日，我在某监狱调查，上午部分服刑人员在监舍大厅内学习。主要内容有三项，一位服刑人员做如下记录：

学习时间：7. 15　　　地点：大厅

第一课

百家讲坛中华孝道（弟子规）

弟子规把中国孝道落成实处。

中华孝经有成人礼、婚礼。就是讲人长大以后要肩负着成人责任感。婚礼，是讲男人对女人要讲仁爱，妻子在男人有困难的时候，要帮助他渡过难关。"贫贱知己不可变，贫家妻不下堂。"

第二课

今日说法

被毒害的青春

讲的是一个被（判）死刑的人，讲的是（一个叫）毛莘的人。毛莘是一个大学生、优秀生，大学毕业后，又有一个很好的单位，2009 年因贩毒品而被判死刑。

---

❶ 参考王明迪主编：《罪犯教育概论》，法律出版社 2001 年版，第 4 章。

第三课

百家讲坛

金正昆谈礼仪

仪表代表一个（人的）形象，仪表的礼仪是整洁、自然、互动，注意修饰表情、举止动作、表情。

对于第二项内容，一位东北籍服刑人员对我感叹道，"毛苒这个高才生太可惜了"，"珍爱生命，远离毒品"。

对于第三项内容，有服刑人员告诉我："金教授讲的，我很爱看。他教了许多过去我不懂的知识。例如，我与人说话时，我会这样子（跷起二郎腿，边说话边抖动），现在就好多了，与你谈话，就知道讲礼貌了。"

文化教育是监狱组织服刑人员学习文化知识，提高文化水平，帮助服刑人员摆脱愚昧，提高素质，为思想政治教育、技术教育打下良好基础的一项教育改造活动。文化教育包括扫盲教育、小学（初小班和高小班）教育、初中（初一班、初二班和初三班）教育、成人高等自学教育等。

一些服刑人员通过文化课的学习扫盲，能够读书写信。有的服刑人员在狱内参加考试，取得了大专、本科文凭，甚至还有人在狱内读硕士、博士学位。一些曾经是教师的服刑人员担任文化课教员，也可以发挥他们的特长。

技术教育是对服刑人员进行生产技术和劳动技能等方面的教育，是"三大教育"的重点内容之一。其目的在于：使服刑人员学习劳动技能，掌握一技之长，为改造服务，为其刑满就业创造条件。技术教育分为岗位技术培训、等级技术培训和职业技术培训。

对于技术教育，近些年监狱更加重视。一方面，是为了使服刑人员能够学会与劳动项目有关的技能；另一方面，一些监狱还会开设职业技术培训课程，为服刑人员出狱谋生创造条件。一些获得技术等级证书的人，甚

至可以在狱内举办的人才市场上找到工作。❶

狱内医疗

在狱内的病人都能得到治疗。在我对某监狱进行长期调查的过程中，有一位糖尿病患者，他每日三餐前都要打一支胰岛素。这是我当时的记录：

这时，老张来了。老张入狱前是某医院副院长，因此被安排在监狱医务室作犯医。

每天他有一项必做的事，就是每日三餐前给邵某打一支胰岛素。老张说："监狱专门为他买了个小电冰箱。胰岛素，夏天要放冰箱里。否则，一是药效受影响，二是可能会变质。我很注意的，要是出了医疗事故可不得了。前几天，报纸上说，××地方打胰岛素死了三个人。每瓶胰岛素第一针我都很小心，怕出事。我连过敏抢救药都随时带着，我还要改造呢。监狱医院的医生技术不高，它和外面医院不同。外面医生有竞争，你如果医术不高，就没人找你看病。这里的医生，有工资发，技术好不好，你都得找他看。外面医学院毕业的大学生，三年得做多少手术啊，有时一天就得做好几个。这里医生一年也做不了几个。"

到了该给邵某打胰岛素的时候，陈某躺在床上，大声地喊道："邵某，打针了。"邵某来了，他很娴熟地将药棉拿出来，是用手拿的，没有用镊子。往臂上擦了擦，老张便将装了药的一次性针筒往他大臂上一扎，再拔下来，邵某就去准备吃饭了。邵某已经无须对老张说声谢谢了。一日三餐前，天天如此，打针已经成为邵某生活的一部分，就和吃饭睡觉一样了。

在给邵某打针时，我问老张，这个多少钱？老张一样一样地给我

---

❶ 庞莹：《狱中就业招聘会176名即将刑释人员找到工作》，载《四川日报》2014年12月23日第13版。

算下来，包括针筒，药，不算注射费，在社会上每天要花费5元。

陈某说："你危害社会，这里还要给你花钱。出去了要花不少钱呢！"邵某一边往外走一边说："这算什么钱？随便什么地方省一省。"邵某走后，陈某、戴某二人谈起邵某的事。陈某告诉我："我们俩（与邵某）一起来的，刚进来头两天，他什么东西都不吃，就是拼命喝水。我还以为他装的呢。第三天不行了，送监狱医院，不行，查不出什么毛病，送到××市医院。"我问："当时，他知道自己有这个病吗？"陈某："不知道。"戴某："差点不行了。都把家里人叫来，安排后事了。老婆孩子，还有点家产。"陈某："××医院两次。"戴某："瘦得皮包骨头，后来活过来了。"陈某："干了坏事，共产党还得养着他。"

由于在狱内看病不需要服刑人员支付费用，因而有些患有严重疾病的服刑人员宁愿待在监狱里，也不愿意"保外就医"，甚至个别年老多病的出狱人，为了能享受监狱的免费医疗会故意重新犯罪入狱。❶

节日里的欢娱与思念

每逢重大节日，如春节、中秋节等都是服刑人员最有感触的日子：有较长的休息时间，可以参加各种文体活动❷，让心灵稍微放松一下；伙食好，可以大饱口福；可以静静地躺在床上想想家人。节日来临前，监狱往往会统计"三无人员"❸名单，给他们发放必要的生活用品和慰问品，让他们也能享受节日里短暂的欢娱。

"每逢佳节倍思亲"，节日里对亲人的想念更为深刻。节日前，一些服刑人员的家人会来监狱会见，虽然只有短短的半个小时，但却让人心生感

---

❶　傅沙沙：《重病抢劫犯已转出看守所》，载《新京报》2008年11月28日A15版。
❷　节日里，可以有各种各样的活动，如拔河比赛、棋牌比赛等。在某次调查中，监狱警察将电脑中的节日汇演照片给我看，我看到男性服刑人员扮演女士的剧照，惟妙惟肖。
❸　"三无人员"是指长期无会见、无汇款、无通信的人员。

动。平时的会见当然令人激动，但是佳节前能与家人见上一面，对于大多数服刑人员来说那是很幸福的事。爷爷见到新出生不久的孙女，隔代的亲情，那种情感是难以言表的。一些人会认真为家人写一封信，把自己的思念浸入墨水之中。亲情电话旁排起了长队，一声声问候牵肠挂肚，泪流满面，虽然只能通话5分钟，但已经心满意足。

我在某监狱一个监区进行调查时，对亲情电话的情况进行了统计（见表1－3），我们会发现春节期间拨打亲情电话的次数要多一些。

表1－3 某监区亲情电话拨打统计表（2011年1月至2011年7月17日18时）

月份	总时长（秒）	总金额（元）	平均时长（秒/次）	平均金额（元）	普通拨打（次）	特批拨打（次）	总共拨打（次）
1	43342.0	230.49	243.0	1.29	178	0	178
2	71267.0	372.64	261.0	1.36	272	1	273
3	46195.0	244.85	251.0	1.33	184	0	184
4	40735.0	216.70	251.0	1.34	162	0	162
5	47078.0	246.88	255.0	1.34	184	0	184
6	44528.0	234.50	261.0	1.38	170	0	170
7	32336.0	172.10	262.0	1.40	123	0	123
总计	325481.00	1718.16	254.86	1.35	1273	1	1274

2015年2月4日下午3点多，在某监狱某监区，一位身体有些残疾的服刑人员，有过多次服刑的经历。我到号房访谈他时，他正半躺在铺上给他的母亲写明信片，当我让他谈自己母亲时，他抱头哭泣。他告诉我，他很小的时候，父亲就去世了，是母亲把他和哥哥拉扯大，但是他却不能陪伴母亲过年。我请他把明信片的内容抄录到我提供的活页纸上，字迹与明信片上的几乎一模一样工整（见图1－1）。

妈妈：

见信好！

妈，您老人家身体还好吗？快要过年了，儿子没有尽到孝心，不在您老人家身边孝敬您，儿子对不起您老人家。请您老人家照顾好自己的身体，多穿些衣服，保暖保暖，儿子不放心。儿子在这个特殊的校园里祝您身体健康，不要牵挂我。我在这里挺好的。由（有）好多警官的关心和关怀，请您老人家放心。

　　祝您老人家身体安康、新年愉快！

您的不孝儿子：×××

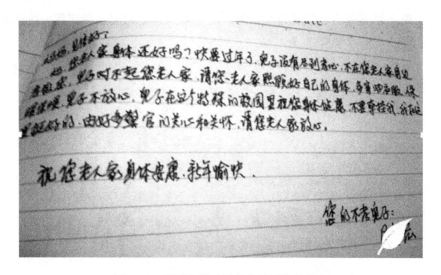

图 1－1　服刑人员寄给母亲的明信片内容

地下经济活动

　　对于服刑人员来说，监狱是一个令人窒息的全控机构。关于全控机构的特点，美国社会学家高夫曼（Erving Goffman，又译为戈夫曼）认为：

　　首先，生活的各个层面都在同一个权威之下，在同一个空间里执行。

　　第二，所有成员各阶段的日常作息都和其他一大群人一同进行，这些人都被以类似的方式对待，做的事情也都大同小异。

　　第三，日常活动的各个阶段按紧凑的时间表操课，一个活动接着另一个活动，而且整套课表都是由上层人员照着清楚的规定执行。

最后，这些强制的活动都被放在单一的理性计划里，目的就是要达成机构所意图的正式/官方（official）目标。●

在这样的环境下，服刑人员并不会完全顺从，他们会或多或少地通过违规来度过漫长的监禁生涯。在诸多违规行为中，以地下经济活动最为常见。地下经济活动是指服刑人员为满足个人欲望，增加生活情趣，减轻监禁的痛苦所从事的活动。❷

电影《肖申克的救赎》中的主人公瑞德（Red，又译雷德）给我们的印象极为深刻。在同名著作中，瑞德叙述道：

> 我猜美国每个州立监狱和联邦监狱里，都有像我这样的一号人物，不论什么东西，我都能为你弄到手。无论是高级香烟还是大麻（如果你偏好此道的话），或弄瓶白兰地来庆祝儿子或女儿高中毕业，总之差不多任何东西……我的意思是说，只要在合理范围内，我是有求必应；可是很多情况不一定都合情合理的。
>
> ……
>
> 正如我刚才所说，差不多四十年来，在肖申克监狱里，我有办法帮你弄到任何东西。除了永远名列前茅的香烟和酒等违禁品之外，我还有办法弄到上千种其他东西，给这儿的人消磨时间。有些东西绝对合法，只是在这种地方不易取得，因为坐牢本该是一种惩罚。例如，有个家伙强暴了一个小女孩，还涉及几十件暴露的案子。我给他找了三块粉红色的佛蒙特大理石，他雕了三座可爱的雕像，一个婴儿、一个十二岁的男孩，还有一个蓄胡子的年轻人，他称这些雕像为"耶稣的三个不同时期"，现在这些雕像已经成为前任州长客厅中的摆设了。
>
> ……
>
> 我试过在情人节设法为狱友弄到巧克力；在圣帕迪日为一个叫欧

● ［美］厄文·高夫曼：《精神病院：论精神病患与其他被收容者的社会处境》，群学出版有限公司2012年版，第12页。

❷ 王捷编授：《监狱学经典》，大领航国际文化事业有限公司2004年版，第三编第7页。

迈利的疯狂爱尔兰人弄到三杯麦当劳卖的那种绿色奶昔；我甚至还为二十个人放映过午夜场电影，片名分别是《深喉》和《琼斯小姐体内的魔鬼》（这些都是色情片，他们一起凑钱租片子）……虽然我因为这些越轨行动被关了一周禁闭，但要维持"神通广大"的英名，就必须冒这样的风险。

我还能弄到参考书和黄色书刊、会让人发痒的粉末之类的恶作剧新奇玩意儿，甚至替被判长期徒刑的家伙弄到太太或女朋友的内裤……我猜你也知道这些人究竟如何度过如刀割似的漫漫长夜了。这些东西并非免费的，有些东西代价不菲。但我绝不是仅为钱来干这些事。金钱对我又有何用呢？我既无法拥有一辆凯迪拉克，更不能在二月天飞到牙买加去度两个星期假。我这么做的理由和市场一流肉贩非新鲜肉品不卖的理由是一样的，只是为了维持英名不坠罢了。❶

服刑人员在监狱中从事地下经济活动，在中外莫不如此。我国监狱内的地下经济活动也是无法彻底禁绝的。监狱可资服刑人员利用的资源非常有限，这使服刑人员不得不想办法促进内部资源的流通。

第一种情形是，A 为 B 提供劳务服务。如 A 为 B 洗衣、打水等，作为交换，A 会得到 B 在物质上的帮助。

第二种情形是，A 在自己任务完成的前提下，帮助 B，以使 B 能更好地完成任务，以获得高一些的分数。B 则在物质上给 A 提供帮助作为交换。

第三种情形是，A 与 B 属于老乡或者其他类型的关系，因而会在物资上互通有无。

第四种情形是，A 基于某种强势，强迫 B 为 A 提供物资。

当然实际情况要复杂得多。对待服刑人员的地下经济活动，监狱警察的态度也不一致。有警察认为，凡是违规行为，无论大小都应严格追究；有警察认为，除非违规行为严重危害监狱秩序，否则遇事"睁一只眼闭一

---

❶　［美］斯蒂芬·金著：《肖申克的救赎》，施寄青等译，人民文学出版社 2009 年版，第 2－3 页。

只眼"即可。而实际的情况是，对地下经济活动如果过度干预，会适得其反，反而使监狱秩序更为混乱。有服刑人员说，因为地下经济活动的存在，那些家境不好的服刑人员能够通过自己的劳动换取一些物资，否则就可能会在狱内偷盗。另外，一些刑期较短不大可能减刑的人会通过帮助他人劳动换取一些物质上的好处，而接受劳务帮助的人可以多得分，早日减刑，互利互赢。如此，狱内秩序就变得更和谐。

有趣的是，监狱明文规定禁止任何地下经济活动，并且会经常开展专项活动整治（或打击）类似的行为。但是，却始终无法消灭地下经济活动。

减刑与出狱

今天这顿晚饭，是我在监狱里吃的最后一顿晚饭，我感到有一些解脱感，因为该我承担的责任，我已承担，该我应受的处罚也将结束。

回顾改造的几年，有大喜（减刑两次），也有大悲（女儿摔死、老婆离婚），可谓妻离子散，家破人亡，但是经历了这么多，我还能坚强地活着，除了自身原因，与干警的帮助、家人的鼓励是分不开的。

最后的晚餐，不用我费心，明天开始，我将为自己的每一顿饭操心，今天我还"在业"，明天就是两劳释放人员，社会闲散人员，失业者，不过，我想我会自食其力，有能力解决一切困难，迎接挑战。

谢谢你们的再一次关心，但我不想说再见。❶

明天这位服刑人员就要出狱了，这对他来说是人生中的一件大事。久受牢狱之苦的人，能称得上幸福的时刻大概只有两个，一个是出狱，另一

---

❶ 曹军瑃著：《隐形人——拘禁心理解析与治疗》，南京师范大学出版社 2012 年版，第 69 页。

个是减刑，而前者的幸福感更甚。

出狱常常被称为"新生"，从此就可以过上自由生活。因而，从出狱前的一百天起，当事人往往会开始倒计时，盼望这一天到来。出狱前他们往往很兴奋，有的人几个月前便睡不着觉。当然也有人利用这段时间思考：

下个月的今天，我就是一个自由人了，由于有这么段经历，我该以怎样的心态面对自由的世界？虽说阻碍自己走向成功的绊脚石不是"不幸"本身，而是把"不幸"当作不幸听任命运安排自暴自弃的心态，但如果因为一些环境的制约，我最终还是站不起来怎么办？当这个念头刚在头脑中产生的那一刻，我为自己感到可耻——以生命中总有些美丽的错误无法预料，就像总有些冷酷的分离无法避免一样来为自己寻找借口。❶

出狱的当天，与"狱友"道别，但不说"再见"。甚至出狱人还被告知，出去后千万别回头，回头不吉利。某人出狱时，监狱会将其个人账户上的余额如数返还。对于确有困难的，还会发放足够返回家中的路费。

与出狱同样令人激动的是减刑假释。减刑假释是对表现良好的服刑人员的一种奖励，刑法和监狱法上都有相应的规定。减刑假释越来越公开透明，服刑人员甚至可以根据自己所得的分数和获得的行政奖励计算出自己大概什么时候减刑、能够减多少（见附录3）。服刑人员的减刑假释须经"七榜公示"，按照规定"七榜公示"包括：监区入围名单公示、监区研究结果公示、刑罚执行科审查结果公示、监狱评审委员会评审结果公示、监狱长办公会研究结果公示、法院立案情况公示、法院裁定结果公示。用服刑人员的话来说，"获得一次法律奖励，我的名字至少得7次出现在监狱的公示栏里"。❷ 减刑也就意味着向自由之门迈出非常大的一步，有的人会因减余刑而从此成为自由人。

---

❶ 阳光下著：《走出高墙》，海天出版社2005年版，第66页。
❷ 丁国锋、苏玉新：《"七榜公示"让服刑人员扳着指头算刑期》，载《法制日报》2013年11月5日第1版。

第二章　监狱警察职业剪影

引　言

监狱警察是监狱管理者。一般认为，他们应具有良好的政治素质、文化素质、业务素质、心理素质及身体素质等。[1] 台湾地区的学者认为，监狱矫正人员除了具备公务员的基本资格外，还应具备专业之知识、强干之能力、公平之态度、稳定之情绪、高超之道德和改善之观念。具体来说，监狱矫正人员应具有以下几项特征：

(1) 有帮助别人的愿望；

(2) 有在工作中克服恐惧或焦虑的能力；

(3) 具备关于人类行为科学的知识；

(4) 能够保持良好的健康状态和有规律的生活方式；

(5) 有管理安全的、人道的环境的能力；

(6) 能够处理犯人的违规行为和维持秩序；

(7) 有迅速对犯人的请求做出反应的愿望；

(8) 具有在犯人中建立信誉并且与犯人友好相处的能力和愿望；

(9) 能够以清楚、良好而引人注意的方式在犯人中执行职务；

(10) 能够公正而迅速地解决犯人冲突与问题；

---

[1] 于文静、解添明主编：《科学认知监狱警察》，江苏人民出版社 2014 年版，第 60 - 66 页。

（11）能够与监狱管理人员和监狱工作人员保持良好的关系。❶

尽管在台湾地区监狱矫正人员并不等同于大陆的监狱警察，但是却有许多相似之处。我想通过本章的记述，让人们对监狱警察这个特殊的群体有初步了解。

陪伴者

我参加监狱工作时，听到有服刑人员这样评价监狱警察——"我们是有期，你们是无期"。这多少有些让监狱警察伤感和自卑。但是，这话却也说出了一个事实，那就是只要有服刑人员，监狱警察这个群体就得始终有人对其陪伴。可以讲，监狱警察是服刑人员服刑生涯的全程陪伴者。陪伴者，在这里并没有涉及过多的感情色彩，更多的描述监狱警察与服刑人员之间身体空间的位置关系。作为监狱警察，无论你的责任心强弱，起码在你当班的时候，必须出现在你该出现的场合，你的身体与服刑人员的身体之间必须建立起某种关系。换言之，有服刑人员的地方，就必须有监狱警察在场。

这种在场，可以用两个特有的名词概括："七亲自"和"八到现场"。"七亲自"是指带值班监狱警察要做到：亲自吹哨起床，亲自领操，亲自监督开饭，亲自劳动示范，亲自掌握学习，亲自查铺，亲自检查病号。"八到现场"是指监狱警察必须在服刑人员出操、开饭、劳动、学习、开会、洗澡、看病、看电影和电视时到现场进行直接管理。实际上，这是20多年前的规定，现在的规定更加严格，监狱要求只要有服刑人员的地方，就必须有警察在，哪怕只有一个服刑人员，旁边也必须至少有一位监狱警察陪伴，并且必须做到5米以内跟进。

---

❶ 俞翔、程昱编著：《实战监狱学》，高点文化事业有限公司2008年版，第4章第2－3页。

监管者

监狱警察并不仅仅是服刑人员的陪伴者，更得尽监管职责。在这里，"监"是指监视、监督、监控，"管"是指管理、管制。无论在服刑人员居住场所，还是生产劳动场所，抑或其他什么场合，监狱警察都要时刻保持警惕。"他们实际上从不离开囚犯左右，日夜观察着他们。他们在囚犯中形成了一个持续观察网。"❶ 他们必须有"眼观六路，耳听八方"的本事，必须能在平静中看到危机，在复杂的状况下有效掌控局面。

在巡视和检查的过程中，监狱警察会发现影响监管秩序的苗头性问题。例如，通过观察，可以发现某服刑人员近期情绪反常，于是就需要深入了解，并采取相应措施，以防止自杀、越狱等事件发生。其他途径包括：调看监控设备、监听服刑人员会见谈话及亲情电话、检查来往信件、个别谈话、耳目❷汇报等。在我刚参加工作时，常常有领导提醒我们，监狱是"火山口""炸药库"，监狱警察就是守住"火山口"、看好"炸药库"的人。

这里要特别提到监管中的一个常规项目，那就是"点人头"。保证人数的准确，这在对服刑人员的监管中至关重要。监狱对"人头"的重视程度强调得多么重要都不为过。因为，倘若本来只有 100 名服刑人员却无缘无故变成 99 或 101，那是天大的事。因而，监狱警察必须不厌其烦地"点数"，而服刑人员也要反复地报数。这种做法，就是防止少人。有人说，点个数并不难，但是人是活的，人数不断变动。昨天是 100 人，今天有 1 人生病，1 人刑满释放，1 人被禁闭，1 人去会见，从另一个监区调来 5 人，2 人去参加演讲比赛排练，外监区借用 1 人帮助修机器。你说，现场到底多少人？你刚报出一个数，那个会见的回来了，又有两个去会见。如此，人数可能会不断变化，但你不能有丝毫差错。曾经有一位脱逃过的服

---

❶ ［美］布莱恩·雷诺著：《福柯十讲》，韩泰伦编译，大众文艺出版社 2004 年版，第 120 页。
❷ 狱内耳目是指监狱从服刑人员中物色并使用的秘密侦查人员，他们在狱侦人员直接管理和指挥下协助监狱警察掌握监狱可能面临的危机事件，他们的角色具有隐蔽性和秘密性。

刑人员告诉我，他曾经使用一种方法，使他成为一个不被计量的人。因而每一个服刑人员在每一个时刻，都必须成为被计量的人。监狱警察对人头数量最敏感，因而点人头也就是监管任务中最重要的一项。

教育者

监狱不是垃圾箱，也不是仓库，这里是教育人的地方。因而，监狱警察也有对服刑人员进行教育的职责。除了常规的"三大教育"（见本书第一章），监狱警察的教育还体现在点点滴滴的言行中。

端午节，一位监狱警察送给服刑人员 D 几个粽子。D 告诉我：

> 端午节的时候，当然我们中国有个传统，要吃粽子，在劳改队来讲，就没有这么幸运了。有的中队会给犯人安排吃粽子。尽管家里惦记着，但也不可能有这个条件，专门为我送几个粽子来。所以说吃个粽子对劳改犯来说就是一个奢望了。今年端午节就发生了这样一件事情，端午节的晚上我当夜班（通宵）的时候，我们的一个干部，他叫我，说待会点名以后，你到警务室来一下。我以为很正常地叫我什么事情。十点以后我就去了，他从桌上的塑料袋里拿出了两个粽子，他说，今天端午节，我上班的时候，从家里拿了几个粽子作为自己的晚饭，我特意多带了两个给你。事情很小，不算什么，任何一个普通的家庭，两个粽子会算什么的，但是在监狱这个特殊的环境中，它给人的意义就不一样了。最起码我感觉到，这位警官心里还惦记着我，我当时眼泪就掉下来了，很感动……（哽咽，用纸擦泪）在社会上，这事太小了。❶

这种以情动人的教育，才是深入内心的教育。

---

❶　宋立军：《超越高墙的秩序：记录监狱生活的民族志》，中央民族大学博士学位论文，2010 年，第 185 – 186 页。

教育，无论是对学生还是对服刑人员，都不是件容易的事。服刑人员之间产生矛盾，要想办法调解；服刑人员家庭发生变故，要能够安抚。有时候服刑人员有了心理障碍，仅靠说教还不够，还得懂一点心理咨询技术。这是一位心理咨询师（监狱警察）咨询工作的片断：

我陪余某某一起在"漆黑"的治疗室，五分钟后有意让助手在治疗室突然大声喊"余某某"的名字。余某某立刻抓住我的手，显得十分紧张，连忙恳求我开灯。我鼓励余某某不要紧张，并询问以前是否也有过类似经历，余某某不语。我让助手稍稍开启门缝，这时余某某突然说："我想起来了！"

我鼓励余某某继续讲下去——

余某某说："那时我刚刚被抓，关在某看守所。那些天我天天以泪洗面，因为我听说犯法了就要枪毙的，一想到死我就浑身发抖，我以前在老家亲眼看过枪毙人的，没想到我也会被那样枪毙，太可怕了！有一天晚上，突然我们的铁门被'哐'地打开，我本能地缩成一团，随后我就看到三个影子。第二天同号房的告诉我，昨晚是法警来拖死刑犯去执行枪决的。我听得一身冷汗，从此每天晚上我都无法入睡，总想这些日子可能是我的最后几天了，以前看到的枪毙的情景老出现在我面前。过了半个月，还是晚上，我们铁门被打开，手电筒的光很强，像刚才门缝透进来的光一样刺眼。那个光直朝我逼来，我一下蒙了，当即尿了裤子。等我缓过神来，和我同铺的号友被拉走了。要不是今天这种环境，我都忘记了。对，就是从那以后我就怕黑和怕听到别人叫我名字！"

通过上述"演示"检验到了求助者表层错误观念——"犯法了就要枪毙的"，看守所晚上连续发生的事情作为刺激物，导致不适应和错误行为的发生——怕黑。余某某听了我的分析后，认为有道理。❶

---

❶ 曹军瑭著：《隐形人——拘禁心理解析与治疗》，南京师范大学出版社2012年版，第85页。

生产组织者

直接从事监狱生产的人是服刑人员。在外界看来，那一定很好管，而实际情况并非如此。外界社会的工厂企业大多是技术熟练的工人，表现不佳的可随时解聘，但监狱不行。监狱开展生产，不仅仅是技术层面的问题，还涉及服刑人员的思想教育。思想不稳定的人在生产线上很难胜任劳动岗位。这就对监狱警察提出了更高的要求。但是，单从生产的角度看，监狱警察应该成为优秀的组织者，有人甚至将组织生产的监狱警察戏称为"车间主任"。下面是某警官对春节期间组织生产的描述：

　　这天早上，六监区的生产副监区长王某某起来格外早，八点钟不到就来到了单位，刚换好衣服就迫不及待地来到生产线上，原来因为监区这两天一条线上新款，一条线换款，一条线交期紧，春节期间厂方休息，线上还有很多问题需要解决。曾经在某女监区抓生产的她，在女监的生产舞台上得心应手，遇到瓶颈工序时，她一疏就通；碰到疑难问题时，她举一反三，答案很快便能知分晓，而当前面对监区产品转型，她也倍感挑战。只见她一手持着对讲机，一手拿着警务通，公司、监区、后道跑个不停，就在吃饭的时候，心中还记挂着返修数。当别人问她两天连班女儿谁管的时候她腼腆地说："女儿大了，可以自己照顾自己，大家都很辛苦，把前面的班都值了，我只想尽自己的力量为监区提档升级作点贡献。"

我在某监狱调查时，对政府采购的服装制作的程序做了如下记载：

　　第一道，开包。也就是将前道监区拿来的片子打开。开包要注意片子不能少，型号不能错。例如布条上有这样的记载：050d——款号；2——版号（第二版）；XL－3——型号，第三条；237－260——

号码 24；签名。开包，还需要负责点眼，模板，（有原板），样板不能移动，便于生产，对称部位，行棉线对眼。

第二道，小烫。按定位部位烫，净样板，烫成定型，便于机工做。

第三道，前片行棉。

第四道，修棉，黄某 C。

第五道，开口袋，邓某 J。

第六道，开前袋，刘 J。

第七道，订标。

第八道，拼前侧，吴 J。

第九道，切线，张 M。

第十道，拼肩缝、摆缝，尹某 J。

第十一道，袖子行棉，龚某 M。

第十二道，拼袖子，同上。

第十三道，上袖子，王某 H。

第十四道，对称部位，工艺要求部位，点眼，肩缝、下摆缝。

第十五道，领子开口袋，邢某 Q。

第十六道，装拉链，切线，张某 J。

第十七道，行棉，修棉，翟某 Q。

第十八道，上领，石 L。

第十九道，上拉链，李某 C。

第二十道，上里领，陈 S。

第二十一道，合拉链，陈某 Y。

第二十二道，订吊绊（内胆一体化），刘某 L。

第二十三道，切门襟线，于志 S、贾某 G。

第二十四道，卷下摆，周某 H。

第二十五道，领上口固定，王某 P。

第二十六道，包边，同上。

第二十七道，做领头。

第二十八道，卷袖口，赵 J。

第二十九道，（此处未记）张某 Y。

第三十道，剪线头。

如果不是到监狱调查，我还真不知道我们平日里穿的衣服，竟然在制作过程中需要经过这么多程序。每一道的质量，带班警察都必须认真过问检查，否则出了质量问题完全可以通过倒查找到责任人。我们看到的带班警察真是有点像车间主任一样，他们得懂业务，懂管理，真是一份很辛苦的差事。

精神压力巨大的职业

台湾地区学者认为，监狱管理者的压力来源主要有：

（1）工作本身的压力：包括不可预测的监管事故；工作环境差、工时过长；监狱过分拥挤、人力不足。

（2）监狱组织内部的压力：上级部门随意变更命令和政策，使监狱管理者感觉没有参与感，在此心态下却要服从命令，自然会产生压力；组织要求通常优先于个人需求，而个人需求在无法被满足的情况下，就会产生压力。

（3）外界的压力：受到传统刻板印象的影响，社会大众对于管理人员大多有负面评价，亲友对其工作不但不予以肯定，反而冷淡以对，在此情形下易生工作倦怠；出狱人对于管理人员及其家属攻击的威胁，亦是压力的来源。

（4）个人本身压力：管理人员对其扮演角色感到冲突、模糊，亦是工作压力来源，因管理人员一方面要负责监管安全，另一方面又要教化犯人，此两种冲突角色并存于管理人员一身，使得管理人员感受到压力与焦虑；管理人员家庭生活不睦、工作无力感、身体健康欠

佳、无妥适休闲活动等均会使个人产生压力。❶

　　"守住火山口，看好炸药库"，这种表述足见监狱工作的危险性。我参加工作时，培训的第一课是播放《血案警示录》，是全国监狱警察被害案件，血淋淋的现场让人不寒而栗。有一位45岁左右的监狱警察告诉我，他刚参加工作时，看完《血案警示录》后一个人不敢走夜路。1998年3月9日8时30分，我当时工作的监狱里发生了禁闭服刑人员用铁锤打死值班警察的血案，现场惨不忍睹。我参加了这位牺牲警察的追悼大会，当时下着细雨，让人倍感凄凉。2009年，内蒙古呼和浩特第二监狱"10·17"杀警越狱案，又一次印证了监狱警察职业的危险性。

　　监狱警察的工作不仅危险，而且辛苦。对于监狱警察来说，工作时间长似乎已经成为一种常态，以每个工作日8小时计，基层一线的监狱警察每月的工作远远超过40个工作日。监狱工作内容枯燥，日复一日，年复一年，从事着重复性的工作。好多监狱警察说，这份工作越来越不好做了，他们一下班就想好好地睡一觉。监狱警察的心理健康问题也日益突出，有的监狱警察甚至因无法承受过重的工作压力出现精神失常。关于这一点，高层领导也并不回避："不少同志精神焦虑，身心疲惫，严重影响了身心健康。"❷

余　论

　　监狱警察的生活，在外人看来是十分神秘的。正因为如此，人们往往会对他们有这样那样的误解。为了使读者能更深切地体会监狱警察的生活，我准备了一些资料性的素材（见本书附录3和附录4），让人们看到监狱警察的生活状态。如果你能连续一个月以上参加诸如附录3中的周例会，你就会知道监狱工作有多琐碎、多麻烦，一年四季循环往复千篇一律，又

❶ 俞翔、程昱编著：《实战监狱学》，高点文化事业有限公司2008年版，第4章4-5页。
❷ 邵雷：《当前监狱工作的形势和任务——在全国监狱长、政委培训班上的讲话》，载司法部监狱管理局编：《全国监狱长政委培训班论文集》，法律出版社2008年版，第20页。

时不时地出现一些令人头疼的事件。监狱警察对服刑人员，常常要斗智斗勇，真真假假，软硬兼施，刚柔相济。这种会议，在我刚参加工作时的20世纪90年代被称为"敌情分析会"，可见其重要性和严肃性。同时，我们相信读者从上面记述中还可以有许多发现。附录4通过对男监和女监工作的监狱警察夫妻生活的白描，让我们看到监狱警察真实的生存状态。这是某监狱管理局策划的一个采访，由凤凰网某分站作为网文及微信进行推送，据称社会影响力较大。因为在此前，很少有这样的宣传方式来描写监狱警察，人们可以通过如此细节性的描述增强对这个特殊群体的理解。

中编　监狱形象与成长烦恼

第三章 监狱形象的话语建构

引 言

《河南法制报》曾作过如下报道:

> 2008 年至 2009 年 10 月 30 日,我省监狱系统共在省级以上新闻媒体发稿 10022 篇、国家级新闻媒体发稿 1088 篇,在数量上实现了重大突破,创历史新高。一些有影响的深度报道,引起了国内外媒体的关注,展示了我省监狱人民警察的风采,树立了我省监狱工作的良好形象。❶

俗话说:"人的名,树的影。"谈到监狱形象,至少需要回答以下三个问题。

第一,监狱的形象何如?这必须借助"思想资源"和"概念工具"向人们传达。"每个时代所凭借的'思想资源'和'概念工具'都有或多或少的不同,人们靠着这些资源来思考、整理、构筑他们的生活世界,赋予日常事件的意义,同时也用它们来诠释过去、设计现在、想象未来。人们受益于思想资源,同时也受限于它们。"❷ 因而,对于当今监狱的形象,我

---

❶ 赵蕾、王广星:《树立了监狱良好形象》,载《河南法制报》2010 年 1 月 19 日第 10 版。
❷ 王汎森著:《中国近代思想与学术的系谱》,吉林出版集团有限责任公司 2011 年版,第 184 页。

们可以看到许多可作为"思想资源"和"概念工具"的词汇，如科学、法治、人权、平安、和谐、文化、文明、公开等。这些"思想资源"和"概念工具"已然替代了"专政工具""国家机器""阶级斗争"等火药味十足的表达。这无疑体现了当今中国社会发展的价值取向。

第二，谁对监狱形象的塑造有话语权？对中国监狱的陈述、认知、评价，20年以来变得比以往任何时候都活跃。那么究竟哪些人可以成为监狱话语权的主体呢？粗略地讲，可以分为两大话语权主体，即官方主体和民间主体。官方主体以监狱系统为主；民间主体以外界社会公众为主，当然也包括监狱警察和服刑人员。两大话语权主体的力量并不均衡。官方常常是强势的话语权主体，他们试图主导人们对监狱的想象与认知，进而影响人们对监狱的评价。然而我们也要看到，在自媒体时代，民间话语权主体也非常活跃，他们或者捕捉有关监狱的信息并加以利用，形成了几乎清一色的质疑力量，或者不断地以当事人的身份"吐槽"监狱"内幕"。

第三，公众到哪里去发现（或寻找）监狱形象？也就是说，传达监狱形象的载体有哪些？显然，在互联网时代，呈现监狱形象的载体的丰富程度是前所未有的。

监狱形象建构的载体变迁

从科学技术领域讲，载体就是某些能够传递能量或运载其他物质的物质。监狱形象建构同样也需要一定的载体。我国建构监狱形象的载体，总能体现出其特有的时代性。我国建构监狱形象的载体大体上经历了三个阶段，即单一载体阶段、"文化大革命"后的前互联网阶段和互联网作为主要载体的阶段。

单一载体阶段

新中国成立后，国民党政府治下的监狱纷纷被接管。随后，根据新政权建设的需要，各地又先后建设了大批新监狱（或劳改队）。然而，直至改革开放前，关于新中国监狱的记载很少，人们只能通过各种领导讲话、政治文件来了解监狱。20 世纪 60 年代，毛泽东对监狱有过这样的比喻："我们的监狱，不是过去的监狱，我们的监狱其实是学校，也是工厂或者是农场"。当时被称为"监狱"的并不多，多被称为"劳改队"。这些监狱或者劳改队出于某种考虑，均以"企业名"作为监狱的公开身份。

　　1949 年至"文化大革命"结束前，获知新中国监狱形象的渠道极少。监狱形象在人们心目中，多为旧监狱形象。例如，小说《红岩》、电影《洪湖赤卫队》等文学影视作品，向人们展示的是旧监狱的非人道形象。我儿时看到江姐遭受酷刑时，心生对国民党反动派的痛恨，也对监狱感到恐惧。这个阶段对新中国监狱进行介绍的并不多，如溥仪的《我的前半生》❶。溥仪说："监狱，对我来说已是一个全新的概念，这就是：监狱 = 医院＋学校。"❷ 于是监狱就成了非常诡异的所在。这一阶段对于监狱形象建构的载体主要是以书籍（或内部资料）、电影等为主。1949—1976 年，中国监狱形象的载体是缺失的。这可以从有关监狱的书籍数量上看得出来。有人统计，这个阶段有关监狱的书籍很少，只有 7 本❸。一位 1968 年调入监狱工作的退休监狱工作者回忆道：

　　　　但万万没想到，1966 年，一场突如其来的"动乱"，居然阴差阳错地把我又"砸"到了"劳改队"，当了一名当时并不被人们看好，名声不太好听的"劳改干部"，来了个大改行。

　　　　……

　　　　于是，我开始四处奔走，跑新华书店、钻图书馆，一心想找些有关罪犯改造方面的书籍和资料，可是，那时候，在这方面全国还是一片空白，既无一本监狱书籍，也无一份监狱杂志，连一篇有关文章也难看到。❹

　　❶　本书最早版本为群众出版社 1960 年版。
　　❷　爱新觉罗·溥仪著：《我的前半生》，群众出版社 2007 年版，第 452 页。
　　❸　中国监狱工作协会编：《中国监狱类图书总目录（1950—2012）》，中国政法大学出版社 2013 年版。
　　❹　丁长镜著：《一个监狱警官的研究手记》，人民日报出版社 2006 年版，第 2 页。

可以看出，这一阶段对于监狱形象建构的载体主要是以书籍（或内部资料）及电影等为主。这些载体所建构的监狱形象，一方面反映国民党反动统治下的监狱残暴野蛮，另一方面反映新中国监狱的人道主义做法。

"文化大革命"后的前互联网阶段

从"文化大革命"结束到互联网普及前，监狱形象建构载体主要是书报。以监狱题材的著作为例，我们会发现与过去不同的景象。如果我们将互联网介入监狱形象建构的时间划定在 2000 年，那么 1977 年至 1999 年便是监狱类图书逐年增长的阶段。❶ 也有资料表明，据不完全统计，1979 年至 1999 年 21 年间，"全国先后出版有关改造罪犯的各类著作 300 余部，发表论文 4000 余篇。监狱系统现有各类理论研究刊物 36 份，年发行量超过 100 万份"。❷ 在这一阶段，报纸上也时常可以读到有关监狱的报道。电影电视中常有反映监狱生活的内容，如电影《少年犯》等。

文学家往往对时代的脉搏最敏感，在我国首先突破监狱禁区的是文学。文学刊物《收获》1979 年第 2 期发表了从维熙的《大墙下的红玉兰》，作者也因此被称为"大墙文学之父"。新中国的监狱从此逐渐进入人们的视野。

与此同时，学者们也在思考监狱。1979 年 10 月 31 日，李步云、徐炳在《人民日报》上刊登《论我国罪犯的法律地位》，李步云又于 1980 年发表《再论我国罪犯的法律地位》。这两篇文章的基本论点是服刑人员不是阶级敌人而是公民。既然是公民，就应该享有未被剥夺的公民权利。这显然从理论上进行了"拨乱反正"。1981 年 8 月 18 日至 9 月 9 日，公安部在北京召开第八次全国劳改工作会议。"这是新中国监狱工作处于重大历史转折时刻召开的一次承前启后，继往开来的重要会议。"这次会议主要的贡献是：科学界定监狱工作的社会地位和历史使命；总结 30 年来正、反两

---

❶ 中国监狱工作协会编：《中国监狱类图书总目录（1950—2012）》，中国政法大学出版社 2013 年版。

❷ 王明迪、郭建安主编：《岁月铭记——新中国监狱工作 50 年》，法律出版社 2000 年版，第 13 页。

方面经验；深入分析新情况、新问题，明确提出新的理念、政策和方法；首次确定依法保障罪犯权利；初步提出办特殊学校的构想；调整留放政策，妥善处理历史遗留问题；对劳改工作干警给予高度评价，并对解决干警实际困难作出重大决策；建立、健全管理体制；调整、整顿劳改生产。❶至此，监狱才逐步走向开放。

互联网作为主要载体的阶段

2000 年至今，互联网在建构监狱形象中发挥了不可替代的作用。有人在 2001 年做过统计，"目前国内的监狱网站近 10 个，较有影响的有 5 个：北京市监狱管理局网站、新世纪监狱网、中国监狱网站、江苏龙潭监狱网站和大墙内外网站"。❷

我最早接触的有关监狱的专门网站是新世纪监狱网（http：//www. xsjjy. com，早已关闭）。记得该网站里一个专栏，全国各地的监狱警察都可以在里面"灌水"，发牢骚之声此起彼伏。我通过这个网站，了解到当时各地监狱警察的收入差距悬殊。另外，许多警察对诸如"岗位技能大练兵"（监狱警察素质教育❸）等活动的形式主义进行强烈地抨击。事实上，网络的出现，开阔了监狱警察的视野。截至 2015 年 2 月，除台湾地区、香港特别行政区和澳门特别行政区外，已有 25 个省、自治区、直辖市有独立的监狱门户网站或者在司法行政网下设二级子网页。❹

对于监狱门户网站的功能，可以归纳为：

> 实现监狱网上为公众提供办事和咨询服务，提高监狱的社会效益；实现政务信息公开，使监狱更加开放和透明，接受公众对监狱执法和矫正的社会化监督，树立起监狱良好的形象；实现监狱与其他政

---

❶ 王明迪：《一次承前启后、继往开来的历史性会议——纪念第八次全国劳改工作会议召开三十周年》，载《中国监狱学刊》2011 年第 4 期。

❷ 彭杰、孙平：《Internet 与中国监狱网站》，载《政法学刊》2001 年第 5 期。

❸ 1999 年开始，司法部用 3 年时间开展监狱人民警察基本素质教育。

❹ 目前无独立门户网站且未在司法行政网下设二级网页的有：河北省、山东省、湖北省、海南省、陕西省、西藏自治区。

府和政法机关的信息共享、传输、存储和利用；充分利用公众网络资源，拓展矫正的社会资源，并加以开放和利用，不断提高执法和矫正质量。显然，监狱门户网站既保障了服刑人员合法权益，又增强了执法公开化、管理公开化和信息公开化，有助于提升监狱的公信度和美誉度。对于服刑人员亲属而言，监狱网站提供了一个信息获取、交流谈话、咨询问答、正面宣传的渠道和窗口（如图3－1），在一定程度上有助于帮助转化服刑人员，提高改造质量。对服刑人员而言，监狱网站可以提供帮教需求以及就业安置需求信息，为其刑满释放后的就业提供保障，在一定程度上有助于降低重新犯罪率。[1]

原信件>>	
编号：	814714449816
原信主题：	各监狱探监日更新问题
发信人：	402117725
发信时间：	2014年08月10日
信件内容：	我岳父在金陵监狱服刑，因路途较远就想通过网上查询一下具体的探监日期！可是我打开查询系统看到探监日还是2013年的！望监狱及时更新！
回复>>	
回复人：	苏玉新
回复时间：	2014年08月12日
回复内容：	你好，金陵监狱会见日期已更新，给您带来的不便，还请谅解！感谢你对监狱工作的关心！

图3－1　网上互动交流

图片来源：江苏监狱网，http：//www.jsjy.gov.cn/SubSys/GuestBookPage.aspx？commid＝814714449816

对于门户网站的建设问题，在2004年举办的“江苏监狱网”开通暨“现代传媒与监狱发展”论坛上，江苏省监狱局领导提出以开放的心态办好网站，以世界的眼光办好网站，以发展的理念办好网站。[2]

此外，有关监狱的QQ群、博客、微博、微信公众号也进入人们视野，只要搜关键词“监狱”，便有大量监狱信息扑面而来。互联网塑造了社会，

[1] 郑曦：《我国监狱门户网站评价及发展对策》，载《中国监狱学刊》2014年第1期。

[2] 张晶：《现代传媒：引领公众关注监狱的新平台——“现代传媒与监狱发展”论坛综述》，载《中国监狱学刊》2014年第4期。

也塑造着监狱。

官方话语

监狱的官方话语常常与国家话语一致。作为这个时代的标志性话语，人权、自由、平等、公平、正义、法治、平安等概念，当然也成为监狱官方话语的关键词。

对于监狱形象的宣示，官方显然一直试图掌握话语主动权。这里的官方包括执政党、各级政府（含监狱机关）以及受官方意识形态控制的各类媒体机构。"官方话语促成了一种意识形态框架，这种话语框架在解释具体政策和事件方面起指导作用，并将它们整合进一个大的图景以赋予其意义。"❶ 换言之，官方话语的宗旨是传达官方意识形态，希望通过宣传改变他人观点，这是一种控制舆论的方法。这种工作是单向性的，基本上不需要互动。❷ 从这个方面讲，建构监狱形象的官方话语，就是要向外宣示良好的形象。一位副监狱长认为：

> 监狱只有与社会通力合作，争取社会各界对监狱工作的支持和理解，才能更好地展示监狱的良好形象，赢得更多的社会力量参与到帮教安置工作中，因此监狱要结合实际，善用、善待媒体，从监狱工作的特殊性寻找舆论宣传的特色新闻资源，坚持正确的舆论导向，大胆地、有选择地解析监狱工作中的亮点、热点、难点，及时回应关注，诚恳面对质疑，自觉接受社会对监狱执法的监督，切实做好新媒体时代监狱宣传工作，提升监狱良好的社会公众形象。❸

官方话语的另一个特征是紧跟政策形势。因而，在官方话语中，诸如

---

❶ ［德］玛利亚·邦德、桑德拉·希普：《意识形态与中共的合法性：以官方话语框架为视角》，周思成、张广译，载《国外理论动态》2013年第8期。

❷ ［美］罗杰斯著：《传播学史：一种传记式的方法》，殷晓蓉译，上海译文出版社2002年版，第222－223页。

❸ 陈桂华：《用法治思维推进平安监狱建设》，载中共贵州省直属机关工作委员会网站，http：//www.gzszjgdj.gov.cn/SysHTML/ArticleHTML/40318_1.shtml。

"依法治监""和谐社会视野下的""科学发展观""法治监狱""人权保护""平安监狱""循证矫正""人性化管理""监狱工作的科学化、法制化、社会化""标准化""精细化""从优待警、从严治警""管理创新""教育实践活动""以人为本""改革"等关键词较为流行。

当然，以抽象的概念来建构监狱形象的时代已经过去，因而监狱利用互联网时非常注重细节的描述。下面以"人权监狱""平安监狱""法治监狱""文化监狱"的形象建构为例说明之。

人权监狱

这是我国政府对国际关切的回应。中国的人权状况曾一度被以美国为代表的西方国家所质疑和攻击。

1990 年年底，美国肯尼迪人权中心致信中国科学院院长周光召，指责中国人权状况，声称如果中国人权状况不改善，他们将发动世界各国科学界人士断绝与中国的往来。周光召将这封信呈给了时任中共中央总书记江泽民。江泽民作了一个很长的批示。批示说："建议对人权作一番研究，回避不了。从理论上讲，人权有它的阶级属性，当然这样讲，西方人不易接受……西方对我们人权的情况，往往造谣诬蔑。这份信件讲到成千上万人的命运，完全是道听途说，当然也包括一些丧失国格的外逃者的渲染。达赖成为民主斗士，而我们却成了专制魔王，也是一例。总之，这个问题（联系到民主问题）得认真对付一下。"❶

1991 年 11 月，国务院新闻办公室发表《中国的人权状况》白皮书，首次公开回应西方对中国人权的质疑。

1992 年 8 月，国务院新闻办公室又发表了《中国改造罪犯的状况》白皮书。白皮书通过大量事实，全面系统地介绍了我国政府在改造罪犯方面

---

❶ 金同小：《1991：中国人权白皮书那一小步》，载《中国新闻周刊》2012 年第 2 期。

的基本原则、具体做法、成功经验和取得的社会效果。该白皮书除前言外，共分八个部分：中国改造罪犯的基本原则，依法保障罪犯的权利，对罪犯的劳动改造，对罪犯的法制、道德、文化和技术教育，对罪犯的感化，对罪犯的依法文明管理，对罪犯的刑罚执行，对刑满释放人员的就业安置与教育保护。该白皮书的发表，受到了国内外的广泛关注。❶ 从此，中国监狱以尊重和保障人权形象立足于国际社会。在这个过程中，我国政府主动提供大量的监狱事实，掌握了话语的主动权，开始改变被动局面。

2004 年的宪法修正案，又将"国家尊重和保障人权"写入宪法。因而，人权监狱便成为官方话语中重点强调的维度。在一份《来自西藏监狱的报告》中这样写道：

> 在西藏自治区监狱一分监区服刑的犯人嘎玛次仁，5 月 28 日上午发现新送到食堂的牛肉有些不新鲜，便要求监狱退掉。下午，监狱按照他的要求重新买回了新鲜的牛肉送到了食堂。
>
> ……
>
> 西藏自治区监狱成立于 1960 年，又名扎基监狱。现关押犯人 900 人，其中女犯占 7%。从 1990 年以来，先后有 300 多名外国官员和民间组织成员来监狱参观考察。联合国任意拘留问题工作组副主席西巴尔参观完监狱后留言："显然，这里的犯人受到了人道主义待遇！"❷

在这个案例中，中国、西藏、监狱三个关键词十分显眼。上述引文策略性地引用联合国官员的话，以表明中国人权监狱形象是良好的。

《人权》于 10 年前发表了北京某监狱服刑人员 Deng 的文章，大意是：

---

❶ 王明迪：《一部具有里程碑意义的监狱人权宣言——纪念〈中国改造罪犯的状况〉发表 20 周年》，载《中国司法》2012 年第 7 期。

❷ 多穷、崔峰：《来自西藏监狱的报告》，载《人民日报海外版》2002 年 6 月 3 日第 3 版。

2000 年，Deng 的一位居留海外的兄弟会见时问他："你吃得饱吗？有人打你吗？劳动累吗？冬天冷吗？"Deng 对于这些问题，很惊讶，他知道这是因为国外对监狱的不公正的报道造成的。于是 Deng 从尊重人权（right respected）、监狱像所大学校（big school）、并非与世隔绝（not isolated）、公开透明（transparency）几个方面介绍了自己对监狱生活的感受。在"尊重人权"立面，Deng 除了介绍法律上对服刑人员的权利保障条款、服刑人员侵犯他人要受严惩外，还特别提到了这样的细节：监狱服刑人员也享受着与普通公民一样的人格尊严。在监狱中，服刑人员的人格尊严受到很好的尊重和保护。这是我入狱前没有想到的。通常，一个服刑人员在内心深处都会觉得低人一等，会低着头。但是，监狱里会教服刑人员这样一首歌："喊起一二一，不要把头低，迈开新生第一步。"服刑人员差不多每天唱这首歌。监狱总是帮助服刑人员提高自信心。监狱警察从来不称他们为罪犯，而是称他们服刑人员或者直接喊名字。服刑人员的胸牌上，不再像过去那样标示犯什么罪，只标级别、姓名和号码。他们所穿的衣服上也没有"囚"字或者其他歧视性或羞辱性的标记。……未被剥夺政治权利的人还有选举权。❶

一直以来，官方话语中有关服刑人员权利保障方面的宣传，都有意无意地回应着国际社会对中国人权问题的关注。

平安监狱

平安监狱，是由"平安中国"概念衍生而来的。2003 年 8 月，江苏省在全国率先部署开展平安建设，推动社会治安综合治理措施落实。随后，平安建设在各地迅速展开，"平安江苏""平安浙江""平安山东""平安北京""平安广东"等不断涌现。❷ 于是，"平安监狱"也应时而生。在监

---

❶ Deng Zhongyuan, "Human Rights In Chinese Prisons In the Eye of a Prison Inmate," *Human Rights*, 2003（6）.

❷ 叶俊：《平安中国建设十年轨迹》，载《民主与法制时报》2013 年 6 月 8 日。

狱的官方话语中，平安监狱常与安全紧密相连。因为监狱的安全稳定历来是狱方工作的重点，同时也受到社会公众的密切关注。监狱为了保障安全，总能适时提出"严防死守""安全为天""牢固树立安全稳定首位意识""牢固树立安全稳定底线意识"等口号。

受国务院委托，司法部官员于 2012 年 4 月 25 日在第十届全国人民代表大会常务委员会第二十六次会议上所作的《国务院关于监狱法实施和监狱工作情况的报告》"持续保持监狱场所安全稳定"一节中指出："近年来，司法部坚持把监狱安全稳定工作作为监狱工作的重要任务，提出了'四无'（无罪犯脱逃、无重大狱内案件、无重大疫情、无重大安全生产事故）工作目标。建立完善安全稳定领导责任制和工作机制，健全安全稳定制度，大力加强安全防范设施建设，大力加强监狱内部正规化管理，大力加强狱内侦查工作，切实做好监狱安全生产工作。2005 年以来，在押犯总数持续增加情况下，监狱安全稳定工作连续创历史最好水平。"❶ 这里重点强调的词语显然是"安全稳定"。

下面是洛阳市监狱关于平安监狱的表述：

> 洛阳市监狱党委按照"标准要高、工作要实、措施要硬、成效要好"的工作思路，把"抓班子，带队伍；抓安全，保稳定；抓创建，谋大计；抓经济，促发展"作为工作目标，采取一系列措施，扎扎实实地狠抓各项工作的落实。一是始终把确保监管安全稳定摆在各项工作的首位……二是坚持对警察职工进行经常性的安全教育……三是强力落实狱情犯情分析、警察值班、警察直接管理、罪犯封闭管理、危险犯包夹等制度，切实把罪犯置于全方位的监控之下……五是不断强化各类应急演练……六是改善监管设施建设，进一步提高物防技防水平……连续 11 年，洛阳市监狱取得了监管安全稳定无事故、安全生产无事故、警察职工无违纪的佳绩，监狱整体工作保持在了全省监狱的

---

❶ 《国务院关于监狱法实施和监狱工作情况的报告——2012 年 4 月 25 日在第十一届全国人民代表大会常务委员会第二十六次会议上》，载《中华人民共和国全国人民代表大会常务委员会公报》2012 年第 3 期。

先进行列。❶

下面是题为《打造平安监狱》报道的部分内容：

抓安全，健全完善了防控、排查、应急处置、领导责任、分析研判"五项机制"，防控关口进一步前移，责任体系进一步健全。抓共建，积极与驻狱武警开展"三共"和"四防一体"建设，建构"警情联动、信息共享、整体作战"的联动机制，处突能力进一步提高。抓执法，严格依照法律法规及时处理罪犯的申诉、控告和检举工作，健全服刑人员减刑、假释、保外就医工作资料专档。抓实效，切实把教育人、改造人、挽救人放在监管改造的第一位，积极开展"三课"教育、法制教育、个别教育、社会帮教等工作，教育改造质量进一步提升。抓矫治，加大心理咨询、心理评估、危机干预、"三库"建设等工作力度，健全罪犯心理矫治三级网络，心理健康工作进一步推进。抓"三关"，加强伙食标准的计划和监督管理工作，严格落实服刑人员伙食标准经费，建立完善监狱、医院、监区三级防控预警机制和罪犯健康档案。❷

而在日常的官方话语中，"平安监狱"常被化约为"安全"，甚至干脆称作"无脱逃"。也就是说，在"四无"中的"无罪犯脱逃"，是最为显见的目标。如果我们在网络上输入"无脱逃"三个字，将有大量标题跳出来，如"广东监狱连续两年无罪犯脱逃""蚌埠监狱：实现连续 25 年无脱逃""阜阳监狱实现连续 20 年无脱逃""北京监管场所连续 17 年无脱逃、无重大狱所案件""安徽 17 所监狱连续 10 年以上无脱逃""建狱 28 年无脱逃""苏州监狱创下连续 29 年无罪犯脱逃全国新纪录"等。与"无脱

---

❶ 平修源、赵庐山等：《全力推进平安监狱建设新跨越》，载《河南法制报》2010 年 9 月 27 日第 11 版。

❷ 西川监狱办公室：《打造平安监狱》，载《青海法制报》2013 年 11 月 5 日第 9 版。

逃"有着相同含义是"零脱逃",也常常被官方作为宣传监狱的关键词。对于监狱来说,"零脱逃"荣誉保持得越久就越值得骄傲并让人兴奋。

很显然,监狱在向外界公众传达一种声音,那就是监狱是安全的。时任司法部副部长张苏军在《监狱安全总论》一书的序中说:"我国历来高度重视监狱安全稳定工作。近年来,通过大力推进监狱体制改革、布局调整和信息化建设,落实监狱稳定防控、排查、应急处置、领导责任四大机制,加强人防、物防、技防和联防四防一体化建设,形成了监狱安全稳定工作机制,全国监狱的安全稳定工作取得了前所未有的成绩,为监狱改革发展奠定了坚实的基础。"❶

在官方话语中,为何平安监狱形象建构的逻辑轨迹会演化为:平安→安全→零脱逃呢?这是因为在"四无"指标中最容易被外界社会指责的就是脱逃案件。那些高墙内可控的指标并非不重要,只是与脱逃事件相比它们很容易在内部解决,不会造成巨大的社会影响。解决的办法是,监狱采取足够的措施,不让外界了解即可。但是脱逃却不同,每一次脱逃案件都带来广泛的社会影响。因而,"无脱逃"或者"零脱逃"就越来越成为平安监狱形象的代名词。换言之,只要服刑人员没逃跑,监狱就自认为,当然外界社会公众也会认同:监狱是平安的。

法治监狱

亚里士多德对"法治"的经典定义可以高度概括为:良法之治和普遍守法。❷ 与"人权"一样,"法治"作为官方话语并不是伴随中华人民共和国成立而出现的。1997年中共中央十五大的报告提出:"进一步扩大社会主义民主,健全社会主义法制,依法治国,建设社会主义法治国家",第一次在执政党的正式文件中出现"法治"。1999年宪法修正案第十三条决定第五条增加一款,作为第一款:"中华人民共和国实行依法治国,建设社会主义法治国家。"从此,"法治取得了宪法规范的效力"。❸

---

❶ 宋洪兴、张庆斌著:《监狱安全总论》,法律出版社2013年版,序第1页。

❷ [古希腊]亚里士多德:《政治学》,吴寿彭译,商务印书馆1965年版,第199页。

❸ 周永坤著:《法理学——全球视野》,法律出版社2000年版,第536页。

对于监狱自身来说，建设法治监狱的核心是公正文明执法。

> 建设法治监狱，牢固树立法治意识和法治思维，更好地运用法治方式和法治方法，更有效地破解难题、推动工作。着力建构"权责一致、分工合理、决策科学、监督有力"的监狱管理体系；建立健全"公正透明、执法规范、职责明确、高效运转"的刑罚执行体系；健全完善"依据充分、内容严密、程序衔接、覆盖全面"的监狱制度体系；切实将"法律至上、积极学法、自觉守法、严格执法"的法治观念深入人心，监狱依法治监水平得到全面提高。进一步创新狱务公开方式方法。结合实际探索、实践了"执法接待制度"，依法接待服刑人员狱内"信访"，多渠道疏通、拓宽服刑人员反映问题的路径。❶

法治监狱形象的宣传，并非"王婆卖瓜"。我于 1995 年参加工作时，监狱管理者对服刑人员还有极个别的打骂现象、违规使用电警棍处罚服刑人员现象。如今，监狱警察根本摸不到电警棍了，更不用说对服刑人员使用暴力。服刑人员的权利意识提高，监狱警察管理的手段越来越少，生怕让服刑人员抓住执法的软肋。

总的来看，在监狱中，"将权力关进制度笼子"，不是空话。监狱警察的权力受到极大限制，服刑人员的权利正得到更大程度的保护。这也许就是法治监狱的本意所在。从这个意义上讲，法治监狱并非虚妄的说辞，而是实实在在的行动。

在执法的过程中，监狱警察依法保护自己的能力也在增强。例如，目前各监狱都十分注重证据保全工作。"民警执勤期间所拍摄的内容都将作为执法证据被收集起来，特别是处理服刑人员违规违纪等突发事件等情形

---

❶ 冯金生：《历史的回声 法治的脚步——写在晋中监狱 110 周年之际》，载《山西日报》2015 年 6 月 10 日 C11 版。

时，记录仪能捕捉到现场最真实的场景，这是最有力的证据。"❶ 监狱为了妥善处置罪犯病亡事件，强化证据意识，形成科学严谨的"证据链"。

从上面的论述我们可以看出，法治监狱是一种理念，也日益成为一种行动。

文化监狱

"文化"是一个非常让人难以界定的概念。1871 年人类学家泰勒第一个提出文化的概念，他在《原始文化》一书中开宗明义："文化，或文明，就其广泛的民族学意义来说，是包括全部的知识、信仰、艺术、道德、法律、风俗以及作为社会成员的人所掌握和接受的任何其他的才能和习惯的复合体。"❷ 从此人们纷纷给"文化"下定义，到 1951 年，共有文化的定义 164 个❸，"到现在，有关文化的定义已近 300 种"。❹。

文化监狱提出时，并没有从严格意义上界定文化的内涵与外延。即便如此，文化监狱也逐渐成为时髦且有品位的词汇，成为监狱对外宣传的名片。

孙平认为，"文化监狱是一种具有文化品位的监狱，它是在一定历史时期的先进价值观念引导下，以监狱的管理人员为主体，以实现监狱的改造功能为目的，以体现时代的物质文化、制度文化和精神文化为形式的具有一定文化思想内涵的新型监狱……文化监狱倡导的是一种积极、主动、发展的价值观念，它要求它的管理者要具备相当的文化修养，在先进思想和传统思想的滋养下，能够主动去建设、发展监狱，使监狱成为一种文化领域的阵地，一个传播先进价值观念的场所。文化监狱可以说是注重营造

---

❶ 《江苏监狱管理局出台严格刑罚执行十项规定"七榜公示"让服刑人员扳着指头算刑期》，载司法部网站，http：//www. moj. gov. cn/jyglj/content/2013 – 11/27/content_ 5000617. htm? node = 213。

❷ ［英］爱德华·泰勒著：《原始文化》，连树声译，上海文艺出版社 1992 年版，第 1 页。

❸ A. L. Kroeber and Clyde Kluckhohn, "Culture：A critical Review of Definitions," *papers of the Peabody Museum of American Archaeology and Ethnology* (1952 , 47). 转引自庄孔韶主编：《人类学通论》，山西教育出版社 2004 年版，第 20 页。

❹ 邹广文著：《当代文化哲学》，人民出版社 2007 年版，第 8 页。转引自曾贵：《中西方文化定义综述与评析》，载《中南论坛》2010 年第 2 期。

一种文化氛围的监狱。它的表现形式是多种多样的，既可以从监狱的物质形态体现出来，也可以从监狱的制度形态体现出来，还可以从监狱管理人员的精神状态体现出来。"❶

广东省佛山监狱较早提出文化监狱的概念。❷ 2011 年 7 月，由兰州大学法学院和广东省佛山监狱共同主办的文化监狱高端论坛在甘肃兰州举行。学者和实务工作者对文化监狱进行了研讨。一位与会学者认为，"文化监狱是用文化的理念和形式贯串和渗透在监狱管理之中，体现现代监狱的管理理念和人文关怀，提高监狱转化、改造服刑人员的效果，促进监狱工作的安全、公正、有效……要用文化的理念渗透到监狱管理工作之中，要用文化的追求折射到监狱工作的管理过程之中，要用文化的形式贯彻到监狱工作的活动之中，要用文化的符号体现在监狱工作的标志之中，要用文化的内容充实完善到教育改造的过程之中。"❸

在文化监狱建设中，对外宣传监区文化建设一直成为官方宣传的重点。司法部监狱管理局原局长邵雷曾在一次研讨会上介绍："环境影响对人的思想观念形成和发展具有十分重要的作用。通过建设丰富多样的监区文化环境，提升教育改造工作的效果。通过壁画、雕塑、名言警句标语等营造健康的改造氛围，凸显监狱教育改造人的职能。目前，各监狱内有图书室、阅览室，经常组织罪犯开展体育活动，学习音乐、美术、书法等活动。很多监狱都设立了绘画、编织、剪纸、锣鼓队等特色监区，通过监区文化，陶冶了罪犯的情操，促进了他们的改造。"❹

很显然，对于什么是"文化监狱"大家还没有达成统一认识。但正是这种不统一，使得监狱在"文化"的招牌下创造出许多东西来。从这个意义上讲，概念的模糊并不一定是坏事，因为这能给人们更多的想象和创造空间。

---

❶ 孙平著：《文化监狱的建构》，中国政法大学出版社 2007 年版，第 5 页。
❷ 杨龙胜：《文化监狱的多视角解读——读〈文化与监狱：佛山样本〉》，载《犯罪与改造研究》2012 年第 10 期。
❸ 杨龙胜：《文化引领中国监狱行刑模式高端论坛热议文化监狱》，载《犯罪与改造研究》2011 年第 12 期。
❹ 邵雷：《中国监狱罪犯教育改造发展概况——在中英监狱管理研讨会上的主旨发言》，载司法部网站，http://www.moj.gov.cn/jyglj/content/2014-03/25/content_5393650.htm。

民间话语

民间人士对那些多少有些扭曲的监狱形象更感兴趣，对于官方宣传的监狱形象却有些不甚关心，甚至怀疑。

所谓的民间话语，就是指非官方话语，起码是无须审批的话语。民间话语按照不同的主体分为三部分：外界公众话语、监狱警察话语、狱内服刑人员（或出狱人）话语。

外界公众话语

长期以来，外界普通公众对监狱存在刻板印象。他们对监狱的形象所持观点往往具有"群体敌视的认知成分"[1]。人们已经不再用阴森恐怖来形容监狱，但目前的刻板印象中有了新的内容。外界公众常常是以质疑的姿态进行话语表达。从目前的情况来看，主要表现在以下四个方面。[2]

第一，质疑监狱是否安全。尽管近年来"每年脱逃数量已经稳定在个位以下"[3]，但是偶尔的脱逃也牵动公众敏感的神经。例如，2009 年 10 月 17 日，内蒙古呼和浩特第二监狱发生 4 名罪犯杀害 1 名监狱民警后强行逃脱的案件；2014 年 11 月 1 日，广东省北江监狱发生罪犯逃脱事件。一旦出事，就有监狱警察被问："你们监狱又跑犯人了？"

第二，质疑监狱内部管理是否混乱。2015 年 1 月，黑龙江省讷河监狱发生一起在押犯人利用微信诈骗、敲诈勒索案，被称为"囚犯猎艳事件"，可见人们对此案件的关注度，人们好奇，监狱里服刑怎么可以使用微信？还有一些网友以更加诱人的标题大量转载讷河监狱事件。

第三，质疑执法是否公正合法。江西赣州监狱 6 年内有 8 名服刑人员

---

[1] S. E. Taylor, L. A. Peplau, D. O. Sears 著：《社会心理学》（第十版），谢晓非、谢冬梅、郭铁元译，北京大学出版社 2004 年版，第 183 页。

[2] 引述自某省某监狱 C 姓监狱长 2015 年 3 月的一次讲座内容。

[3] 刘子阳、周斌：《认真学习贯彻四中全会精神扎实推进司法行政体制改革——司法部副部长张苏军出席国新办新闻发布会并答记者问》，载《法制日报》2014 年 11 月 6 日第 5 版。

死亡，于是人们要求公布真相。好在后来经过技术人员努力将所有监控都恢复，才打消了人们的顾虑。

第四，质疑监狱是否存在腐败。江苏省某民警索贿案被网络炒作为"红吃黑"，于是有人提出质问："狱警'红吃黑'，监狱不知情？"❶ 广东健力宝集团原董事长张海假立功违法减刑案，更让人们感到监狱在减刑假释中藏着好多"猫腻"。

有学者把上述情形称为"热炒监狱"，认为近些年，监狱常常被置于公众审判之下，有被妖魔化的倾向。有关监狱的正面信息很少能引起公众关注，但消极现象一旦披露，就会被新闻媒体特别是网络强烈炒作，甚至会出现对监狱指责、批评、讥讽甚至漫骂现象。❷

2014 年 11 月 8 日，澎湃新闻网以《江西男子带伤"病死"于监狱，狱方称监控录像无法完全恢复》❸ 为题发布监狱新闻，随后多家知名网站及报纸等纷纷转载。表 3 - 1 是网友的评论。

2015 年 1 月 20 日，澎湃新闻一篇《黑龙江在押犯用微信诈骗多名女性，胁迫警察妻子入狱发生关系》的报道在网上掀起一股舆情旋风，一时间有关讷河监狱的各种负面信息不断被扒，事件舆情持续发酵。乐思舆情监测中心为我们描述了这一事件的舆情状态（见图 3 - 2、图 3 - 3、图 3 - 4）。

表 3 - 1 网友关于赣州监狱事件的留言

序号	网友名	留言时间	留言内容
1	天蓝一	2014 - 11 - 08 19：37	遮遮掩掩为哪般，明眼人都能看得出来。
2	四川省成都市澎友	2014 - 11 - 08 23：08	监狱没问题才怪，你把全国人民当傻瓜呀！
3	小小鸟	2014 - 11 - 08 23：03	严惩凶手，公布真相！
4	北京市澎友	2014 - 11 - 08 20：27	离法制还太远的路要走。
5	too simple	2014 - 11 - 08 22：42	每次看到这种事情总有种莫名的愤怒。
6	上海市澎友	2014 - 11 - 12 12：47	看了半天都是记者转述死者家属的"话"，真实性值得推敲，不要再用标题党的方式愚弄吾等网民的眼球和智商了！期待事实。

❶ 参见：http：//news. 163. com/14/0824/08/A4DCQ63300014Q4P. html。

❷ 张晶：《"热炒监狱"现象的批判与反思》，载《犯罪与改造研究》2012 年第 2 期。

❸ 参见澎湃网，http：//www. thepaper. cn/newsDetail_ forward_ 1276493。

序号	网友名	留言时间	留言内容
7	江西省南昌市澎友	2014－11－10 16：38	哲学告诉我们：世界充满了各种匪夷所思的巧合。别说碰巧监控坏了这样的一件事，即使历史都是由许多的巧合写就的。
8	江西省南昌市澎友	2014－11－10 16：34	现在是人人都可发言的时代，但是，在我们发声之前，是否需要在用脑子思考和等待真相之前先保持缄默。
9	江西省南昌市澎友	2014－11－10 16：32	假如等修复好录像，真相大白他就是因病去世，假如医学告诉你们电击胸部急救会留下印痕，你们会信吗？
10	吉林省澎友	2014－11－09 21：16	出台再多打老虎苍蝇的政策有什么用，市级以上机关还有点威慑力，下面的就是山高皇帝远，照样官官相护，达成利益关系，监察力度不足，执法力度不够，苦的还是没权没势没钱没关系的老百姓。希望雷厉风行的习大大尽快改革。
11	上海市澎友	2014－11－09 12：22	抓贼时全靠监控立功，几个月前的都能找到。出事了，就都坏了。
12	天涯第一客	2014－11－09 10：08	举证倒置。
13	浙江省丽水市澎友	2014－11－09 09：10	老百姓不需要多少财富，需要安全，需要明天平安需要公平。
14	江西省澎友	2014－11－09 07：54	政府要勇于面对，知错能改就是好孩子，无则加勉。
15	柳永	2014－11－09 07：28	呵呵呵。
16	山西省阳泉市澎友	2014－11－09 07：25	太可恶了，监狱负全责！
17	北京市澎友	2014－11－09 07：22	我父亲也差不多这种情况，都两年了。一直写材料。也没答复。去找监狱，人家笑呵呵地说，上半年就死了十多个。我是辽宁的。
18	中国澎友	2014－11－09 02：23	对于政府有关部门这么回答……呵呵！
19	传奇	2014－11－09 01：39	经济改革容易！政治体制改革才是最重要的。

续表

序号	网友名	留言时间	留言内容
20	传奇	2014 – 11 – 09 01：38	太黑了！这政府工作人员的选择很重要！必须改革！
21	湖北省武汉市澎友	2014 – 11 – 09 01：08	胆子真大。
22	中国澎友	2014 – 11 – 08 23：56	想这样的事，监狱没有问题就应该光明正大的一次性解决，要给看的就拿出来，要干的事就办……拖拖拉拉，更证明有问题。监控坏了?！你为什么不早修好啊？简直醉了。
23	结巴子	2014 – 11 – 08 23：22	问题很明显。把罪犯送进去！
24	广西贵港市澎友	2014 – 11 – 08 23：15	这就是法治的开始？
25	HolyDeviL	2014 – 11 – 08 22：40	大陆警察若是有美国警察那么大的权力，估计更惨。监督根本没法到位
26	一个路人	2014 – 11 – 08 22：28	希望对这起案件彻查到底，死者是我们瑞金人，深表同情。对于狱方和检方这样敷衍了事，对事情经过遮遮掩掩，我们感到愤慨!!!
27	北京市澎友	2014 – 11 – 08 22：28	把大众当傻瓜，真××
28	河北省唐山市澎友	2014 – 11 – 08 22：23	权力的滋味！——上地！
29	黑龙江彭友	2014 – 11 – 08 21：20	真的能拍出一部悬疑片
30	3308161771	2014 – 11 – 08 21：07	必定不了了之！
31	江苏省南京市澎友	2014 – 11 – 08 20：58	上访户就这样产生了
32	宁遇阎王，莫遇老王	2014 – 11 – 08 20：54	悬疑剧
33	河南省郑州市澎友	2014 – 11 – 08 20：52	好不容易出狱了要……良心呢?
34	山地步兵1987	2014 – 11 – 08 20：39	依法治国的路任重道远，法治，民众的心声。出了事故遮掩解决不了问题，唯有直面问题，严肃处理责任人，揭露事件真相，努力提高政府部门的公信力。
35	中国澎友	2014 – 11 – 08 20：38	肯定有问题，依法治国，看能不能兑现！

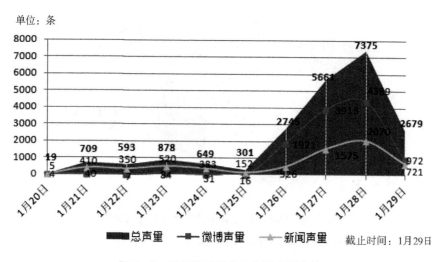

图 3 - 2 讷河监狱猎艳案舆情声量走势

图片来源：http：//www. knowlesys. cn/wp/article/7824

数据来源：乐思网络舆情监测系统

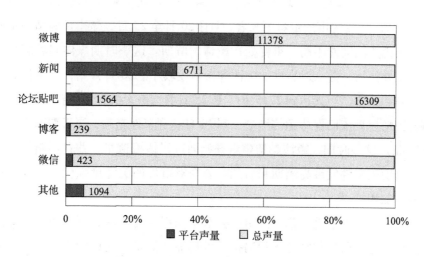

图 3 - 3 讷河监狱猎艳案舆情声量分布

图片来源：http：//www. knowlesys. cn/wp/article/7824

数据来源：乐思网络舆情监测系统

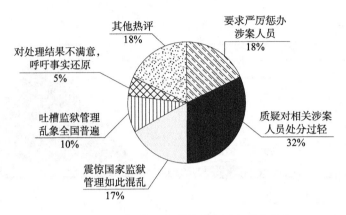

图 3-4 讷河监狱犯人猎艳事件网友观点分布

图片来源：http：//www.knowlesys.cn/wp/article/7824

　　据乐思舆情监测中心分析：截至 2015 年 1 月 29 日，该事件舆情总声量达 21609 条，其中微博舆情声量 11378 条，占比 53%；新闻舆情声量 6711 篇，占比 32%；论坛贴吧贴文 1564 篇，占比 7%；微信文章 423 篇，占比 2%。从舆情声量走势图来看，1 月 20 日至 25 日，该事件舆情声量较小，舆论关注度并不高，事件处在舆情发酵期。这一时期媒体起着事件传播的主导作用，公众对事件的关注和参与度较小。26 日开始，该事件舆情声量开始暴增，当天达到 2745 条，是 25 日舆情声量的近 10 倍，随后多天事件舆情声量依旧保持翻倍增量，到 28 日达到事件高潮，当天舆情声量为 7375 条。这一时期，微博舆情声量开始超过媒体报道量，并且不断拉开差距，这说明事件发展高潮期和后期，公众对事件的关注度强化，参与事件传播更加积极。❶

　　每一次监狱事件，都可能引起公众不同程度的关注，更多的是对监狱的质疑。这让监狱往往处于相当被动的局面。但是，无论社会公众的质疑是否属实，都对监狱起到了监督作用。对此，我更倾向于对民间话语有所包容，容许他们在不明真相的情况下做一些猜测。同时，这也给监狱一个新的挑战，应将质疑作为自我鞭策的力量，考虑如何适度开放监狱，满足

---

　　❶ 参见：http：//www.knowlesys.cn/wp/article/7824。

外界公众对于监狱实际情况了解的渴求。令人欣喜的是，近些年监狱除了通过网络进行宣传外，还会开展"开放日"等活动，以澄清人们对监狱的无端猜测。一位记者对监狱开放日有这样的记载：

今天❶我去女子监狱参观。监狱设立了一个"监狱开放日"，今后每个月有那么一天，市民可以去监狱参观。当然，我的新闻主题是早就定好的，那就是"监狱开放日"这种举措是监狱管理人文化、法制化的体现，我要从所看、所听、所想中选取与这个主题有关的内容，写成新闻稿。

当然有很多细节写不进新闻稿，那我就写进博客吧，博客真是个好东西，哈哈。

（1）市民参观监狱就算是作秀也是好事

市民参观监狱，基本上罪犯服刑的各个环节都可以看。通过安检，进入监狱第一道铁门后，站岗的武警将铁门关闭。全部人进来后，武警再开第二道铁门。然后参观者就可进入监狱的大院子，看到监狱的大楼。

进到大楼后，你可以去了解女犯们在监狱怎样吃饭、睡觉、学习、劳动。女犯们穿着粉红色的囚服，除了文艺队的犯人可以留长发外，其他人都剪着短发。她们的宿舍挺漂亮，粉红色的家具，如果是宽管宿舍区，还有一台大电视。房间里有卫生间，定时提供热水，还有一面镜子（镜子是不锈钢的，不能用玻璃，怕罪犯砸碎玻璃自残）。

女犯们大多看起来很胖，听说是因为伙食较好，生活安定造成的，也可能是囚服不显身材。但总的来说，她们的外貌比外面的人显得要年轻。每天，她们要劳动，主要是做服装。过节的时候，可以一起表演节目，可以化妆。

……

政府的行为本应是透明的、公开的，不允许捂着藏着的，纳税人

---

❶ 2006 年 7 月 4 日——本书作者注。

花了钱就应该对政府的行为进行监督。监狱向市民开放至少表明人家监狱敢让外界看里面什么样了，得有点资本才行。监狱里搞得阴森森的、黑乎乎的，你也不敢让人进去看。

(2) 我为监狱安全捏把汗

……

(3) 最狠的惩罚：罪犯没有私密空间

……❶

　　上述引文从另一个角度给人们开启了发现监狱的窗口，监狱的正面形象跃然而出。尽管对于自由公民来说，这种参观监狱的机会少之又少，但这股建构监狱形象的民间力量是不可忽视的。

监狱警察话语

　　按常理来说，监狱警察的公共话语，应该占有相当大的分量。但是从20多年来的情况看，警察话语还是处于相对微弱的局面。监狱警察的负面情绪，常常被看作危险的。一方面，监狱警察公共信息平台上的话语，可能被认为是泄露工作秘密；另一方面，对于大多数监狱警察来说，"家丑不可外扬"。而监狱警察所传达的正面信息，很难得到社会公众的认同。

　　监狱警察话语权的表达渠道大体上有两个，一是以"学术"的名义，发表在相关的刊物上（如对"监狱警察工作倦怠情绪"的研究等）；二是以交流的名义，发表于各种网络载体（如博客、微信、网上论坛、QQ群等）。前者，警察的话语更多些理性的成分；后者，警察的话语更多些感性的成分。可以说，二者都是监狱警察话语表现。鉴于前者将在本研究中经常被引用，后者却常被淹没，故这里主要为读者呈现后者。

　　我一直关注的一个QQ群的聊天记录，就能从一个侧面反映监狱警察的话语特点。从聊天记录中，我发现监狱警察队伍的思想是非常活跃的。

---

　　❶ 《市民首次进监狱参观就像进了博物馆一样稀奇》，载 http：//huangxiuli. blog. hexun. com/4455277_ d. html。

同时，也深深体会到一股压抑的气氛。这种压抑来源于体制性的缺陷，来源于监狱自闭于外界社会的无奈。在面对外界社会的误解时，监狱警察感到无能为力、灰心丧气。以黑龙江讷河监狱案件为例，舆论一边倒的架势，似乎不把监狱逼进死胡同誓不罢休。在监狱警察眼里，监狱是一个任人误解、欺负，却有口难辩的角色。事实上，墙内的世界与墙外的世界无法隔断，苛求监狱洁身无瑕是不现实的。包括监狱警察在内，他们自身也面临着许多很难为外界理解的痛苦和困惑。他们的声音是最难向外界传达的。由于半军事化的管理，由于特殊的身份，他们时刻要保持谨言慎行。他们最保险的做法就是在监狱内部发发牢骚，或者在自己组建的 QQ 群等平台上彼此安慰，抱团取暖。

当然，这些声音也是最难被上层听到的。如果他们的声音只能在"地下"传播，那么对现有制度的破坏力将是无法估量的。因而，在我看来，监狱警察话语应该有公开表达的渠道，特别是要有向上层传递的渠道。

服刑人员话语

与监狱警察话语相比，狱内服刑人员话语更难被社会公众所知晓，或者可以说，他们是没有话语权的一群人。如果狱内服刑人员（包括出狱人员）能够相对公正地介绍和评价监狱，我想是能客观地反映监狱的实际状况的。可惜，目前还缺少正当的渠道让服刑人员来充分公开表达。而此种情形，并非中国所独有，任何一个国家服刑人员的话语都是极其微弱的。

福柯曾讲过："对于监狱研究来说，只局限于外部有关监狱的话语是没有什么意义的，因为同时还有那些来自监狱内部的话语，它们和所有决议、规定一起都是构成监狱的因素。另外，还有监狱自身的运转，它有自己的策略和未成形的话语；它甚至有某些诡诈之处，虽然并不属于某一个人，但确确实实存在过。以上这一切确保了这个机构的运行和持续性。因此，以上所有内容都应被收集起来并公之于众。在我看来，要做的工作是使以上这些话语以相互有机联结的形态出现，而不是将它们与其他话语分隔开来。"❶ 这里所说的内部话语，当然要包括服刑人员的话语。为了"给被监禁者以充分发言的可能性"，福柯与人合作组建了"监狱信息小组"。"他和监狱信息小组的积极分子一同收集了被监禁者的生活记录，热衷于为各个被监禁者做宣传。"❷

福柯的这种务实精神，能够给我们一些启发。但是，在中国目前的形势下，依然很难给服刑人员发声的机会。然而，所有事情都不是绝对的。越来越多的出狱人学会借助互联网这个平台，如某出狱人就监狱伙食问题答网友的提问：

> 监狱的伙食凭良心说还是不错的，比看守所的好多了，我们都说是因为监狱要劳动的缘故。❸

这则网上的言论，可以与我调查的资料相印证。我 2009 年访问过一位服刑人员，他说："今天中午我们才来，组长就对其他人说，今天来新犯，给他们留个碗。假如今天吃的红烧肉，里边都是肉，大肥肉，人家才来的，开心死了。"也有的服刑人员说，监狱里边的伙食要好过一些打工（如施工工地）者的伙食。

服刑人员的话语还可以通过文学的形式传达给公众。因而对于外界公众来说可信度较高，他们是"过来人"，他们对监狱最有发言权。《四面墙》的作者评价监狱：

> 这里的人物，都是在法律意义上有罪的人，一群必须接受改造的人，这些人精神上已经做好了厮杀的准备，加上有许多久经囚场的"前辈"的参与，一幕幕人间活剧便把人性中的种种卑鄙、卑污、卑微的东西表达得淋漓尽致。❹

---

❶ 杜小真编：《福柯集》，远东出版社 2003 年版，第 268 页。

❷ ［瑞士］菲利普·萨拉森著：《福柯》，李红艳译，中国人民大学出版社 2010 年版，第 151－152 页。

❸ 参见：http：//tieba.baidu.com/p/1330540733#/pn＝3。

❹ 哥们儿：《四面墙》，文化艺术出版社 2006 年版，前言。

"黑鱼逛逛"出狱后，2008年2月在天涯论坛上发表了《人性的另1/2》❶，以下列的小标题对监狱生态进行描写：

阶层；组织；分配；亲情；磨难——只是开始；他们；女——性；"双评"——过年；硬通货；同犯；减刑；女警；朋友；分家；女监；"DNA"检验；官场；怀念爱情——爱情怀念；"巅峰"过后；六年的情分。

从上述语词中，特别是从作者的字里行间中，我们能够看到一个与开放社会极为相似又极为不同的场域。这样的监狱才更接近真实的监狱形象。

当然，研究者的学术成果也会传达服刑人员的声音，这其中也涉及服刑人员对监狱的评价。某监狱在出监教育方面很有特色，2011年5月的一天，我对该监狱出监分监狱进行调查，对几名服刑人员进行了访谈。我和WR进行一对一的交谈，没有第三者在场。这里节选其中一段访谈记录：

　　我向WR出示随身携带的七本教材。

　　他说："这几本书编得可以，对服刑人员有用。例如，书中教你怎么与家人朋友相处，否则会不适应。我都读了，可惜学习的时间太短了……监狱一直强调强制性，强制性。也应该教我们生存的策略，否则我们只能被动地融入社会。生存方式单一，是不能生活的……监狱里地方小，密度大，要找人说话，找朋友，要有交际圈子。但是我做夜岗，白天睡觉，晚上值班，所以和别人的交往不多……因为监狱里人多，所以警官要注意管理的细节。警官的主要目的是把服刑人员教育转变好，使他们更快地融入将要进入的社会……进入社会后，我们就面临交际圈的调整。监狱要做好引导，当然怎么做，每个人是不一样的……有的人与家里人关系处理得好，家和万事兴。有的人（能）交个好朋友。最主要的是人际交往，要厘清、理顺……我认为，要按年龄阶段分别进行教育，也应该分类……我原来在四分监狱待

❶　参见：http：//bbs.tianya.cn/m/post-culture-266188-1.shtml。

过，监狱内部搞了服装等级证，与企业签合同书。这比较好……我没有想到我会有坐牢的经历。同学写信，也说谁也没想到我会坐牢。我把客观存在当个教训，以后交朋友要注意……今后的生活我要安排好，特别是假释期间要注意。我今后要提高内在素质，早日适应社会。"❶

短短的几句话，却讲清了服刑人员 WR 对监狱的期待。很遗憾的是，此类关于服刑人员话语的研究还很不够。既然服刑人员无法将自己的话语传达出来，那么学者就有责任成为他们的代言人。只有多倾听服刑人员的话语，监狱才可能不断改进和发展。毕竟与监狱有最切身关系的当属服刑人员。

消失的"鸳鸯房"

官方话语与民间话语是两套不同的话语体系。关于这一点，我们可以回顾一下曾经轰动一时的"鸳鸯房"的命运。

大概从 2002 年到 2006 年，全国许多监狱都试行了服刑人员"特优会见"制度。

2002 年 1 月 3 日，新华网以《北京监狱系统探索利用心理矫治改造罪犯》为题报道："改变原有罪犯与家属的接见方式，按罪犯的表现分别实行'可与亲属同居'的温情会见、'吃团圆饭'的亲情会见、'包厢式见面'的温馨会见和'通过电话'的普通会见等方式，从而有效地调动了罪犯的改造积极性，并以此来引导罪犯自我反思，自我定位。"❷

2002 年 4 月 28 日新华网上发表了题为《南京监狱设"特优会见室"犯人可"夫妻同居"》的报道：

犯人在服刑期间还能有机会享受家庭生活吗？4 月 27 日，南京雨

---

❶ 宋立军：《浙江省乔司监狱出监分监狱调查略记》，载《犯罪与改造研究》2013 年第 6 期。

❷ 参见：http://news.xinhuanet.com/china/2002-01/03/content_223071.htm。

花台区检察院监所科徐检察官告诉记者，目前，监狱已设有允许夫妻同居的"特优会见室"，凡管理等级为 A 级的犯人均有机会享受……凡管理等级为 A 级的犯人，只要有合法的身份证、结婚证，经犯人本人申请，获批准后，其家属可持结婚证及当地派出所证明住进监狱"特优会见室"，享受夫妻同居权，时间从晚 7 时至次日早晨 7 时。此举旨在尊重犯人人权及用亲情、家庭温情感化犯人，帮教犯人走上正途。❶

"一石激起千层浪"，类似的探索曾引起社会公众的广泛关注。人们普遍将这一尝试称为"鸳鸯房"。有人认同："除北京外，南京、济南等地的监狱也办起了监狱超市、供犯人夫妻同居的'特优会见室'，既让罪犯感受到亲情和人性的温暖，也体现了对罪犯人权的尊重"。❷ "这是社会进步、尊重人权的表现。"❸ 这"体现出对传统家庭伦理权利的尊重"。❹ "监狱对服刑人员进行隔离封闭关押，容易导致人在心理和生理的'变态'，如果给他们过性生活的权利，他们会在精神愉悦的状态下接受改造，监管的效果也会更好。"❺

但是，也有人反对这种做法："在监狱里开设了'同居房'，监狱不就成了罪犯'温暖的家'了吗？这样的监狱，怎能有威慑力呢？当监狱不再是犯罪分子害怕的场所了，监狱作为国家公器的职能就很可能被削弱。" "罪犯如果可以在监狱过夫妻生活，对受害方来说是不公平的，而且可能伤害社会公众的情感。""同居权是婚姻家庭权利的一种，是拥有人身自由者的权利，而对罪犯来说，既然人身自由权已经被剥夺，还谈何'同居

---

❶ 参见新华网，http：//news. xinhuanet. com/newscenter/2002 - 04/28/content_ 376544. htm。

❷ 潘洪其：《用人道的环境改造人》，载 http：//www. people. com. cn/GB/guandian/27/20020501/721569. html。

❸ 吴学安：《话说监狱设置"鸳鸯房"》，载司法部门户网，http：//www. moj. gov. cn/jyglj/content/2004 - 04/15/content_ 91973. htm？node = 253。

❹ 《监狱"夫妻待遇"的是与非》，载 http：//news. hsw. cn/system/2005/09/22/002234854. shtml。

❺ 郝冬白：《甘肃男监"鸳鸯房"消失》，载 http：//lzcb. gansudaily. com. cn/system/2006/01/21/000236317. shtml。

权'呢？"❶"监狱，毕竟是一个惩罚、改造犯人的地方，在法律许可的范围内，给犯人以人性化的关怀是有必要的，但如果无法度地放开这个权那个权，让监狱成为人们怕不起来的地方，那法的强制性、规范性就没法体现了。"❷另一网友认为："监狱里的'夫妻同居'早就不是什么新鲜事了，原来只是作为激励犯人改过自新的手段，最近却大有普及之势，而由此而出的诸如尊重人权、人道主义、亲情感化、国际接轨等一套套理论依据也受到很多人的极力吹捧，让犯人们在监狱里'过家家'似乎成了一件合情合理的大好事。"❸"不论何种犯罪，肯定已经严重侵害了社会公众或个人利益。而出于'人道主义'的目的，无底线地放松对犯罪人行为的惩处，表面上为减小其再次危害社会的可能性，实际却无法平息犯罪受害方和公众的愤怒。而且对犯罪行为的受害方也不公平。"❹更有人担忧，这种做法不仅于法无据、有悖民意，而且容易滑入变相创收的歧途。❺

从上面的讨论中，我们发现在监狱方面认为人性化的做法，社会公众却不能完全认同。从当时情况看，反对的声音似乎更强烈些。加之，这一制度的实施过程中可能发生了比较严重的案件，因而，"特优会见"制度很快就于大约 2006 年以后在全国范围内逐渐取消。2015 年 1 月 29 日司法部召开全面加强监狱戒毒所管理工作电视电话会议，部署切实采取有力措施，全面加强监所管理，全力维护监所安全稳定。提出："要严格落实会见管理制度，严格审查控制会见人员身份、会见人数和会见时间，严禁罪犯与家属同居。"❻从此监狱"鸳鸯房"正式从我国消失。

---

❶ 陈大玉：《不宜给罪犯"同居待遇"》，载 http：//www. 022net. com/2005/9 - 22/465353 323091245. html。

❷ 成彪：《质疑监狱的"夫妻同居"》，载 http：//www. people. com. cn/GB/guandian/26/20020628/ 763278. html。

❸ 赵晓秋：《一条监狱措施引发争议 犯人夫妻同居利多还是弊多》，载 http：//news. sohu. com/ 91/45/news202114591. shtml。

❹《亵渎权威 监狱该不该设立"鸳鸯房"》，载 http：//china. qianlong. com/4453/2002 - 7 - 29/162@349732. htm。

❺ 潇雪：《尴尬的监狱"夫妻同居"》，载 http：//www. people. com. cn/BIG5/guandian/27/ 20020703/766736. html。

❻ 李娜：《司法部部署开展专项清缴专项教育活动全面加强监所管理》，载《法制日报》2015 年 1 月 30 日第 1 版。

我们发现，在"鸳鸯房"出现至消失的过程中，监狱方与社会公众之间的话语指向并不是全然对立的。关于这一人性化的做法，除了中立立场外，主要有支持和反对两种声音，这两种声音都有其合理性。实际上，这种交流或者交锋对监狱的协调发展是非常有利的。就监狱形象建构而言，它打破了官方话语与民间话语各说各话的局面，使民间话语本身出现了分裂。这就使监狱成为讨论的对象，而不是受攻击和质疑的对象。

监狱的立体形象

在官方话语中，我国监狱是"人权监狱""平安监狱""法治监狱""文化监狱"，或者说正朝这个方向不断努力。如果单独听取官方的话语，我们完全可以相信监狱是一个正义得以张扬、权利得到保障、人格受到尊重、安全让人放心、充满文化品位的地方。但是，每隔一段时间监狱就会出现一些吸引公众眼球的事件，这些事件让"不明真相"的媒体和社会公众兴奋不已，这兴奋里有猎奇、有指责、有质问、有抨击，大有"唯恐天下不乱"的架势。"鸳鸯房"的出现及相关讨论，尽管使监狱陷入"祖孙骑驴"❶的状态，却也摆脱了传统刻板印象下的监狱单调形象。监狱在多元话语下变得越来越立体生动。服刑人员受到人性化对待，监狱警察常常牢骚满腹，监狱的每一次创新都招来各方的讨论，监狱小心谨慎地行事，生怕为社会公众所不容。一个越来越接地气、越来越接近真实的监狱形象正呈现在社会公众面前。

民间话语何以"更胜一筹"

人们似乎更相信民间话语的真实性，这一方面说明多元话语共存共生，另一方面表明人们已经不再迷信于代表强大权力的某一方。这自然是

---

❶ 祖孙二人牵一驴赶集。祖父骑，孙子牵，行人怒：孙子这么小，祖父不像话；孙子骑，祖父牵，行人怒：祖父这么老，孙子太不孝；祖孙同骑，行人更怒：虐待动物；祖孙皆步行，众笑：有驴不骑，傻帽！

一种社会进步的表现。

我国经历过官方话语独霸天下的时代，彼时民间话语受到最大限度的压抑。改革开放使公民的言论自由真正得到释放，互联网则让民间话语得以最广泛的张扬。完全听命于官方话语的时代一去不复返，而自媒体时代也突然迅速到来。这种自媒体时代，使人人都可以成为信息和观念的传播主体，传播的内容更加平民化，传播的形式更加多样便捷。❶ 但是，官方话语与民间话语之间的平等沟通还无法得到充分保障。特别是官方话语的公信力常常受到公众的质疑，使民间话语更能争取到舆论支持。

在每一次监狱公共事件中，最先拉动公众情绪的就是目前越来越自由的新闻媒体，而新闻媒体的新闻素材来源就是网络。这就形成了"网络—新闻媒体—网络"的互动。这使民间话语的权威有时要比官方话语的力量更强大。相反地，官方话语发布的滞后，往往使监狱陷入被动的局面，长此以往就形成了恶性循环。人们宁愿相信可能"非理性"的民间声音，也不会相信官方声音。

摆脱这一困局的办法不能靠堵和压，而是要靠信息的公开，靠监狱与民众的相互沟通与理解。特别是第三方监督机构的设立，将有助于监狱公信力的提升。只有监狱公信力提升了，官方话语的可信度才会随之提高。当然，任何时候过分信任官方或民间话语，都有一定危险性。因而，在信息对称的基础上，要让官方话语与民间话语二者都能充分而理性地进行表达，这也是法治社会的必然要求。

---

❶ 向长艳：《自媒体语境下受众话语权的理性构建——基于自媒体传播的公共性视角》，载《学术论坛》2015 年第 8 期。

第四章 监狱的成长

引 言

中国监狱经历了一个不断成长的过程。赵东认为，新中国监狱事业的十大变化主要表现在：从"画地为牢"到"文明监狱"，监狱安全防范能力进一步增强；从"劳改条例"到"监狱法"，监狱法律制度体系进一步健全；从"劳改农场"到"城市监狱"，监狱布局调整进一步合理；从"交公粮"到"吃皇粮"，监狱财政体制进一步保障；从"数光头"到"电子眼"，监狱信息化建设进一步加强；从"敌我矛盾"到"以人为本"，监狱刑罚执行理念进一步科学；从"百分考核"到"狱务公开"，监狱狱政管理制度进一步透明；从"重新做人"到"守法公民"，监狱教育改造目标进一步明确；从"子承父业"到"逢进必考"，监狱警察社会地位进一步提升；从"公用服"到"阅警式"，监狱警察精神风貌进一步展示。❶

上述看法显然是一家之言，但是却说明监狱处于不断成长的过程中。河南省周口监狱的两名曾经脱逃的服刑人员自首回到监狱后，体会到监狱的巨大变迁：

> 20年前，每当秋收季节，狱警常带着一些余刑短的犯人在庄稼地、果园里搭些窝棚护秋，警察和犯人睡在同一张地铺上，看守庄稼不被盗窃。"在外护秋的犯人基本处于'自治'状态，如果想脱逃，

---

❶ 赵东：《新中国监狱事业的十大变化》，载《中国司法》2011年第6期。

随时都有机会。"……与现在的王监区长相比，原来的"王场长"事务复杂得多。那时，他更像其他的社会角色而非一名监区长：每次和监区驻地农村的农民协调土地、灌溉、农资、秋收等纠纷时，他都要和村支书、乡干部、派出所民警大碗喝酒，交流友谊，以便在复杂的场情纠纷中得到他们的支持，那时他就是一名有谋略的"农村活动家"；在农忙时，他身穿警服、头戴草帽、脚蹬胶鞋，指挥一二百名犯人播种，更像一名大集体时期的生产队长；他在监区的窑场里和前来买砖的商户讨价还价，更像一名精明的砖窑主或买卖砖头的贩子；为取得制造商的信任，他可以离开监区一两星期，去珠海、广州说服制造商，企图让他们相信：由他监区代加工的产品质量更好、价格更低、服务最优惠——这时更像一名业务娴熟的经理。……"在自首前，我想象着原来劳改农场的样子。而现在，8 名犯人一间房子的监舍、功能齐全的教学楼、机械化和电脑技术普及应用的习艺车间，让我感觉误入了一所大学或技校。"❶

从 1995 年至 2015 年，我所亲身经历的 21 年，是中华人民共和国成立以来我国监狱变迁表现最为强烈的时期。本章选取了这期间监狱发展的几个侧面进行叙述，尽管可能不全面，但是仍然期待读者能从中看到监狱变迁的过程。这一过程可以称为"监狱的成长"。

监狱布局调整

由于历史的原因，中国监狱多处于远离城市、交通不便、信息闭塞、经济落后的偏远山区和荒漠地区，规模小、分布散。这种监狱布局适应了当时巩固新生政权、恢复国民经济、不与民争利的要求，适应了当时罪犯改造的执法要求，适应了监狱依靠生产自收自支的经费

---

❶ 赵蕾、邹志远：《越狱自首者眼里的监狱变迁》，载《河南法制报》2010 年 10 月 26 日第 14 版。

保障方式，具有一定的合理性，并使监狱工作得到了很大发展。但是，在新的历史时期，这种监狱布局越来越不适应罪犯改造和监狱发展的需要。监狱地处偏远，交通通信不便，给开展社会帮教、安排罪犯家属会见等造成很大困难；自然环境恶劣，洪涝、山体滑坡、泥石流等自然灾害时有发生，严重危及罪犯和监狱人民警察的安全；受自然和交通条件的限制，发生生产困难，致使劳动改造罪犯缺乏稳定的生产场所和岗位；办社会问题突出，分散了有限的财力和警力，也影响了监狱职能的发挥；监狱人民警察和职工家属的工作和生活条件艰苦，子女升学就业困难，不利于队伍的稳定和素质的提高。这种状况在中西部地区尤为突出，已影响到监狱的安全与稳定，制约了监狱工作的开展，影响了罪犯改造质量的提高。❶

上述引文告诉我们，监狱布局调整是多么必要。为了进一步理解监狱布局调整的必要性，读者可以阅读更多的文献，如《对山西监狱布局调整问题的思考》❷、《关于安徽省监狱布局调整之断想》❸、《从四川监狱布局调整看监狱布局对刑罚执行的重要影响》❹ 等。

2001 年年底国务院下发《关于解决监狱困难有关问题的会议纪要》，开始监狱布局调整工作。2007 年年初，司法部、国家发改委、财政部、国土资源部、建设部联合下发了《关于进一步推进监狱布局调整工作的意见》，进一步明确了按照"布局合理、规模适度、分类科学、功能完善、投资结构合理、管理信息化"的总体要求，以改扩建监狱为主，结合新

---

❶ 李豫黔著：《刑罚执行理念与实证：亲历中国监狱改革 30 年》，法律出版社 2012 年版，第 142 页。

❷ 宋建伟：《对山西监狱布局调整问题的思考》，载《中国监狱学刊》2007 年第 1 期。

❸ 安徽监狱学会课题组：《关于安徽省监狱布局调整之断想》，载《犯罪与改造研究》2006 年第 6 期。

❹ 李文华：《从四川监狱布局调整看监狱布局对刑罚执行的重要影响》，载《中国司法》2005 年第 10 期。这篇文章写道："有个偏远监狱的监区长，艰苦工作，无私奉献，被评为全国'五一'劳动奖章获得者，在他的人生中因此出了几个第一：第一次坐火车、第一次坐飞机、第一次坐电梯、第一次到大城市。在大山深处，这样的监狱民警还十分普遍。随着罪犯结构的变化，思想更趋复杂，监狱民警长期与世隔绝形成落后的思想观念，已经越来越不适应改造罪犯的需要。"

建、迁建和撤销部分监狱，加快布局调整步伐，力争 2010 年完成全国监狱布局调整的目标和任务。同时，国家在保证建设资金、建设用地，减免建设规费、落实专项经费等诸多方面给予了一系列优惠政策，有力地支持布局调整建设。

以广东为例，截至 2008 年年底，全省有 25 座监狱，服刑人员超过 10 万人，关押的人数居全国第一。

随着经济社会的快速发展，广东监狱开始面临一系列的新困难和新问题——有的场所地理环境恶劣，台风暴雨一来就断水、断电、断粮、断交通和通信，被淹成孤岛，严重危及安全稳定；近年来押犯激增，监狱超容关押的情况越来越凸显，全省公安看守所相当部分罪犯要进行 300 公里以上的远程投送，押解路上，危机四伏；有的工作生活条件艰苦，监狱不得不承担配套幼儿园、小学、菜市场、邮局、银行、医院等功能，管理成本太高，影响了队伍的正规化建设和监狱的管理执法水平。

这样的背景下，监狱的布局调整迫在眉睫。监狱布局调整的整体思路是：通过对部分监狱的改扩建、迁建新建、撤销合并，使监狱由分散向相对集中，由偏远地区向城镇市郊、交通沿线转移，打造"有利于监管安全、劳动改造、生活保障，功能齐全、设施完备、执法环境良好的现代文明监狱"。

依照 2004 年制定的《广东省监狱布局调整方案》，到 2010 年，我省将基本完成全省监狱布局调整：在珠三角及边缘地区设置 13 座监狱，粤北地区设置 6 座，粤东设置 3 座，粤西设置 4 座。期间，迁移坪石、蕉岭 2 座监狱。❶

上述引文中提到的坪石监狱，位于粤北韶关市坪石镇，原称广东第五

---

❶ 《我省监狱加速进行历史性布局大调整 2010 年基本完成》，载广东省人民政府门户网站，http：//www. gd. gov. cn/gdgk/gdyw/200812/t20081230_ 82917. htm。

监狱，始建于 1955 年。监狱下属的十多个监区，沿着狭长山间公路呈零散状分布，绵延十几公里。由于坪石监狱历史较长，地处偏僻、交通不便、硬件设施简陋以及受 2006 年 7 月特大洪水的侵袭，10 余个监区中已有 3 个彻底废弃。❶ 坪石监狱于 2014 年 9 月搬迁至广州市从化地区，更名为从化监狱。

我曾于 2012 年 8 月去坪石监狱做调查，不仅看到 2006 年大洪水留下的遗迹（见图 4 - 1），而且看到该监狱以极为简陋的监管设施关押服刑人员。当时的情景，令我感慨万千。我还访谈了我的老乡——经历过大洪水的孙永义老人（见图 4 - 3）。

图 4 - 1　洪水浸泡过的民警住宅楼
宋立军 2012 年 8 月 16 日摄❷

图 4 - 2　广东省监狱管理局领导看望受灾
老干部　宋立军翻拍于 2012 年 8 月 16 日❸

---

❶　参见：http：//news. sohu. com/20141110/n405912642. shtml。

❷　民警住宅楼楼体上仍有明显水痕，已逼近三楼。有报道称：2006 年 7 月 15 日清晨 6 时，一场突如其来的大水扒房倒屋，闯入广东坪石监狱，四层楼的监舍已经淹到三层。广东坪石监狱四大队关押点，1663 名服刑人员被"驱赶"到一处露天高地。在此后长达 30 个小时的时间中，1663 名服刑人员每分钟都面临着洪水的威胁。在自然灾害面前，70 多名监狱警察和 30 多名武装警察坚守岗位，全力确保监狱监管安全和服刑人员人身安全。坪石监狱上演了广东省监狱系统有史以来最大规模的服刑人员紧急大转移。参见：http：//news. sina. com. cn/c/p/2007 - 05 - 16/112813001836. shtml。

❸　图中赤裸上身者为离休警官孙永义，他在抗美援朝战争中获得的军功章被洪水冲走。右侧的文字是："左图为：滕副局长对退休老干部表示慰问。其中，有一名叫孙永义的老干部向滕局长反映：军功章是他用生命换来的，在他的心中，它比他的生命还重要。如今，家里所有的东西被洪水淹没了，不知能否找到。滕副局长将此事作为'政治任务'交给退管、工会等部门来完成，尽最大努力帮助老干部找回军功章和荣誉证，不给老人造成任何遗憾。"2012 年 8 月我对孙永义先生进行访谈，他对生与死、得与失淡然处之，住宿条件十分简陋，吃穿非常朴素，但失去军功章却是他一生的遗憾。

图4-3　孙永义老人（右）与本书作者　孙笋2012年8月16日摄

监狱布局调整给监狱带来了深层次、全方位的变化。主要表现在：

改善了监狱执法环境，增强了刑罚执行的物质基础；方便了家属探视和社会帮教，赢得了社会的同情、理解和支持，有利于提高罪犯改造质量；改善了监管条件，树立了监狱的形象，保证了监狱安全稳定；提高了警察职工的生活水平，解决了警察职工的后顾之忧，稳定了队伍；初步解决了历史遗留的监狱办社会问题，减轻了监狱负担。❶

监狱信息化建设

我国监狱信息化建设是信息化世界潮流下的必然选择。我在1995年参加工作时，起草公文都是手写，经过修改后，再由一台非常笨重的针式打字机将内容打在蜡纸上，最后油印出来。经常会出现蜡纸皱破，或者油墨不均匀等情况，打字员满手都是油墨的现象时有发生。那时，在蜡纸上打字及油印也是一门技术。我在中队做内勤时，服刑人员的减刑材料一式多份，我们会用复写纸来誊写，当然在写字时需要一定的腕力，否则最后一

---

❶　李豫黔著：《刑罚执行理念与实证：亲历中国监狱改革30年》，法律出版社2012年版，第143-144页。

张纸就会模糊不清。后来有了喷墨打印机、激光打印机、打印复印扫描一体机。当网络普及，特别是监狱系统的局域网建设完成后，办公自动化使公文的起草、审核、收发文件等全部在网上进行，真正实现了无纸化办公。文件传输实现即时化，节省了纸张和邮资。当然，这只是监狱信息化的一小部分功能。

监狱信息化建设的总体目标是：

根据司法部《全国监狱信息化建设规划》的要求，监狱工作信息化建设的总体目标是：以现代信息技术为支撑，以监狱信息化促进监狱管理的现代化，促进监狱整体工作的改革发展，进一步建立完善覆盖全系统的通信网络基础，完善发展内外门户平台和数据交换平台，健全完善信息化建设运行管理体系、标准化体系和网络信息安全保障体系，建立健全监狱管理信息数据库，加快推进监狱业务应用系统的全方位建设，努力建构结构完整、功能齐全、信息共享、多级联运、安全稳定的监狱信息化系统，实现监狱安全保障有力、执法公正规范、信息通讯快捷、指挥管理高效的目标要求，推进监狱信息化的全面发展。❶

监狱信息化的具体目标是：

（1）健全完善以司法部、省级监狱管理机关、监狱三级数据中心为枢纽，连通监狱系统内部的信息网络和信息交换系统。……

（2）加快建设覆盖所有监狱重点部位和主要场所的安全防范系统。……

（3）重点推进涵盖监狱各项主要业务工作的管理应用与决策支持系统。……

（4）全力建构上下联动和跨部门互动的应急指挥系统。……

---

❶ 于爱荣主编：《监狱信息化导论》，法律出版社 2009 年版，第 29 页。

（5）积极拓展面向监狱系统和社会公众服务的内外门户网站系统。……

（6）加大建设网络信息安全防范系统。……❶

在 2015 年 7 月的全国监狱工作会议上，江苏省司法厅专门汇报了这方面情况："近年来，江苏监狱系统按照采集数字化、传输网络化、管理智能化、分析集约化的要求，实施信息化建设升级改造，全面建成监狱智能应用大平台，全面提升了监狱管理规范化、科学化水平。10 年来，全省监狱全部实现'四无'目标，省监狱局连续 7 年被评为全国监狱系统实现'四无'目标先进单位，苏州监狱连续 33 年无罪犯脱逃。"❷

监狱体制改革

我国的改革开放，是从中共十一届三中全会开始的。有学者认为，这是"中国再次打开了面向世界的大门，迎接科学技术、资本以及市场的思路与实践"❸。改革开放也为监狱的发展提供了更加广阔的空间。关于监狱的改革开放（1978 年至 1999 年），金鉴回顾道：

坚持改革开放，善于吸收和借鉴社会上和国外的先进经验，是十一届三中全会以来，我国监狱工作一条成功的新经验。由于监狱的性质和环境，过去一直比较封闭，与外界联系较少，基本与世隔绝，导致信息不灵，思想闭塞。因此监狱系统坚持改革开放，显得尤为重要，实践证明效果也是很好的。一是监狱工作改革与整个国家的改革开放政策接轨，顺应了时代的大趋势。二是有力地宣传了监狱的职能和宗旨，提高监狱的透明度和社会知名度，做到狱务公开，使社会更

❶ 于爱荣主编：《监狱信息化导论》，法律出版社 2009 年版，第 29-30 页。
❷ 江苏省司法厅：《信息化为全面持续安全护航》，载《法制日报》2015 年 7 月 18 日第 2 版。
❸ ［英］罗纳德·哈里·科斯、王宁著：《变革中国》，徐尧、李哲民译，中信出版社 2013 年版，第 58 页。

好地了解、支持并监督监狱工作。三是有利于吸收和运用社会力量参与对罪犯的改造工作。四是便于吸收和借鉴社会各行业的先进经验，改进自身工作。五是通过扩大对外交流，不仅宣传了中国监狱工作的成就与特色，消除了一些人对我国监狱工作的误解，回击了西方敌对势力对我国的无端攻击，而且通过交往，吸收和借鉴国外的有益经验及先进技术。❶

中国监狱发展中最大的问题是结构上的监企合一。这种模式曾经使中国监狱实现了自给自足。"文化大革命"期间，监狱生产遭到破坏。十一届三中全会以后，监狱生产逐渐恢复。十二届三中全会后，监狱生产进入全面改革阶段，监狱也面临着市场经济的机遇和挑战。到20世纪80年代，半数以上的监狱企业已无利润上缴，监狱生产出现了全面亏损，到1994年全国监狱工业生产亏损达到1.5亿元，监狱生产陷入困境。此时，监狱必须解决监、企、社不分的难题，以使监狱的本来职能得以复归。然而，当时推进改革的困难很大。

为了解决监狱工作中存在的困难、问题和矛盾，加快监狱现代化建设，1999年起司法部先后三次组织开展了大规模的调查研究，积极探索监狱工作改革发展的途径。在此过程中，2000年年底发生了湖南邵东监狱二监区纵容服刑人员在狱内嫖娼案件，不久辽宁省大连监狱发生严重违法违纪案件，案情触目惊心。中央领导对这两起案件高度重视，作出重要批示，在严肃查处的同时，对监狱体制问题进行反思。2001年年底，时任国务院总理的朱镕基签发了《国务院关于研究解决监狱困难有关问题的会议纪要》，对监狱存在的困难和问题提出了具体的解决办法。在充分调研的基础上，提出了"全额保障、监企分开、收支分开、规范运行"的监狱体制改革思路。2003年1月31日，朱镕基签发了《国务院批转司法部关于监狱体制改革试点工作指导意见的通知》。从此，监狱体制改革正式启动。同日，国务院印发了《国务院批转司法部关于监狱体制改革试点工作指导

---

❶ 王明迪、郭建安主编：《岁月铭记——新中国监狱工作50年》，法律出版社2000年版，第18页。

意见的通知》（国函〔2003〕15 号），决定从 2003 年起，在黑龙江、上海、江西、湖北、重庆、陕西六省市开展监狱体制改革试点工作。2 月 28 日，司法部在北京召开了六省市人民政府和 15 个部委的有关领导参加的监狱体制改革试点工作会议。2004 年 8 月，司法部召开监狱体制改革扩大试点工作会议，将辽宁、吉林、湖南、广西、海南、青海、甘肃、宁夏 8 个省（区）列入第二批监狱体制改革扩大试点范围。2008 年 6 月，司法部召开全国监狱体制改革工作会议，北京、天津、河北、山西、内蒙古、江苏、浙江、安徽、福建、山东、河南、广东、四川、贵州、云南、西藏、新疆 17 个省（自治区、直辖市）也开始实行监狱体制改革，至此我国监狱体制改革全面展开。2012 年 4 月 25 日，司法部部长在十一届全国人大常委会第二十六次会议上汇报，监狱体制改革任务已基本完成，中国特色社会主义监狱体制基本形成。

监狱体制改革的目标是：监狱经费纳入财政保障，建立监狱经费动态增长机制；建立监管改造和生产经营两套管理机制，强化监狱刑罚执行职能；建立执法经费支出和监狱生产收入分开的运行机制，促进公正执法；建立完善监狱和监狱企业管理制度体系，保证新型监狱体制规范运行。通过改革，进一步端正监狱工作指导思想，提高罪犯改造质量，提高执法规范化水平，提高监狱维护安全稳定能力，提高监狱人民警察队伍建设水平。

与该目标相适应地，监狱体制改革的内容主要包括："一个保障""三个分开""两个规范运行"。

"一个保障"。监狱经费由国家财政全额予以保障，彻底改变"监企社合一"体制下经费保障严重不足、监狱经费支出与监狱企业生产收入不分的状况。

"三个分开"。一是监企分开，规范监狱和监狱企业分开后的管理体制和运行机制。二是监社分开，分离监狱办社会的职能。三是收支分开。监狱所需各项经费支出纳入财政预算，按财政部确立的基本支出、项目支出预算管理和相关的财务会计制度要求，明确经费支出项目与范围，对基本支出核定经费支出标准。

"两个规范运行"。一是实现监狱监管改造工作的规范运行，二是实现监狱企业的规范运行，监狱与监狱企业两者协调运作。

在监狱体制改革过程中主要解决的问题有：经费保障问题，工人养老保险问题，债务核销和部分监狱企业关闭破产的问题，监狱企业的定位和组织形式问题，监狱与监狱企业关系协调问题，机构人员分开问题，监社分开的问题。❶

通过监狱体制改革，监狱执法本质职能得到纯化，监狱工作重心从生产转移到规范执法和提高改造质量上来，教育改造质量有了提高，监狱安全长效机制逐步建立健全，安全稳定取得历史性突破。

监狱警察的变迁

监狱警察的组成

新中国第一代监狱管理者，主要来源于军队转业干部、公安干部和从机关抽调的干部，也有青年知识分子，以军转干部为主。❷第一代监狱干部的吃苦耐劳精神，对于我们今天的人来说是一笔财富。下面是两位第一代监狱老干部的回忆。

钱鸿泉：

35年前的一个初夏，由杨安山同志带领我们五六位同志和数十名犯人来到此地，安营扎寨，创业者一到便卸下背包，立即投入紧张的勘察、测量工作。当时照明靠煤油灯，桌椅用竹箩筐来代替，用毛竹芦席搭起了简易棚当宿舍，以竹篱笆作为对罪犯的警戒设施，同志们说这就是没有围墙的监房。许多同志走遍了青龙山、黄龙山，为开发

---

❶ 李豫黔著：《刑罚执行理念与实证——亲历中国监狱改革30年》，法律出版社2012年版，第346页。

❷ 张金桑主编：《监狱人民警察概论》，法律出版社2001年版，第20页。

利用这块不毛之地，到处都留下了创业者的足迹。❶

李石山：

　　1954 年春，天水新生建筑工程队先到达工地后，首先开辟平整一块地皮，修盖起草棚作为居住用。草棚是从山林里割来的竹子，编成竹笆作为"墙"，然后抹上泥巴，屋子上面铺盖着茅草，用小木头压着，不被大风吹跑，算是"瓦"。冬天因气候寒冷，草棚竹笆编的泥巴也冻掉了，呼呼的北风吼叫不停，大风吹进草棚里，尤其下雪时，雪花也吹进来，冻得我们直打战，脚手都麻了，夜里难以入睡，有时起来跺跺脚、搓搓手。❷

　　"文化大革命"期间，监狱呈瘫痪状态。20 世纪 70 年代末，监狱才走向正轨。1983 年 9 月 4 日，在全国范围内开展"严打"，大批犯罪人员被投入监狱，第一代监狱干部的子女也因此大量转干，从事监狱工作。这批人被称为"劳改二代"。他们从父辈身上学到了吃苦耐劳的精神。与父辈相比，他们普遍有文化、能力强。他们中的一些人后来成为监狱领导。

　　改革开放后，警校毕业生、地方院校毕业生不断进入监狱警察队伍。在 20 世纪 80 年代至 90 年代，警校毕业生渐渐成为骨干。20 世纪 90 年代初，监狱开始在人才市场上招聘各专业人才，我就是那时与监狱签订了入职协议。

　　2006 年《中华人民共和国公务员法》实施，监狱警察作为公务员"凡进必考"，特别是大量非警察类院校毕业生进入监狱警察队伍，使监狱警察的结构发生较大变化。通过公务员考试成为监狱警察，成为近十年来的最主要招警形式。他们的加入改变了警察队伍结构，包括年龄结构和知

---

❶ 江苏省第三劳改支队史志办公室编：《江苏省第三劳改支队志：1951—1987》，1990 年，第 163 页。
❷ 中国监狱学会监狱史学专业委员会编：《我所知道的新中国监狱工作（第一辑）》，2009年，第 89 页。

识结构。他们的出现，也改变了原有的监狱警察"近亲繁殖"现象。当然，这类监狱警察也更有独立自主性，喜欢以自我为中心，在服从命令方面颇让领导头疼。然而，时代潮流不可抗拒。

从守望相助到各自为营

守望相助是中国乡土社会的重要特征之一。"乡土社会的生活是富于地方性的。地方性是指他们活动范围有地域上的限制，在区域间接触少，生活隔离，各自保持着孤立的社会圈子……乡土社会在地方性的限制下成了生于斯、死于斯的社会。常态的生活是终老是乡。假如在一个村子里的人都是这样的话，在人和人的关系上也就发生了一种特色，每个孩子都是在人家眼中看着长大的，在孩子眼里周围的人也是从小就看惯的。这是一个'熟悉'的社会，没有陌生人的社会。"❶

许多监狱就曾经具有类似特征。关于这一点，我们可以从狱内的婚姻关系圈看出。过去，监狱往往进行内部联姻，这就构成了非常复杂的关系网，使得亲缘与业缘紧密结合。监狱新成员说话一定要小心，说不定你公开说某个人坏话时，对面的这位就是他什么拐弯抹角的亲戚，这着实有些让人防不胜防。如果说姻亲也对外交流，那也常常是通过与其他监狱之间建立关系的方式来进行。

监狱像一个"独立王国"。这是一种很传统的单位组织，一般远离城镇，自成系统。有人认为，传统的单位组织是这样一种独特的社会现象："大多数社会成员被组织到一个个具体的'单位组织'中，由这种单位组织给予他们社会行为的权利、身份和合法性，满足他们的各种需求，代表和维护他们的利益，控制他们的行为。单位组织依赖于国家（政府），个人依赖于单位组织。"❷ 当然，这种依赖也包括人与人之间的相互依赖。

这样的单位组织，从现代意义上讲，是一个富有活力的社区，是一个富有人情味的社会关系和社会利益共同体。说这里富有人情味，是因为人

---

❶　费孝通著：《乡土中国　生育制度》，北京大学出版社1998年版，第9页。
❷　李路路、李汉林著：《中国单位组织——资源、权利与交换》，浙江人民出版社2000年版，第2页。

与人之间有一种天然的亲密感，彼此太知根知底，谁都不是神秘的。我在没有结婚前，在好几个同事家吃过饭。结婚后，我的家庭也受过别人的邀请到其家中共餐。2001年，我爱人遭遇车祸，邻居们（也是同事）帮我很大忙。可惜，这种热情似火的情谊，现在很难见到了。

那时，监狱警察都住在紧邻监区的住宅区里。那真是我们常说的"低头不见抬头见"。如果监狱规模不大的话，监管区哪怕有一点风吹草动，生活区内的人们就会立即进入工作状态。只要警报一响，便知道有服刑人员逃跑，人们便以最快的速度到达预先指定地点集结。一旦追逃警报拉响，全监上下都行动起来。

大家的住宅与监区距离不远，人们饭后无事便愿意下监房，真正是以单位为家。那时候就连思想政治工作都做得带有浓浓的人情味。我手头一份江苏省司法行政系统第三次政工会议经验交流材料《从培育"四有"新人出发 加强青年干警思想政治工作》中写道：

> 去年❶以来，分批组织干警外出参观旅游。平时青年干警上电大、函大，主动安排时间，提供便利；找对象有困难，为其牵线搭桥当红娘；恋爱期间，允许每周少下两次监房，让其有交往时间；若伤病住院，不仅主动前往看望，有的还派专人护理；家属来队探亲，务必上门问候，若住房紧张，就腾出办公室让其居住。逢年过节，领导都到中队代班，尽量让青年干警回家团聚。春节前夕，王新伟同志的家属来队，因无准备，家中无一过节物品。指导员和中队长把自己家中洗得干干净净的鱼和肉送上门，让小王一家感动得不知说什么好。徐贵同志阑尾穿孔动手术，中队领导把煮好的稀饭、面条亲自送到病床前。小徐感动不已，表示出院后要加倍努力工作。去年中队干警少，为了工作，他三次推迟婚期。

这里面有名有姓的人都曾经是我的同事。

---

❶ 大约1992年。——本书作者注

作为单位组织的监狱，那时候还有许多福利，也就是颇具诱惑力的社会保障：住房、洗澡、水电、蔬菜、肉蛋、开水、教育、医疗、养老等。人们吃喝拉撒、生老病死均在此地，没有任何后顾之忧。一些人很怀念那时的生活。一位女士说："那时候，我们的效益挺好的，劳改单位的效益好得不得了啊。劳改犯都在外面种菜，菜都吃不了。有（猪）肉，有鸡，有鱼，都是供应嘛。都吃不了，不是发那个卡嘛，就是那个便宜。有大鸡厂，鱼塘，桃子李子都有嘛。"❶

这里特别要提及学校的教育，有的大一点的农场，从幼儿园、小学、初中，一直到高中都有。有的人高中毕业后就不再读了，直接在监狱里做工人，再经过几年就可以转干。

我回忆起刚参加工作时的情景。那时我还是单身，基本上整天在监房里待着。有一段时间，监区三个领导都在装修房子，里面主要是我常驻监房。最多时要管300多个服刑人员。周末晚上我会给服刑人员开会做讲评。那时，有这种干劲的人不止我一个。三班倒的同志很晚回来，再累也要处理好班上的问题，找人谈话。实在不行，就放弃休息时间，找犯人谈，直到把问题解决好为止。为什么那时会那么敬业呢？我想主要有三点。

第一，监狱工作是良心活，多干一点儿少干一点儿，是不会有什么区别的。唯一感受不同的就是自己在良心上如何衡量这份工作。监狱警察会用业余的时间，做额外工作。"磨刀不误砍柴工"，业余时间的工作总会有效果的。

第二，那时没有网络，人们的资讯获得渠道有限，休闲的模式也很单一。因而，大家只能一门心思干工作。老一辈怎么做，自己就依样学，这就是传统的力量。

21世纪初开始，单位控制功能渐渐弱化。监狱警察居住的地点远离单位，专用名词叫作"住房城市化"。农村监狱鼓励监狱警察到邻近的城市购买住房，监狱会安排班车接送。渐渐地，监狱撤掉了学校、幼儿园、医院等福利性的机构。住房、教育、水电等都不再依靠单位。实行新的公务员招录模式后，监狱内部子女转干的情形取消，监狱内部联姻现象基本消

---

❶　根据我的访谈资料整理。

失。可以说，人们在日常生活方面已经彻底脱离单位的束缚。有一些领导抱怨，现在的一些年轻人不想进步，只想按部就班地度过自己的值班时间。在这些年轻人眼里，下班后的时间就应自由支配。

从表4－1中，我们可以发现，每名监狱警察都得严格按照值班表的安排出现在相应的岗位上。这种"各自为营"的情形，很容易导致工作不能像过去那样深入，许多矛盾或问题会由一个班次转入下一个班次，如击鼓传花，随时"引爆"。

表4－1 某监狱某监区排班表（共14名监狱警察，表中每个数字代表一名警察）

班次 \ 星期		一	二	三	四	五	六	日
值勤长		1	2	2	1	3	3	4
白班	主班	2	5	3	2	1	4	3
白班	副班	6、8	7、11	8、11	9、12	6、13	10、7	9、12
中班	主班	5、11、7	2、13、6	5、9、10	1、6、10	14、12、9	3、11、8	4、8、7
中班	副班	1、13、4	4、8、1	14、6、12	3、14、13	2、3、10	14、12、9	5、10、11
睡班		5、7	2、6	13、9	1、10	14、12	3、11	4、8
备勤		1、13	4、8	2、12	14、13	3、10	12、9	5、11
休息		3、14、10、9、12			4、5、8、11、7		1、2、6、13	

备注：

1. 换班时间为8：00，白班吃饭由中班主班换，中班主班吃饭由中班副班换；

2. 中班副班为16：00—17：30，备勤为19：00—21：00；

3. 因公外出、培训由值勤长安排；

4. 8：30—9：00打开水、带会见等由值勤长安排。

一位监区教导员告诉我，每周的例会显得非常必要，这是把大家聚集到一起的最好机会。尽管还会有人因为休息无法来开会，但这时是人数最多的时候，可以进行交流沟通（见附录3"监区周例会记录"）。在他看来，这已经是少得不能再少的交流途径了。当然，这位监区教导员还说，有时大家一起喝点儿酒，也是不错的交流方式。

如果人与人之间缺少交流，那么监狱就不再是一个可以守望相助的社区了，而是完全变成了一个大车间，监狱警察就是员工，严格执行着作息时间（尽管这种作息时间与车间还有诸多不同），下班后不再关心监狱的事。

有人告诉我，现在的年轻人中相当多的人，不想在监狱里多待一分钟。现在新招录的警察多为独生子女，独立性很强。他们不想受到更多的约束。他们把监狱作为谋生的地点，而不是干事业的地方。一些老的警察，必须按时乘班车回到城里的家中。倒班换班的制度也意味着，每个人应该什么时候在场，都需经事先安排。如果在不该在场时在场，就显得有些奇怪。以监区内勤为例，某监狱要求监区内勤，每周一至周五工作五天，周四晚上查监和周讲评，必须要到，周六周日正常休息。其他警察必须按照安排好的值班表上班。这种安排有利亦有弊，利就在于这种制度尊重了每个人作为个体的独立性，弊就在于往昔紧密和谐的人际关系被打破。

监狱警察群体的这种变化，给监狱带来严峻的挑战。如果监狱警察不能全身心地投入到工作中去，那么在管理中就会存在"真空"。

看待工作：从事业到职业

一位监狱长在分析监狱面临的冲突时指出，目前存在事业与职业的冲突问题。过去的监狱警察是把工作当事业，无条件服从。而现在的监狱警察把工作当职业，民警的需求多元化，不需要无条件服从，却需要职业操守，并要有职业底线。❶

在我的调查中，也发现了这一点。监狱警察会经常提到，工作之余的时间应该由自己支配。有的年轻监狱警察不愿意担任领导职务，认为那样不自由。有相当数量的监狱警察认为，从事监狱工作是谋生的手段，这与我参加工作时甚至更早的时候监狱警察的想法不同。

过去的监狱警察，曾经子传父业，献了终身献子孙，真正将监狱当成事业来做。或者可以说，他们对于监狱事业有近乎宗教的信仰。于是"神圣""光荣""特殊园丁"等词汇便与监狱警察连在一起。

但是，市场经济使人们的价值观发生了改变。20世纪末就有人提出："干警的价值观念趋向功利化符合市场经济的要求，但如何限制其负面影

---

❶ 某监狱长 W 于 2015 年 4 月的讲座中表达了此观点。

响？""实现共产主义作为最高理想正在'淡出'，我们靠什么作为干警的精神支柱？我们能不能在没有精神支柱的情况下进行现代化文明监狱建设？"❶ 现在看来，这并非杞人忧天。一个新的时代到来，监狱警察视监狱工作为事业的时代已经逝去。

按照涂尔干的观点，监狱也好，其他职业也好，都是社会分工的产物。在他看来，劳动分工的作用"不仅限于改变和完善现有的社会，而是使社会成为可能，也就是说，没有这些功能，社会就不可能存在"。"如果说分工带来了经济收益，这当然是很可能的。但是，在任何情况下，它都超出了纯粹经济利益的范围，构成了社会和道德秩序本身。有了分工，个人才会摆脱孤立的状态，而形成相互间的联系；有了分工，人们才会同舟共济，而不一意孤行。总之，只有分工才能使人们牢固地结合起来形成一种联系，这种功能不止是暂时地在互让互助中发挥作用，它的影响范围是很广的。"❷

涂尔干是从社会之所以得以存在的角度来认识社会分工的重要性的。他给我们的启发是，从事业到职业是社会分工的要求。既然是职业就不需要喊出高大上的口号，只需要坚守职业操守，遵守职业伦理要求即可。作为职业人，不仅需要在职业岗位扮演好自己的角色，还要在职业之外同时扮演好家庭、社会等其他领域的角色。因而，职业人常常将个人生活与职业生活分割开来。监狱警察不大可能将全部身心投入到监狱工作中，也不可能如过去一样 24 小时随时待命，更不会在非工作时间"下监房"。这也正是监狱领导最为头疼之处。

这种现象，对监狱工作带来的直接挑战是非常明显的。我们知道，服刑人员一天 24 小时，一年 365/366 天都生活在监狱内，而管理他们的人却不断地倒班，不断地变换，很少有人能长时段地与服刑人员共处。如果服刑人员中出现的问题无法得到及时解决，就可能留下不同程度的隐患。

---

❶ 李小群、左登豪、于红：《试论监狱干警的价值导向》，载《犯罪与改造研究》1998 年第 2 期。

❷ ［法］埃米尔·涂尔干著：《社会分工论》，渠东译，生活·读书·新知三联书店 2000 年版，第 24 页。

从顺从到抗争的服刑人员

有人认为，现时代的服刑人员或可称为第三代囚犯。第一代囚犯是指中华人民共和国成立后到改革开放前的"反革命犯占绝大多数"的押犯格局。第二代囚犯是指改革开放后到 20 世纪末的"劳动人民家庭出身占绝大多数"的格局。21 世纪以来社会底层人群（弱势群体）占押犯的绝大多数的格局，这一群体被称为"第三代囚犯"。❶ 我们发现，服刑人员中大多数在入狱前是社会底层人员，加之时代的变迁，对他们的教育管理不能完全采用过去传统的模式，仅仅局限于监狱自身的努力已经远远无法达到良好效果。如果不能从社会根源上改变诱使底层人群犯罪的众多因素，那么犯罪率和重新犯罪率就很难得到有效控制。

由于受到"法治""人权"的启蒙，第三代囚犯不再像第二代囚犯那样处处顺从，而是采取各种方式进行抗争，这体现在"蹲"这个细节上。

我刚参加工作时，监狱警察与服刑人员的交谈，通常是后者蹲在地上进行的，最大的"恩赐"是坐个小矮凳。那时，哪怕是整个中队的"大值星"——他是所有监狱警察之下，其他服刑人员之上的人物——在干部面前也得蹲下来才能说话。现在越来越多的服刑人员不认同蹲着说话的方式。一位做过某局局长的年长服刑人员说："我们到这里来，也谈不上什么尊严了，但是我从来没有给干部蹲下过，我只想保留那么一点点的尊严，只是一点点。"另一位服刑人员则说："这个蹲是对人最大的侮辱。你也是人，我也是人，我凭什么要像狗一样，非得趴在那个地方呢？从哪条规定也没有看出犯人见到干部必须要蹲着的。"❷

显然，"不蹲"是对自我尊严的维护。这与过去服刑人员与警察说话必蹲，形成鲜明的对比。

在一些老警察眼里，现在服刑人员的身份意识太差了：过去服刑人员

---

❶　主要参考张晶：《第三代囚犯》，载《刑事法评论》2014 年第 34 卷，第 636 – 659 页。
❷　宋立军：《超越高墙的秩序：记录监狱生活的民族志》，中央民族大学博士学位论文，2010 年，第 87 页。

见到警察躲着走，像老鼠见到猫，现在服刑人员走路时遇到警察还要抢路；过去和警察说话，哪敢大声大气，现在与警察说话时动不动就喊"你们应该"；过去监狱警察说的话都是"圣旨"，哪敢不听，现在抓到警察哪怕一点点小的漏洞都会理论一番。

有些服刑人员在利益面前，会为自己争取。2009 年 5 月的一天，某监区的某个项目要增加任务。每个人增加十根线，手脚慢的要多干一个小时才能完成。这个消息，像一颗炸弹一样，在服刑人员中间炸开了。有人来找值班室的监狱警察，嫌任务太重。其中有一名年纪大的服刑人员也来理论。

> 服刑人员跟某监狱警察说："我干不了，我这么大年纪了（60 多岁），我干不来呀，这产量，不能再加了。"
>
> 这位警察说："这事你不要找我，你去找 Z 队长，谁给你分配任务，你找谁，你去找 Z 队长。"
>
> 于是服刑人员找到了 Z 队长："你要实事求是啊，我干不好，你懂不懂啊？"
>
> Z 队长："我不懂。"
>
> 服刑人员："你知不知道？"
>
> Z 队长："我不知道。"
>
> 服刑人员："我挣工分。"
>
> Z 队长："这不是工分，这是改造。"

这样的对话，在过去极为罕见，或者说没有哪个服刑人员有胆量这样讨价还价地跟监狱警察说话。

服刑人员的抗争勇气还来自另一种因素，那就是当今社会给人们走南闯北提供了条件，许多服刑人员入狱前，已经有很深的社会阅历。相比而言，相当多的监狱警察社会阅历却浅一些，这使监狱警察的威信大大降低。过去的威信建立在监狱警察是政府化身的前提下，而如今却并非如此。有的服刑人员认为，监狱警察并不比自己的等级高。

从顺从到抗争，说明了什么呢？一方面，说明随着社会的发展，人们已经对旧有的伦理产生了怀疑，甚至在试图重构新的伦理；另一方面，狱方也在意识形态领域里强化了宽严相济的理念，日常生活中的小型反抗不再认为是"反改造""反政府"。对待服刑人员的抗争，监狱警察已经渐渐习惯"多一事不如少一事""大事化小，小事化了"，谁也不愿意在这方面纠缠不休。每天的工作时间是有限的，下班就登上班车回到城市里温暖的家，没有必要过分计较这些。而服刑人员也恰恰看准了这些，有些"变本加厉"起来。

此外，法治和权利意识的增强，也使服刑人员更愿意"维权"。某女子监狱曾经发生这样的事——某女警早上从食堂买了肉包子带进监房值班室，她看到服刑人员早餐的馒头不错，特别想吃，就用肉包子与一位服刑人员进行了交换。在一般人看来，这位女警用肉包子换了馒头，是"吃亏"的。可是该行为却被服刑人员以"侵占囚粮"为由举报到监狱。因而，目前监狱警察处处小心，生怕被服刑人员抓住把柄。

从粗放到精细的管理

20 多年来，监狱管理不仅从野蛮转向文明，而且从粗放转向精细。

监狱精细化管理，已经成为一句广为流行的口号在全国监狱推行。有人将监狱精细化管理定义为："是监狱为适应现代法治要求而建立起来的一种科学管理模式，它将监狱执法和行政管理的各个环节按照程序进行流程细分，建立目标细分、标准细分和任务细分的体系，实行精确计划、精确决策、精确控制和精确考核，力争使监狱执法准确，行刑效益最优。"[1]

各地都用不同的方式来对监狱精细化管理进行表述：

要突出加强安防能力、执法规范化、制度执行力和警务效能四大

---

[1] 蒋才洪等著：《监狱精细化管理——基于实践的视角》，法律出版社 2010 年版，第 7 页。

建设，推动监狱工作从人海战术、死看死守的模式向规范化、精细化、科技化的发展模式转变，要以绩效考评为载体，以精细化管理为抓手，与时俱进、开拓创新，不断提升全区监狱管理工作水平。一要积极推进安全稳定工作精细化，把安全稳定作为绩效考评的第一位指标，切实完成好监狱机关首要政治任务。二要积极推进监狱执法工作精细化，把严格规范执法作为绩效考评的重要依据，努力实现刑罚执行法律效果、政治效果、社会效果的有机统一。三要积极推进教育改造工作精细化，把教育改造作为绩效考评的重要参考，充分发挥好监狱工作的核心职能。四要积极推进劳动改造工作精细化，把罪犯劳动改造作为绩效考评的重要内容。五要积极推进信息化工作精细化，把信息化建设应用作为绩效考评的一项内容，实现信息化与精细化的相互促进，形成推动监狱工作的合力。❶

......

一是劳动工具链式化；二是生活用品全塑化；三是标识标志统一化；四是管控责任区域化；五是办公室、车间现场管理定置化；六是卫生管理单元化；七是隐患排查常态化；八是日常工作流程化；九是常规制度手册化；十是干警内务管理正规化。❷

下面我们重点介绍一下"劳动工具链式化"和"生活用品全塑化"。

劳动工具链式化。目前监狱大多数劳务项目与服装、箱包等有关，这些产品的生产离不开剪刀等工具。而在劳动现场，这些工具都用铁链进行固定，防止服刑人员利用这些工具行凶。我在监狱中调查时发现，门上的铁锁竟然也用链条焊上，防止服刑人员将铁锁作为凶器。

生活用品全塑化。监狱要求服刑人员在监舍生活区内使用的一切物品全部采用为塑料制品，杜绝铁制品。由监区统一配发服刑人员使用的塑料座椅、腰带、餐具、清洁卫生用品等，自行购置塑料水杯、饭缸、饭勺、洗漱用品等。要求服刑人员从作业区到生活区身上不携带任何铁器，生活

---

❶ 《内蒙古监狱系统推进精细化管理》，载 http：//www.legaldaily.com.cn/The_administra-tion_of_justice/content/2014-07/17/content_5671615.htm？node=54049。

❷ 参见：http：//blog.sina.com.cn/s/blog_609584670100ynqh.html。

区内不得存放任何铁制物品。服刑人员理发使用的电动剃须刀、指甲剪等，全部由警察集中保管，统一监督使用。为将全塑化管理措施落到实处，监区会制定一系列工作流程，如服刑人员出收工依次进安检门进行统一检查，值勤警察用手持探测仪对存在异常情况的服刑人员进行人身检查，发现问题及时处理。对个别因身体疾病体内存有金属物品的服刑人员，专门登记造册，进行单独人身检查。❶

有人撰文，为监狱精细化管理的未来规划提出五个方面设想：建构科学分类体系，在分类管理中体现精细化；坚持公正文明执法，在规范执法中体现精细化；积极探索循证矫正，在教育改造上体现精细化；提高罪犯劳动能力，在劳动改造上体现精细化；打造智能化管理平台，在信息化建设中体现精细化。❷

为服刑人员服务

1949 年后，大概是张晶首先提出"为服刑人员服务"这一观点。此观点是建立在联合国有关规定"监狱长应当服务于囚犯和社会的利益，在涉及职员和外界的情况下代表囚犯的利益"，以及陕甘宁边区政府在 1945 年提出"为犯人服务"口号的基础上。张晶认为，"在惩罚的前提下，满足罪犯的合理需要，为他们改造提供条件才是服务"。❸ 监狱对于服刑人员来说，就是"家"。吃穿住医等无不需要监狱警察的精心照料，在服刑人员权利意识普遍提高的今天，为服刑人员服务已经成为一种趋势。怪不得一些基层监狱警察抱怨："我们就是犯人的保姆"，"犯人生病是大事"。

很多案例都说明，监狱想办法关心服刑人员，为他们提供服务。下面是一篇服刑人员与癌症晚期母亲通过视频见面的报道：

---

❶ 《信阳监狱推行罪犯生活用品全塑化管理》，载 http：//law. shangdu. com/a/sifa/sifadong-tai/2011/0911/36559. html。

❷ 刘保民：《监狱管理精细化研究》，载《犯罪与改造研究》2014 年第 3 期。

❸ 张晶著：《正义试验》，法律出版社 2005 年版，第 139－142 页。

老母亲肝癌和直肠癌晚期，生命进入倒计时，时刻想念正在监狱服刑的儿子。同样，儿子的最大心愿也是再见一次母亲，为她送上生日祝福。

昨天，为实现服刑人员张兵（化名）的心愿，监狱民警带上生日蛋糕专程来到他家，用一种特殊的"会见"圆了母子俩的心愿。

"妈，我错了，我一定会努力改造，相信我……"昨天下午4时许，垫江监狱服刑人员张兵（化名）坐在电脑前，当他从视频里看见病榻上骨瘦如柴的老母亲时，潸然泪下。

视频里，张兵的母亲躺在床上已动弹不得，说话的声音都十分虚弱。当老人得知可以通过电脑视频看见儿子，执意要求老伴扶她坐起来，尽力睁大眼睛，"儿啊，儿啊……"老人的眼角也滚出泪珠。

随后，民警为老人点燃生日蛋糕，在张兵的生日祝福歌中，老人过完了也许是她人生中最后一个生日。"感谢监狱民警，如果不是他们，我没有见母亲最后一面的机会。"张兵说，将来他一定好好改造慰藉母亲。

重庆晚报记者了解到，张兵今年36岁，家住渝中区。2000年，他因诈骗被判处1年徒刑。2008年再次因抢劫入狱，被判13年6个月有期徒刑。儿子的表现让其父母失望透顶，很少到监狱探望他。今年4月，张兵母亲被检查出肝癌和直肠癌晚期，其父亲经过再三考虑后，才告诉他实情。张兵的母亲多次告诉老伴，虽然儿子不争气，但现在她最大的心愿就是想见儿子一面。❶

另一个服务的例子是，每当遭遇地震等重大灾害时，监狱都会对服刑人员进行灾后心理危机干预。2013年4月20日8时02分，雅安发生里氏7.0级地震。灾难发生后，四川省眉州监狱全面统计服刑人员家中伤亡、受灾情况，开展"用心陪伴，耐心疏导，真心帮助"的震后心理危机干预，全面开通雅安及周边区县籍服刑人员的亲情电话和关爱短信。对未开

---

❶ 黎奎：《母亲癌症晚期想见服刑儿子 监狱用视频让母子相见》，载《重庆晚报》2012年10月12日B20版。

通亲情电话的服刑人员实行一站式服务——特例电话，有效地缓解了服刑人员震后的恐惧、焦虑情绪。此外，监狱还开展灾后心理危机干预专题知识讲座、灾后团体心理辅导、个别心理咨询。❶

通过网络搜集，我们会发现类似的标题不少，如"豫中监狱强化职业培训 为出狱服刑人员服务"❷、"涪陵监狱邀请车管所上门为服刑人员办理驾驶证换证服务"❸、"连云港监狱举行法律咨询会 为服刑人员服务"❹、"新疆第三监狱与税务部门建联动机制 为服刑人员回归社会提供服务"❺、"人性化举措：北京监狱为服刑人员开通网购服务"❻、"海口监狱为服刑人员开通手机短信服务"❼ 等。总而言之，监狱的服务意识在提高，这是一种值得关注的新现象。

监狱开放式管理的回忆

20 多年来，变化较大的还有监狱管理方式。过去，那些曾经被称为"劳改队"的监狱几乎是开放或半开放式的。

下面是我 1995 年刚参加工作不久所写的两段书信摘录：

这花房位于我们政委住的那栋楼后面，地势很高，有一层楼高，周围是围墙，又没有门，出入花房，只能把梯子放下来，用后再提上去，所以平时很少有人能进里面去。管理员老孙，这个热情的人听说我爱花就告诉我有工夫去花房看看，并指导他们怎样养文竹。我说我

❶　参见四川省监狱管理局服刑人员帮教网，http：//www. jybj. gov. cn/2013 – 4/22/777 – 4665 – 6479. htm。

❷　参见：http：//fz. ce. cn/gdjfdt/hn/gakx/201408/04/t20140804_ 1818924. shtml。

❸　参见：http：//www. cnprison. cn/bornwcms/Html/hsdzdxw/2014 － 06/28/4028d11746d7d71 80146df9b94560b0b. html。

❹　参见：http：//js. people. cn/html/2011/07/01/3578. html。

❺　参见：http：//www. legaldaily. com. cn/Political _ work/content/2013 – 07/25/content _ 4699106. htm?node = 35414。

❻　参见：http：//news. k618. cn/ztx/201206/t20120616_ 2224576. htm。

❼　参见：http：//www. fawuzaixian. com/news/info/27274. html。

哪有什么经验。几天后的一个晚上，我看到一个短头发的（犯人）正在围墙内干活，我一看，这不是小张吗？他是个大学生，林业大学毕业的，对养花颇有些研究。我就喊："小张！"他一看是我，对我打了声招呼。恰巧这时梯子在，我就顺梯而上进入了这片美妙的天地。哇，都是花，有栀子花、龟贝叶、铁树、菊花、桔子、文竹，等等，好多叫不出名字来。其中有两棵花是最珍贵的（我自认为），它们是白兰，刚打骨朵，可香气就十分诱人了。据说，过去乡下姑娘都把白兰花戴在头上。有一棵大白兰是老孙自己家里培育的，拿到厂花房来。一幅"知足常乐"的条幅贴在花房的休息室内里，也不知道是哪个犯人买的。我怀疑是小张写的，他说不是，并且特意指给我看印刷的小字。不过他倒是个乐天派，养花，又养了两条金鱼，买了个大蜥蜴用铁丝吊在墙角，跟真的一样。他说他骗了好多人，都以为是真的呢。还有盆景，瓷瓶里有插花，我想都是小张所为吧。❶

……

就说今天吧，早上六点起床跑步，到外边有一条向西岔的公路很清静。六点半回到厂里去监房带一犯人去大队部，即我办公的大楼打扫卫生，泡水（这犯人过几天就不用我带了）。上午看报纸，又去仓库领灯泡4只，回来见一篇好文章请毛股长看，就该文互相探讨了一会儿；又到外面督促一些犯人打扫大队包干区卫生。中午11：00多一点下班，将犯人带到监房，吃中饭，听收音机"午间半小时"，至12：30，洗了几件衣服，到1：00又去带犯人上班。下午二楼几乎没人，领导去开会了，我去中队找一电工（犯人）将走廊的几盏灯装好，送回；又督促上午的犯人将卫生搞得彻底一点。4：45左右带犯人回监下班，吃晚饭。回宿舍休息一会儿，约7：00下监房将我带的犯人带出，去我办公室，帮我剪报纸。旧报纸就那么卖了怪可惜的，我以后写文章要积累些资料。❷

---

❶ 摘自1995年7月21日夜或22日凌晨我写给妻子（当时女友）的书信。

❷ 摘自1995年11月28日我写给妻子（当时女友）的书信。

　　那时，对服刑人员的管控是很松的。7 月 21 日或 22 日所述情景，如今对于我来说依然历历在目。在花房劳动的服刑人员有四五位，如果不是早上带出，晚上送回监房的话，他们俨然就是花匠。11 月 28 日，那些打扫公共包干区的众多服刑人员，从我带出监狱大门到返回监房，这段时间都没有人看管。服刑人员组长会把任务安排得井井有条，让干部放心。我作为大队的内勤，只管忙我自己的事，偶尔出去督促一下。而负责打扫高墙外办公室楼卫生的那位服刑人员，要负责冲洗厕所，包括女厕所也是由他来冲洗的。他不仅帮我剪报，还帮我修过自行车。那时带零散的服刑人员进出监狱大门很简单，只需要向岗亭上的武警挥挥手即可放行。

　　后来，我又到了好几个押犯部门工作。我接触的劳动项目主要有水泥生产、开山采石、基建、劳务。

　　水泥线上共有四个中队。五中队是生料中队、六中队是熟料中队、七中队是打包中队、八中队是装货中队。除了八中队以外，其他三个中队都实行三班制。以五中队为例，划分为四个分队，一、二、三分队是水泥分队，四分队是破碎和机修分队。一、二、三分队实行三班倒。四分队为长白班。当时的水泥窑是立窑，有的服刑人员上下跑。在劳动现场有固定岗，也有流动岗，负责监督。其中每班的流动岗，由两名服刑人员组成，每半小时一次对全部服刑人员交叉点名，然后请当班监狱警察签字。最难熬的是大夜班，人的生物钟被颠倒，服刑人员可能会偷懒，监狱警察可能会在窑上面的控制室内睡觉。那时没有监控，只能靠监狱或大队考核组进行夜间巡查。流动岗除了负责半小时交叉签到，还负责监督大队或监狱的巡查组，一旦发现巡查组成员进入工地，就第一时间向带班警察汇报。在防范上级考核方面，流动岗与带班警察形成了利益共同体。如果流动岗不机灵，就可能受到带班警察的严厉惩罚。如果赶上机器故障、抢修，有时会两个班连着上，等回到监房时，警察和服刑人员都满身满脸的土，像是刚从土灰中爬出来的。

　　烧水泥，就得有石灰石。一般来说，当时烧制水泥的单位，都离富含碳酸钙的矿山比较近。以我曾经就职的监狱为例，开山采石的中队共有四个分队，采石分队、爆破分队、运输和机修分队、石子分队。我曾经带领服刑人员在宕口开采石头，经过爆破后，松动的石灰石随时都有可能滚落下来。因而，采石的服刑人员要用撬杠小心地撬动石块，让石头自由滑落，还要保证上方的石头不会对自己造成威胁。先将能搬得动的石头放在手扶拖拉机上，一个人搬不动的由两人合作搬，太大的就用大铁锤敲碎，然后搬上车。这是一份很危险的活儿，稍有不慎就会有石头从上面滚落下来，砸了头、砸断腿，因而带班警察就得随时用心。一旦拖拉机装满，就会开到坡道底部，会有钢丝绳将车牵引上去。钢丝绳要经常保养和检修，如果起毛，就必须换一根。拖拉机手会把石头运往生料中队，即五中队。还有一部分石头被粉碎成各种不同规格的石子出售。宕口位于野外。为了防止服刑人员脱逃，就会在四周设置固定小岗，小岗由服刑人员担任，都是经过精心筛选的警察信得过的人。他们不用干体力活，注意力要高度集中，不让其他服刑人员超越约定俗成的警戒线。他们的目光就是牢不可破的防线。同样，每一个分队都设置两个流动岗，对全分队的服刑人员进行半小时交叉签到，最后由带班警察签字确认。那时我最快活的事，就是每天在宕口里吃服刑人员泡的方便面或者烤的馒头。当然，我还会让服刑人员帮我挖些山蒜带回家吃。那时，就没有想过危险，如果哪怕有一个服刑人员将手中的大铁锤、铁钎、拖拉机摇把作为武器，冲向带班警察，后果都不堪设想。现在想想，放炮组服刑人员如果用炸药将值班室炸飞也是可能的。

再说说基建中队。那时监狱家属区的住宅、监区内部的建筑工程，都由警察带领服刑人员完成。我带犯人修过路、盖过房子、搞过装修。基建中队的服刑人员里有很多高手。记得有一位姓费的服刑人员，会根据图纸组织人员进行施工。钢筋工、瓦工、木工、油漆工、水电工，都是社会上各领域的能手。有一位姓赵的木工，人很聪明。锅炉房的楼主体基本完工，但是楼梯扶手转角处怎么处理难坏了他。因为他在外面，没有做过楼梯扶手。他琢磨了很长时间，难题还是被他攻克了。可惜后来在另一个工程中，他因违规操作失去生命。做基建还需要一些不懂技术但能出苦力的人。其中，有一位挖土方的服刑人员，大冬天的竟然浑身湿透。多年后，我记述道：

汗水像雨水一样往下淌，整个身体被浸透的衣服包裹着。我主动去关心他，让他休息一会儿。通过交谈，得知他捕前是个"瘾君子"。他说，真的感谢"吃官司"，要不然自己的命早没了。现在多干点活，对恢复身体有好处。现在想想，他之所以愿意劳动，其中比较重要的一点是基于对生命的珍视，对未来生活的憧憬。对于这名罪犯来说，劳动已经不再是痛苦的事，也就是说监狱大可不必过多地对其进行劳动观念教育，而应更多地关心他。❶

后来我在访谈中了解到——有的监狱还曾让犯人开翻斗车到乡镇或县城去。没有人怕他们跑。山上的果树、湖里的鸭子、菜园都由服刑人员看管。这些服刑人员过着自由自在的生活。

有趣的是，监狱名称隐蔽于公众视野之外的年代，服刑人员的行动却是公开的。监狱周边的老百姓经常能看到服刑人员。在深深的采石宕口、在一望无际的茶园、在建筑工地上，人们常会看到"光头"。那时，服刑人员与周边老百姓接触甚多。有的男性服刑人员竟然与周边的女子"好上了"❷。

事实上，我原来工作的监狱直到21世纪初期还有服刑人员在高墙外活动。我2001年10月担任监狱政治处宣教副科长，此后一段时间内仍经常找教育中队的服刑人员，到厂部布置宣传栏。在该监狱一份2001年12月的文件《以改革为动力，以创新促发展，全力打赢扭亏为盈攻坚战》中有这样的表述："两年来，共压缩墙外分散劳作点4个，压缩墙外劳作人员270余名，拆除封闭各类小房子198间。"

当然，这种自由是有限度的，有点像一些国家的半开放监狱。可以说，当时全封闭监狱与半开放监狱并存。全封闭监狱都是重刑犯监狱，这些监狱以机械、服装等产业为主；半开放监狱关押15年以下有期徒刑人

❶ 宋立军：《行刑个别化的根据：从人身危险性到需要差异性——试从人类学视角观察》，载《中国监狱学刊》2007年第5期。
❷ 宋立军：《超越高墙的秩序：记录监狱生活的民族志》，中央民族大学博士学位论文，2010年，第32-33页。

员，以水泥、煤矿、茶场、农场等为主。

这种状况已经渐渐成为历史，目前全国监狱基本上取消了外役劳作，服刑人员全部在高墙内生活、学习和劳动。监狱逐步实现了"从室外向室内、从分散向集中、从农业向工业"的"三大转移"。❶ 这首先主要出于安全考量，人们也就不能在围墙外的公开场合内看到服刑人员。某退休监狱警察的夫人说："九七年还是九六年啊，（对）劳改犯就抓得紧了嘛，不让劳改犯出来干活了。把劳改犯封闭起来，土地都不种了，都关在监房里，管得紧了。不许劳改犯自己出门，也不允许干部把劳改犯带出来干活了。过去我们家属区（的楼房）都是劳改犯盖的，我们从来没有（用）外面的民工，都是劳改犯做。劳改犯天天都看（得）到，由干部带进带出的，就在路上走。现在连一个劳改犯都看不到了，就是防止逃跑。"❷

对于开放式还是封闭式，各有何利弊，也有人对此有一些思考（见本书附录5）。这也预示着中国监狱未来可能会有回归性的突破——设置半开放及开放式监狱。

传统还是现代

传统和现代，在监狱领域是一个非常模糊的概念。何为传统？是清末变法修律前的狱政，还是清末至1949年的狱政，抑或1978年前的新中国狱政？对传统的界定，决定了我们如何看现代。金耀基先生认为，传统与现代之间并没有分明的楚汉之界，在整个人类历史上是一个连续体。他将现代分解为以下几个维度：工业化、都市化、普遍参与、世俗化、高度的结构分殊性（highly structural differentiation）、高度的"普遍的成就取向"（universalistic – achievement orientation）。❸ 这个由传统到现代的过程被人们

---

❶ 于荣中：《安全为天：历史将会铭记的关键词》，载《江苏警视》2009 年第 11 期。

❷ 宋立军：《超越高墙的秩序：记录监狱生活的民族志》，中央民族大学博士学位论文，2010 年，第 33 页。

❸ 金耀基著：《从传统到现代》，中国人民大学出版社 1999 年版，第 98 – 104 页。

称为现代化。"我们把现代化视作各社会在科学技术革命的冲击下，业已经历或正在进行的转变过程。业已实现现代化的社会，其经验表明，最好把现代化看作涉及社会各个层面的一种过程。某些社会因素径直被改变，另一些因素则可能发生意义更为深远的变化。"❶ 上述引文的作者，将中国的现代化领域按不同时期分解为国际环境、政治结构、经济结构与增长、社会整合、知识与教育等几个维度。

当然，现代化在不同人的眼里有不同的表现。对于中国的现代化，国内外众多人士都提出自己的观点。罗荣渠主编的《从"西化"到现代化》收集了大量文章，这些文章写作于 1949 年前，对中国现代化进行广泛探讨。关于现代化是什么及怎么走，亦英在《现代化的正路与歧路》（1933 年 7 月）一文中谈到，目前中国毫无生气，因落后而衰弱，"可是中国并不是一点没有现代化的影子。现代的机器，工厂，汽车，火车，飞机，银行，交易所，商号，我们都是有的；现代的约法，宪法，警察，法院，我们也是有的；现代的枪炮，军舰，我们也并不是没有；以至于'摩登'的跳舞场，西装，革履，曲线毕露的女装，也是应有尽有。然而中国还是不强。"中国的现代化不能只是这些表象的现代化，而应该是整个社会各领域的现代化。❷ 亦英的文章，给我们的启发是，现代化不能不看表象，却也不能单单看表象。以监狱为例，是不是围墙高且坚固了，无所不在的监控取代了人工监视就是现代化呢？另外，现代化是不是全部表现为正面的价值，而没有值得我们警惕的方面呢？经过这样的反问，我们就会更加清醒些。传统的东西是不是一定要逊色于现代的东西呢？这就是传统与现代如何协调共存的问题。

十多年前，张晶把监狱制度的现代表现归纳为九个方面：中国现代监狱制度含义上的新概括，中国现代监狱制度特征上的新拓展，中国现代监狱制度法律体系的新观点，中国现代监狱制度管理体系的新探索，中国现代监狱制度保障体系的新思路，中国现代监狱制度运行机制的新设计，中

---

❶　[美] 吉尔伯特·罗兹曼主编：《中国的现代化》，国家社科基金"比较现代化课题组"译，江苏人民出版社 2010 年版，第 3 页。
❷　罗荣渠主编：《从"西化"到现代化》，黄山书社 2008 年版，第 219－225 页。

国现代监狱制度警察队伍建设的新提高，中国现代监狱制度罪犯劳动与生产方式的新概念，中国现代监狱制度实现形式的新创意。❶ 这一观点有一定的前瞻性，其中一些已然变为现实，一些渐渐为人们所接受，一些正被现实所修正。

目前，"现代监狱"的口号重又响起，大有与传统告别的架势，不能不让人为之振奋。❷ 但是，在口号的背后，的确要警惕假"现代"之名脱离中国实际。我个人的观点是，从传统到现代是一种历史的必然。但是，我们必须有一种纵贯传统与现代的能力，要立足于传统谈现代，更要在正视现代的前提下回望传统。我们不能人为地将传统与现代做野蛮的切割。甚至可以说，"劳改队模式"并不是永不回归的传统，"劳改队模式"可能会成为未来"半开放式监狱"的雏形。当我们在现代思维中困惑不已并提出质疑时，是否可以试着在传统中找到某种解决现实问题的可能性或新思路呢？

---

❶ 张晶著：《中国监狱制度从传统走向现代》，海潮出版社 2001 年版，第 11－17 页。

❷ 参见姜金兵：《大力弘扬改革精神 加快现代监狱建设。努力在服务经济社会发展大局中实现更大作为——党的十八届三中全会精神学习体会》，载司法部门户网站，http://www.moj.gov.cn/jyglj/content/2014－03/25/ content_ 5393652. htm？node＝253。

第五章　监狱的困境

引　言

2012 年 4 月 25 日，司法部官员受国务院委托就《监狱法》的实施问题向全国人大常委会报告。报告称，一直以来，监狱机关认真贯彻实施监狱法，坚持"惩罚与改造相结合、以改造人为宗旨"的监狱工作方针，坚持依法治监，加强罪犯教育改造，狠抓监狱安全，推进改革发展，为维护国家安全和社会稳定作出了积极贡献。报告将监狱工作存在的困难和问题简要概括为："与面临的新形势新任务相比，当前监狱工作仍然存在一些困难和问题，维护监狱安全稳定的压力增大，影响制约教育改造工作的因素依然存在，监狱人民警察队伍建设有待进一步加强，监狱法制建设有待进一步完善等。"[1] 遗憾的是，该报告未能就目前我国监狱面临的困境进行深入阐述，有必要对我国监狱困境进行宏观与微观相结合的考察，以使社会公众能相对客观、公正、全面地正视现实，并理解和支持监狱工作。

监狱何以陷入困境

第一，由隐蔽走向前台。在 20 世纪末之前，每一所监狱都是一个社会功能齐全的小社会，监狱的全部活动都可以在相对封闭的空间内完成。当

---

[1] 《国务院关于监狱法实施和监狱工作情况的报告——2012 年 4 月 25 日在第十一届全国人民代表大会常务委员会第二十六次会议上》，载《中华人民共和国全国人民代表大会常务委员会公报》2012 年第 3 期。

时，意识形态领域的"敌情"观念盛行，监狱对外界来说无异于神秘的"独立王国"。实施狱务公开后，特别是网络发达的今天，昔日讳莫如深的监狱开始置于公众视野之下。俗话说，"好事不出门，坏事传千里"。于是，诸如执法不公、警察腐败、服刑人员狱内再犯罪等事件便成为部分媒体热衷"炒作"的"猛料"。长期以来，监狱习惯于将包括脱逃在内的狱内事件进行内部消化，面对公众的质疑，实在有些难以招架。监狱机关以及监狱警察心中的种种困惑和委屈，说与谁人听？

第二，监狱管理模式转型。我国改革开放的一个最大特点就是资源配置由计划转向市场。监狱模式也随之发生变化。首先，从产业结构上讲，水泥、矿山、机械、农业等传统监狱经济从陷入困顿到逐步取消，劳务加工渐渐成为全国监狱的主产业。而这种产业模式受制于市场，受制于来料方，监狱缺乏生产经营的主动权。其次，从监狱警察的构成来讲，具有市场化思维的中青年逐步取代"劳改一代二代"，他们将监狱工作视为职业而非事业，他们严格区分工作时间与休息时间，以追求个性成长。再次，监狱将服刑人员劳动的场所从室外转移到室内，在确保了安全的同时，却带来了诸如心理压力大等问题。这些问题不仅出现在服刑人员身上（如精神病犯增多、暴力事件频发等），也出现在监狱警察身上（监狱警察不同程度地出现职业倦怠❶等现象）。最后，按照依法治监的要求，监狱管理教育模式由权力本位向权利本位转化，使监狱率先在全社会"将权力关进制度的笼子中"。

第三，监狱开放程度滞后于改革力度。2003 年起进行的监狱体制改革确立的"全额保障、监企分开、收支分开、规范运行"的目标，到 2012 年已经基本实现。但是，监狱还将向何处去，改革如何深化，成为整个社会的重大课题。中共十八届三中全会作出《中共中央关于全面深化改革若干重大问题的决定》，监狱机关也面临着深化改革的机遇和挑战。然而，监狱开放度不足却制约了监狱改革的深化。调查也发现，监狱面临的许多困境大多与监狱开放度不足有关。

第四，监狱立法方面的欠完善。2000 年 3 月 7 日，由《犯罪与改造研

---

❶ 周靖、王惠：《我国监狱或劳教警察职业倦怠研究述评》，载《时代报告》2012 年第 6 期。

究》编辑部与北京市监狱管理局研究室及北京市第二监狱联合举办"监狱法与监狱工作"研讨会，与会代表对监狱立法方面存在的问题进行了非常广泛而热烈的讨论。● 2014 年，《监狱法》公布施行 20 周年，一些专家学者和监狱实务工作者对监狱法的修改提出了不少建议，其中李豫黔认为应着重解决下列问题：关于监狱人民警察的职权；关于监狱戒备等级分级设置；关于收监时交付执行机关应当向监狱提供服刑人员身体健康检查表；关于服刑人员申诉、控告、检举的处理期限和处理结果通知服刑人员；关于暂予监外执行的保证人、有关法律事务的处理和不计入刑期的情形以及相关的程序性规定；关于刑满释放人员享受社会保险政策；关于服刑人员医疗纳入社会居民基本医疗保险；关于服刑人员死亡处理的有关规定；关于监狱企业的性质、任务和监狱人民警察的兼职；关于违反《监狱法》的法律责任；关于外国籍服刑人员管理的特殊要求；关于服刑人员脱逃的追捕权；关于监狱对服刑人员开展心理矫治；关于全社会协助监狱维护安全稳定、促进服刑人员改造的法律责任。● 在这里，我们除了看到法律不健全外，还发现社会管理中存在的诸多问题。

法治文化与中国传统

我们看到，法治文化对传统文化有一定的冲击。传统文化，就是支撑并推动中华民族生生不息的文化精神。这种精神不因朝代的更替而消逝，不因西方文明入侵而灭亡。这种传统的文化，在一些人看来，既有精华又有糟粕。但是，似乎没有标准的尺子来衡量哪些是精华哪些是糟粕。实际上，在某些场合下是糟粕的，在另一场合下可能就是精华。这可能就是传统文化在中华大地上的生命力所在。从法律的发展史上看，中华传统不可能完全被西化的法治所取代。梁治平认为："中国古代法经历了数千年的

● 本刊编辑部：《只有完善监狱法律体系才能真正实现依法治监》，载《犯罪与改造研究》2000 年第 5 期。

● 李豫黔：《全面推进法治监狱建设——〈监狱法〉颁布实施 20 年的回顾与思考》，载《犯罪与改造研究》2014 年第 4 期。

发展，终于在最近的一百年里消沉歇绝，为所谓'泰西'法制取而代之。但是另一方面，渊源久远的文化传习，尤其是其中关乎民族心态、价值取向和行为模式的种种因素，又作为与新制度相抗衡的力量顽强地延续下来。"❶ 传统文化在监狱的日常管理中作用越来越被人们所重视。西汉以后，"德主刑辅"的儒法结合的文化传统❷影响至今。但是，这种传统文化式微倾向明显。乡土社会背景下，维护社会秩序的稳定，靠的是儒法配合，一个唱红脸一个唱黑脸，出礼则入刑。犯罪人被视为最低贱的人，故人们耻于刑、恶于狱。中华人民共和国成立后，曾经有相当一部分服刑人员被视为专政对象、阶级敌人，在政治上没有地位。基于上述社会共识，有些监狱在管理教育服刑人员时采用"专政"甚至野蛮的手段。监狱管理者代表着政府，具有至高无上的权力。但是，现代法治文化却要求充分保障服刑人员权利，使得"父权本位"和"人民本位"❸思想一并受到挑战。服刑人员得到了前所未有的尊重，监狱要服务于服刑人员的改造的观念日益成为新共识。❹但是，法治文化与传统文化相比有着本质的区别，面对如此强烈反差的变化，监狱警察和服刑人员都感到有许多不适应。

过去，强调监狱警察与服刑人员之间的界限问题。前些年，服刑人员可能经常收到"你们要有身份意识"的警告。1995年，我参加监狱工作时，监狱墙上还有这样的标语："你是什么人，这是什么地方，你来这里干什么？"答案似乎应该是这样的："我是劳改犯，这里是劳改队，我来这里劳改。""阳光下"在其作品《走出高墙》一书中写道："它❺让我想起了自己的身份——尽管自己比其他服刑人员多读了一些书，但在这里我和他们没有两样，甚至比他们更可悲……"❻这无疑是一种身份意识的强化。实际上强化的是等级观念、界限观念。现在这个问题却被一些服刑人员所

---

❶ 梁治平著：《法辨：中国法的过去现在与未来》，中国政法大学出版社2002年版，自序第2页。

❷ 瞿同祖著：《中国法律与中国社会》，中华书局2003年版，第六章。

❸ ［澳］迈克尔·R. 达顿著：《中国的规制与惩罚——从父权本位到人民本位》，郝方昉、崔洁译，清华大学出版社2009年版。

❹ 张晶：《监狱文化的批判性省思》，载《刑事法评论》2010年第2期。

❺ "它"指："你是什么人，这是什么地方，你来这里干什么？"

❻ 阳光下著：《走出高墙》，海天出版社2005年版，第56页。

质疑。

一名即将刑满的服刑人员所说：

> 我认为不应该有那种三六九等的这种关系。为什么呢？比如说我自己，我在进来之前肯定比我们这些干部活得潇洒，我回去以后肯定还是比他们活得潇洒，那么我凭什么是下等人呢？我犯了罪，我付出的是自由，但不是尊严。（沉默片刻）更何况，我个人认为，我在小范围内，在我的一亩三分地，还是优秀的，我这个自信是一直保有的。❶

在这名服刑人员看来，传统社会中等级森严的人际关系在监狱中也应当予以改变，法治社会讲究平等，而这种平等也包括监狱警察与服刑人员之间的平等。这是对传统中国文化的否定。面对监狱警察时，服刑人员中的一些人不再卑躬屈膝，甚至认为良好的警囚关系才是正常的。

正如另一位服刑人员所说：

> 现在这样的改造形势不应该有什么界限。因为现在讲的是人性化改造，人性化管理。你跟他有一定界限，那不就有高低？人跟人之间不应该有界限。原来提出的是"敌我矛盾"，"罪犯"跟"警察"，现在名词都换了，"服刑人员"和"警官"。它性质都变了。原来是"敌我矛盾"，现在是"人民内部矛盾"。如果还有界限，那就不存在人性化管理了，就没把犯人当人。那么，你就是饲养员，我们就是动物。像他们这样划界限，不就是这个什么嘛。❷

同时监狱警察也抱怨，服刑人员的身份意识越发变淡了，越来越不像"犯人"了。传统社会的尊卑贵贱意识在监狱里似乎失去了效用。这与法

---

❶ 宋立军：《超越高墙的秩序：记录监狱生活的民族志》，中央民族大学博士学位论文，2010年，第77页。

❷ 宋立军：《超越高墙的秩序：记录监狱生活的民族志》，中央民族大学博士学位论文，2010年，第78页。

治文化的影响息息相关。法治精神可以归纳为三个方面：法的神圣性，一国政府和民众对于法的信仰和敬畏；人权至尊性，就是坚持人权至上；公权受限性，一切国家权威都受法律和司法的约束。❶ 此种法治文化显然是对传统文化的改变。因而法治程度越高，人们越是不相信或者反抗传统的专制力量。

以往监狱管理者和服刑人员之间管制与服从的关系变得不那么牢靠，监狱警察所应代表的政府权威开始受到不同程度的质疑与挑战。换言之，一切"天经地义"都在受到不同程度的颠覆。面对这种情形，无论是监狱警察还是服刑人员都深感困惑。

我们也看到问题的另一个方面，那就是传统文化的统治力量被逐渐抛弃。传统文化所强调的人情、关系、面子等因素缺失，使监狱维系平衡的人际关系变得困难。在前法治时代，监狱在对付服刑人员时除了使用强硬的一手外，还注重"人情、关系、面子"，以缓解警囚矛盾。有时监狱警察发给服刑人员一支烟，也会使后者感激不已。又如，某警察如果发现服刑人员微小的违规，采用"睁一只眼闭一只眼"的做法，意在使通晓事理者默记于胸，当有人从事密谋加害警察等重大案件时，后者会及时汇报，以报恩德。但是以现今的规章制度计，监狱警察若采取上述做法则违反规定。于是，监狱以"法治"的名义，制以过于严密、苛刻的规定，导致监狱警察在处理狱内问题时，往往缺乏必要的灵活性，甚至出现"刻舟求剑"式的刻板做法。民国时期服刑人员陈志禧在他写给《监狱杂志》的一篇题为《入狱七年之回顾》一文中，记述了许典狱长和其他管理人员无微不至的仁慈、包容，使其"良心死而复生"。❷ 服刑人员并非全部穷凶极恶，他们人性中的真善美需要靠"人情、关系、面子"等传统文化因素的滋养。这些传统文化因素在维系社会稳定中有时仍然发挥不可替代的作用。徒法不足以自行，是故在守住法治底线的前提下，应善用传统文化。鉴于此，切莫将法治教条化、片面化。

---

❶ 宋立军：《法治精神与法治理念的运行实践》，载《重庆社会科学》2013 年第 7 期。
❷ 贾洛川、王志亮主编：《监狱学论坛》（第二期），中国法制出版社 2012 年版，第 432 － 450 页。

经济效益与教育功能

劳务产业的两难选择

1964 年第六次全国劳改工作会议确立了"改造与生产相结合，改造第一，生产第二"的方针，"必须以人的改造为主，不能以单纯完成生产任务为主，生产工作要服从于人的改造工作。"这种提法在当时的历史时期是有其积极意义的。但是，时至今日却要对其进行反思。是不是要把生产和改造进行二元化分割？监狱生产原本应蕴含改造的因素，因为改造要通过包括生产在内的活动来完成。但是生产，更确切地说劳动，到底在改造中发挥何种功能？组织服刑人员进行劳动到底要追求经济效益还是教育功能？这是现实中困扰着监狱的一大难题。显然，从理论上讲劳动应该发挥其教育功能。这些教育功能主要体现在：要培养劳动技能、塑造良好心态、提高环境领悟力、强化时间效率观念、锻炼意志力等。其中，最实用的便是通过参加劳动培养服刑人员出狱后赖以谋生的职业技能。调查表明，监狱目前的劳务项目很难与职业技能培训挂钩。相反地，监狱组织服刑人员参加劳动的目标却专注于经济效益。通俗一点讲，就是"GDP 情结"。监狱往往以经济效益来衡量服刑人员劳动表现。导致这一点的，有一个客观的因素，那就是劳务加工产品自身的局限性。这种局限性，主要体现在产品的依附性。一是依附市场，二是依附外协企业。市场出现波动会影响监狱企业的效益，监狱同时还必须满足外协企业所提出的产品质量及出货期要求。这时监狱如果坚持考虑劳动的教育功能，或者坚持保证学习时间，就可能无法接到业务。当教育的需要与经济效益的需要相矛盾时，二者必选其一。这时，最为理性的选择便是经济效益优先。因为监狱与外协企业是利益共同体，后者追求利润最大化，当然监狱也不得不围绕这一目标组织劳动。否则，服刑人员只能"坐吃闲饭""无事生非"。这是目前监狱劳务加工无法克服的两难选择。

服刑人员功利心膨胀

目前服刑人员通过劳动"挣分"，以获行政奖励或减刑假释，俨然成为监狱管理的指挥棒，这无形中强化了服刑人员重劳动而轻教育的信念。这种信念与监狱"GDP情结"一拍即合。如果监狱重教育而轻劳动，绝大多数服刑人员会认为自己失去了"挣分"机会。如此，"改造好"就大约等同于"劳动好"，显然与劳动本身应具备的教育功能背道而驰。我们在对在押的重新犯罪人员进行调查时也发现，他们普遍认为劳动已经失去其教育改造功能，成为功利化的工具。我曾经问过一些多次入狱的服刑人员，他们如何看待监狱生活，是否可怕。他们的回答出人意料，他们说监狱没什么可怕的，只要手脚好，能干活就行。干活干得好，挣分就多，就可以早一点回家。因而对于那些刑期不长却多次入狱者，刑罚的体验最深的方面就是要手脚快。

一位有过七次服刑经历的名为"德"❶的人对第一次服刑记忆犹新：

在中队，我踩缝纫机，我踩得快。一开始不准我踩，让我剪线头。后来让我上机器，给一块布乱踩。两天后，我就可以做简单的活儿，后来上门襟，上腰（牛仔裤），我干得很好，差两三分，就减刑了，没有扣分。我2006年7月28日出来的。❷

他强调，自己踩缝纫机快，想通过劳动减刑。但是，在我与他的将近四个半小时的交谈中，他却很少反思自己为什么会犯罪，怎样才能避免重新犯罪。而这样的教育，显然是监狱的责任。

---

❶ 德，男，1990年1月生，某市某区某镇人。2004.7—2006.7，抢劫罪，判处有期徒刑2年，某少管所；2007.7—2008.7，盗窃罪，判处有期徒刑1年，某看守所；2008.8—2009.12，盗窃罪，判处有期徒刑1年4个月，同上；2010.4—2011.6，盗窃罪，判处有期徒刑1年2个月，某看守所；2011.11—2012.8，盗窃罪，判处有期徒刑9个月，某看守所；2012.11—2013.12，盗窃罪，判处有期徒刑1年1个月，某看守所、某监狱；2014.4—2015.4，盗窃罪，判处有期徒刑1年，某监狱。

❷ 根据我的访谈材料整理。

人力资源整合乏力

监狱警察专业荒废现象普遍存在

近些年，从普通高校毕业生中招聘入警的人数比例逐年提升。这些监狱警察都有自己所学专业。以某中文本科专业的毕业生为例，他入警后很快就发现，除了那些程式化的记录外，很少在工作中运用书写技能，专业能力明显下降。他只需要按时交接班，在车间组织好生产并防止意外发生，在监房内按规定操作，如此循环往复，每天做着单调乏味的事务性工作。他也发现，周围的年轻人命运也多如此，能够专业对口的微乎其微。刚开始还有抱怨，后来就麻木了，基本将自己角色定位为看守，原有专业则抛入九霄云外。在安全和效益两根指挥棒下，监狱警察专业出现同质化。专业人才的内在需求被忽视或压制，监狱警察个人价值无法得到很好的体现，对前途丧失了期待和梦想。对于监狱来说，在岗位分配上做到人尽其才，才是对监狱警察的最大尊重和信任。因而，如何使监狱警察所学专业与业务之间保有某种联系，就成为监狱在人力资源配置时应予以适当考虑的因素。不能过于强调机构的目标（监管安全与经济效益），而忽略监狱警察的主观能动性。要发挥不同专业人员的独特潜能，就必须至少将监狱警察分为看守型与矫正型两类，使每个人各得其所。

服刑人员资源未得到有效开发

在我的调查中，有服刑人员在感叹失去自由痛苦的同时，更对自己正在成为"废人"而悲观。一位同济大学毕业的技术人员感叹道："我犯了罪，我应受处罚，然而是否可以考虑到我的特殊情况，尽量发挥我的作用呢。从情感上说，我有一种被遗弃的感觉。我们属于特殊人才，如何能做到人尽其才呢？刑罚到底应到什么程度，对于特殊的人，能否考虑到他们是否还能对社会、集体作贡献？我认为，应该区别对待每个人，要看到每个人的独特性。他们实际上还是对社会有用的人，国家却不需要我了，遗弃我了，这样我当然有抵触情绪，这有点像父母遗弃了子女，多少年后还会有想法。国家遗弃了我们，我们心就死了。"对此，我们可以大胆地改革和尝试，对于曾经的教师，可担任狱内教员；对具备宠物救治技能的，监狱可以收养流浪犬由其养育，或训练导盲犬等。人尽其才不光对监狱警察重要，对服刑人员也是最大的尊重。当然还可以通过自主开发产业等办法，给服刑人员提供发挥特长的空间。

高级官员遴选和晋升机制障碍

一方面，监狱高级官员（副监狱长以上官员）遴选机制单一化。以监狱长为例，有人将其视为一个监狱"定调拿总"的角色，在监狱中发挥统帅作用、示范作用、协调作用、"斗争"❶ 作用。❷ 国外将监狱长形象地称为"CEO"，即首席长官。❸ 在这个岗位上，其职责主要包括：保障监狱工作正常运转（对监狱安全负总责、对廉政建设负总责、对监狱经济负总责、负责重大问题的处理、负责党组织的建设、负责分管的工作），确定工作的目标和发展方向（负责制定发展规划、领导制订年度工作计划、组织实施工作计划），负责领导班子的建设（负责领导班子的思想建设、负责领导班子的作风建设、负责领导班子的创优工作），负责监狱人民警察队伍建设（负责监狱人民警察思想政治工作、负责监狱人民警察队伍的素质建设、领导监狱人民警察的调配工作、领导监狱人民警察的考核工作）。❹ 可见，监狱长在监狱中的作用是多么重要。相应地，副监狱长分管不同的条线，协助监狱长做好监狱工作。如果没有特殊情况，一般来说监狱长的晋升路径是这样的，大学毕业后，从普通的监狱基层警察做起，其职责是带值班，组织服刑人员学习、劳动、生活起居。从普通科员开始，监区副职，到机关科室任职，到监区任正职，到机关科室任正职，不断换岗，通过选拔担任副监狱级领导，若干年后晋升为正监狱级领导。平均来

---

❶ 这里所说的"斗争"是指国际人权斗争和反腐斗争。

❷ 奚建荣：《合格监狱长的能力构成》，载《中国监狱学刊》2003 年第 2 期。

❸ Peter M. Carlson & Judith Simon Garrett eds., 2006. *Prison and Jail Adminstration：Practice and Theory*, Sudbury：Jones & Bartlett Publishers, Inc. p. 158.

❹ 司法部监狱管理局著：《岗位基本能力考核提要》，金城出版社 2001 年版，第 222－229 页。

看，一个人顺利的话，要经过 20 年以上的时间才能一步一步爬上监狱长的岗位。从全国范围看，监狱长的任职基本上是这种路径，而各省的监狱局局长也多有监狱基层工作的经历。总之，他们全部是监狱系统内部升迁的。这种升迁的方式有其合理之处，那就是监狱高级官员的专业素质普遍较高，对监狱业务十分熟悉，基本不会出现外行领导内行的现象。然而，这种升迁方式也有许多致命的弊端，由于遴选机制单一化，导致监狱高级官员相对来说眼界狭窄、人身依附性强、裙带关系复杂、社会活动能力相对较差等。

另一方面，也要想办法缓解副监狱长职务的"天花板效应"。目前，有的监狱设有十多名副监狱长，且年纪较轻。由于副职职数过多，每个人只能分管很少一部分工作。过去，狱政管理、刑罚执行、教育改造、生活卫生全部由一个副监狱长分管，现在却由四个副监狱长分管。每个副监狱长俨然成为科长之上"大科长"。他们中的一些人对未来前途感到迷茫，要想晋升为监狱长实为困难。因而，建议增加监狱数量，减小监狱规模，每个监狱的高级官员职数精简，使绝大多数副监狱长都有晋升为监狱长的可能。这种设想也有利于监狱的分类管理，可能有利于防止监狱的高级官员发生内耗。

内外资源共享不畅

外界资源难以进入监狱

近些年，监狱努力从外界获取资源，以弥补矫正资源不足，这已经成为共识并付诸实践。这被称为"监狱工作社会化"。但从目前的情况看，由于种种限制，外界资源进入监狱还很难。第一，监狱出于安全的考虑，对外界资源有天然的戒备心理。例如，外协单位选派的技术人员本可以成为技术教员，但是监狱却以保障其"人身安全"的名义限制他们进入监狱的次数和时间。而其他外界人员进入监狱就更难了。第二，监狱对于外界资源的全面性还缺乏认识。目前主要集中在心理咨询、法律咨询、狱内帮教等方面。监狱利用外界资源应更加广泛，例如，邀请家政公司对服刑人员进行家政业务培训，教育专家为临释人员辅导教育子女技能，等等。第三，没有充分利用好民政、司法行政、妇联、共青团、卫计委等各种社会组织和机构的动员功能，使志愿者或者社会工作者不知如何参与监狱工作。第四，监狱自身可能存在某些诸如侵犯服刑人员、监狱警察权益的情形，担心被外界曝光。这说明监狱还缺少足够的自信。第五，监督的资源匮乏。尽管监狱目前接受检察机关、人大、政协等监督，但是缺少由普通市民及相关专家组成的民间监督力量，这使监狱在处理公关危机时，很难赢得公众的信任。

内部资源无法单独解决与外界社会交叉事宜

目前令监狱头疼的问题有很多，其中"三难"（服刑人员释放难、暂予监外执行难、死亡处理难）问题最不容易解决。原因是，监狱权力所及仅限于监狱系统，超出这个范围则有些寸步难行。刑满即释放，这本天经地义，但是监狱目前却面临释放难的问题。一些人出狱后面临"无家可归、有家难归、纠缠监狱和地方拒绝接收等几种情形，再加上法律政策及社会保障机制不够健全等原因，让个别刑释人员的安置工作成为'烫手山芋'"。❶ 如果得不到外界相关部门和人员的支持，服刑人员则可能不愿意离开监狱，即便离开，也可能再次走上犯罪道路。

过剩的狱内资源无法向外输出

我们常常习惯于从外界获取资源，却很少考虑自身资源是何等丰富。这些资源对监狱来说，有的远远超出自身的需求，却不能回馈给外界社会。例如，监狱警察可以成为普法的师资力量、社区矫正机关的辅助力量（这一点，北京和江苏都做了不少有益的探索，监狱警察挂职社区矫正机关）。又如，监狱可以成为社会学、法学、医学甚至建筑学等各专业学生的实习基地（目前只对警官类学生开放，是否可以考虑向普通高校的学生

---

❶ 闫成瑞：《共同的责任》，载《江苏警视》2015 年第 2 期。

开放）以及各领域专家学者研究的基地。以犯罪学研究为例，监狱有最为丰富的第一手资料。总之，凡是有利于社会发展的狱内资源，监狱都应在法律的范围内向外界提供。中国自古讲究"礼尚往来"，只有对外界社会有所奉献，才能取得更广泛的支持。

"刑事一体化" 实践的缺位

在我国，最早提出"刑事一体化"概念的是北京大学储槐植教授。他认为，"刑事一体化思想有两层意思，作为观念的刑事一体化和作为方法的刑事一体化。刑事一体化作为观念，旨在论述建造一种结构合理和机制顺畅（即刑法和刑法运作内外协调）的实践刑法形态；刑事一体化作为刑法学研究方法，重在'化'字，即深度融合，至少应当与有关刑事学科（诸如犯罪学、刑事诉讼法学、监狱学、刑罚执行法学、刑事政策学等）知识相结合，疏通学科隔阂，关注边缘（非典型）现象，推动刑法学向纵深开拓。"❶ 储槐植教授提及的两点，点中了监狱的"死穴"。一方面，监狱在作为观念的刑事一体化中，无法充分表达话语权。例如，法院在对犯罪人进行审判时，在是否适用非监禁刑时，从未参考过监狱方面的建议。事实上，有些犯罪人完全不必在监狱内服刑，适用社区矫正可能更经济也更有利于矫正。另外，看守所内余刑在三个月以上的，也并非全部需要入狱服刑，也可以适用社区矫正。当然，这显然是立法上的障碍所致。因为监狱参与"刑事一体化"，必须有相应法律的依据，否则很难进行相应的实践。另一方面，监狱系统在学术研究中没能将刑事学科知识打通，更不用说与其他学科领域建立对话机制，许多时候处于"自说自话""孤芳自赏"的境况。因而有监狱警察认为，监狱在刑事领域中甚至整个社会中是最没有地位、最没有发言权的机构。只有参与刑事一体化实践，监狱才有可能逐渐被其他刑事机关乃至整个社会所接纳与承认。在我看来，要使监狱学研究成为刑事一体化甚至更广泛地讲被其他学科领域所接纳，就需要

---

❶ 储槐植：《再说刑事一体化》，载《法学》2004 年第 3 期。

监狱的开放。监狱学的逻辑起点就是监狱。❶ 没有监狱机构的开放，就没有监狱学的开放。如果监狱完全隐于公众的视野之外，甚至隐于那些监狱体制外的专家学者视野之外的话，监狱学只能是封闭的监狱学。互联网时代的到来，使监狱不可能再无限地"躲猫猫"。监狱在主动与被动的双重力量下，正逐步走向开放。但是，这种开放还多少有些过于保守。据说狄小华教授在撰写博士论文❷时欲剃光头调查，但未得到狱方的允许；南京大学朱力教授欲在无人干扰的情况下对在监服刑人员进行访谈，终未能如愿；而我在长达半年的监狱田野调查期间，也没能真正实现与服刑人员"三同"的愿望（只能同吃、同劳动，而未能"同睡"）。这实在无法与民国时期严景耀先生深入监狱开展研究❸的情况相比。因而，我们这个共同体至少应当做两项工作：第一，要利用我们的条件力促监狱开放；第二，要与其他学科的人士多合作。

职业认同感难以确立

目前，监狱管理中盛行着诸如"规范化""精细化""高科技"等词汇。伴随着这些词汇而来的是各类细密的规范。这其中有些是必要的，是对过去粗放式管理的反思和整顿。但是，有些规范却被绝大多数监狱警察视为过于严苛、不通情理甚至违反法律。一些监狱以"精细化"等的名义，制定过多过滥的规范，加上无所不在的实时监控，使得监狱警察在工

---

❶ 夏宗素、耿光明、冯昆英：《新中国监狱学的回顾与前瞻》，载《中国监狱学刊》1999 年第 5 期。

❷ 狄小华著：《冲突、协调和秩序——罪犯非正式群体与监狱行刑研究》，群众出版社 2001 年版。

❸ 当年，严景耀先生欲去监狱做调查，得到他所就读的燕京大学"犯罪学与刑罚学"教授、时任监狱改进委员会主席的支持，并同意他到狱中当一名志愿犯人。监狱长对他的计划也很热情，同意给他这个机会。那位教授通过司法部将严景耀送进监狱。他从 1927 年暑假开始，在北平监狱里住了三个月，以后又继续每星期在监内住二天。1928 年暑假，受北平燕京大学社会学系委托，赴河北、山西、河南、湖北、江西、安徽、江苏、浙江等各省调查监狱。调查的方法也是住在各监狱里，每日比犯人先起床，去看他们如何起身，起身后做什么事情。当时，各省监狱当局均能允许他随时随地随意考察和询问。凡遇一事，观察与询问相结合，询问时既可问监狱当局，也可问犯人。见严景耀著：《中国的犯罪问题与社会变迁的关系》，吴桢译，北京大学出版社 1986 年版，第 210 页；《严景耀论文集》，开明出版社 1995 年版，第 46－47 页。

作期间始终处于战战兢兢的状态。监狱警察时刻警惕被监控设备记录下哪怕是一丝一毫的"不规范"。为了应对不合理的规范，监狱警察每时每刻都在进行"自我审查"，一言一行都首先考虑是否符合监狱规范，努力按"规定动作"行事，不敢有丝毫懈怠。然而，在一些监狱警察看来，这种严苛的工作模式是不信任、不尊重基层警察的表现。这导致了监狱警察只能按部就班，无法发挥其主观能动性。此外，由于警力不足，加之警力分配制度的教条化，有的基层一线监狱警察每月工作超过 40 个工作日（以每一工作日 8 小时计）的状况仍未得到改变。

基层一线警察严重不足是导致监狱警察超时工作的主要原因。日本管理人员与服刑人员的比例是 1∶4，美国是 1∶3.3[1]，而我国监狱警囚比例非常低，大多数监狱警察占押犯的比例只有 15% 左右[2]，除去机关、后勤的警察，一线警察不足 10%。[3] 广东韶关北江监狱越狱事件后，《羊城晚报》报道称：

> 广东监狱系统以不到全国百分之六的警力监管着全国十二分之一以上的服刑人员。截至 2011 年，广东全省监狱累计收押罪犯 40 多万人，释放罪犯 30 余万人。
>
> 一个监狱长做过这样一个试验，如果要对完工的犯人搜身，以目前的警囚比例，一个干警得负责 120 人，如果每个人搜 30 秒，需要耗时一个小时。他让八个干警对完工的一个监区的犯人进行搜身，平均每人耗时 15 秒，前后也要一个小时。监狱长将其称之为"试验"，这意味着这样的行为不能成为常态化。为何？原因只有一个——警力不够。[4]

---

[1] 朱云鹏：《监狱可以是工厂 更应是学校》，载《中国时报》，http://www.chinatimes.com/cn/newspapers/20150312000898 - 260109。

[2] 司法部要求警囚比达到 18%。

[3] 山石：《论循证矫正实践与我国传统改造罪犯的逻辑关系》，载江苏监狱网，http://www.jsjy.gov.cn/www/jsjy/2013124/n663695895.html。

[4] 薛江华：《最低警囚比例 最高安全纪录》，载《羊城晚报》2014 年 11 月 2 日第 1 版。

监狱警察不是机器，不可能总是按照设计好的程序超负荷运作。如果监狱警察不能在工作岗位上获得职业身份认同感，那么培育监狱警察职业伦理就成为空谈。近几年，监狱警察中出现的吸毒、赌博、嫖娼、非法集资等个别违法现象，固然受到外界社会不良风气的影响，但是我们不能不承认由职业伦理缺失所引发的心灵空虚、价值观扭曲也是重要诱因之一。

建议在制定工作规范时，应做到：第一，在制定各项工作规范时，应假定监狱警察群体是可信任的，而不是对其普遍怀疑；第二，工作规范的相关规定不得忽视监狱警察的合理需求，特别是精神需求；第三，工作规范要疏密适宜，为监狱警察发挥主观能动性留有必要的空间。

监狱管理模式同质化

1984 年 6 月，全国劳改管教工作会议提出要把分类关押作为管教工作改革的第一项任务。1991 年 9 月，司法部在河北第一劳改总队召开全国分押、分管、分教工作交流会，对"三分"工作进行了积极的探索与实践。1991 年 10 月，司法部对 1989 年制定的"三分"意见进行修订，出台了《对罪犯实施分押、分管、分教的试行意见（修改稿）》，这标志着我国"三分"工作进入全面启动和操作时期。[1] 二十多年来，"三分"工作取得了一定的成绩。但是，"三分"工作未能完全按照当初设计的理念进行实践，该项工作开展得并不平衡。[2] "三分"工作之所以不能真正实行，关键是监狱分类（特别是按戒备等级分类）制度滞后。现行的监狱分类制度与行刑宗旨、提高改造质量、监狱安全、经费保障、警力资源等方面都存在矛盾。[3] 与美国等一些国家比较来看，目前我国几乎所有监狱都属于高度

---

[1] 张金桑、于广胜主编：《中国监狱现代分类制度理论与实践研究》，金城出版社 2001 年版，代序第 1 页。

[2] 陈泰宝、徐敏：《对新世纪初监狱"三分"工作现状分析与创新思考》，载《中国监狱学刊》2004 年第 2 期。

[3] 王翠凤：《监狱分类制度研究》，载《中国司法》2012 年第 6 期。

戒备等级。❶ 这就出现了监狱管理模式的同质化现象。2005 年 6 月，全国监狱局长会议在沈阳召开，讨论三类监狱关押囚犯的种类和标准问题，主要依据狱政警戒设施、监管技术装备、警力配备、管理方法、活动范围、劳动方式等因素，将我国监狱分为高度戒备、中度戒备和低度戒备三个等级，分别关押具有相应危险程度的服刑人员。2011 年 11 月，全国部分省市高度戒备监狱（监区）规划建设工作座谈会在重庆召开，提出高度戒备监狱（监区）建设的紧迫性。国内一些监狱也在进行高度戒备监狱（监区）的试点。还有一些人从理论上对监狱分类管理模式进行设计。❷ 但是，由于缺乏法律依据，包括出监监狱、开放式或半开放式监狱等类型监狱还无法纳入监狱建设规划之中。建议将现存的监狱全部作为中高等级戒备监狱管理，重新建立低等级戒备监狱。

目前这种同质化的监狱管理模式存在的根本原因就是纯粹"安全本位"的理念使然。有学者批评这种观念。

> 我国监狱奉行的是以安全模式为主的工作格局，在"安全本位主义"的模式下，罪犯矫正的实施不是重点，刑罚的目标在于"罪犯无害化"，即将罪犯隔离出社会，固定在监狱中，接受无个体差异的控制，服完其应服的刑。正如 Bauman 所言，"人犯在监狱里面做什么并不重要，重要的是在于他们待在哪里"。
>
> 以"安全本位主义"展开的监禁制度与我国长期以来监狱面临的生存窘境不无相关。由于监狱体制的深层矛盾和财政保障的不到位，使得监狱行刑长期依靠行政体制的惯例动作运作，法的观念先天不足。为了维系行刑权运行的现实需要，"安全本位"的监管模式具有

---

❶ 截至 2015 年 3 月 28 日，美国在不同戒备等级监狱中服刑的人数为：最低等级戒备（Minimum Security Level）监狱 35894 人，占在押人员总数的 17.2%；低等级戒备（Low Security Level）监狱 80335 人，占 38.5%；中等级戒备（Medium Security Level）监狱 61154 人，占 29.3%；高等级戒备（High Security Level）监狱 23850 人，占 11.4%；未分类 7322 人，占 3.5%。参见美国联邦监狱局网站，http://www.bop.gov/about/statistics/statistics_inmate_sec_levels.jsp。

❷ 上海市监狱管理局课题组：《关于监狱按警戒等级分类的实践与思考》，载《中国监狱学刊》2007 年第 5 期。

为行刑法律机能充分发挥提供基础的可能性，但从长远看，则必然对监狱机能的进一步发挥带来严重缺憾。

首先，安全本位的管理模式片面地强调"安全"会导致监狱工作发生偏差念头，严重地影响到对罪犯的教育与改造……

其次，安全本位的管理模式使得我国的监狱分类体系呈现出过度粗放的特点……

再次，在安全本位的管理模式引导下，监狱难以形成使罪犯参与改造的体制、机制，罪犯也不可能形成自我改造的意识和责任……

最后，安全本位的管理模式造成的另一个问题是制度"政治化"……❶

问责机制僵化

在影片《肖申克的救赎》中，看似坚不可摧的狱墙也被主人公挖穿并脱逃成功。种种事实都说明，脱逃、暴狱、自杀等狱内案件不可能在监狱内绝对灭绝。近些年来，由于对监狱管理有更高更严格的要求，故一旦出现类似的案件，就必然启动问责机制。目前问责机制的特点是，凡有重大案件发生，必有人受到处理（往往是刑事处分）。显然，这表明了从严治警的决心，但是这却夸大了监狱警察在案件发生中的作用。有人以具体案件为例专门撰文对此种状况进行反思：

2004 年的 3 月 28 日（星期天）晚 8 时许，川中某监狱死缓罪犯李××、洪××（当时其中 1 人已被监狱报请省高级法院减刑为无期徒刑，但减刑裁定尚未送达本人，另一人也已被监狱研究同意报请减刑为无期徒刑）经过长期的预谋，于当天下午趁监狱举行春季罪犯运动会管理松懈之机，混进育新学校。晚 8 时许，二犯抓住巡逻武警换

---

❶ 张婧著：《监狱矫正机能之观察与省思》，中国人民公安大学出版社 2010 年版，第 199 - 202 页。

岗的机会，用自制的木板从狱内育新学校 3 楼窗户搭上 3 米外、5 米多高的监狱围墙（围墙上靠狱内一面架有上万伏的电网），越出监狱，乘坐早已等候在围墙外的汽车，扬长而去。二犯脱逃后，监狱在追捕过程中发现，此系涉黑案件，其中死缓罪犯李××是"假罪犯"（所用名是假名，真名叫陈××）。后来，通过司法部衔接公安部，四川省公安厅成立了厅长任组长的专案小组，集中多个市公安局的优势兵力，省监狱局也组织了 3 个监狱的追捕小组。经过 2000 多人次的警力，花费 100 多万元资金，采取多种手段，历尽千辛万苦，分别于 2005 年 3 月 13 日和 7 月 5 日，终于将 2 名逃犯尽收法网（逃犯李××持枪拒捕，曾与特警发生枪战，二犯均是被特警开枪击伤后生擒）。同时抓获的涉黑涉案人员达 13 人之多，缴获枪支、弹药若干，破获相关案件 10 余件。2005 年 6 月 21 日，监狱所在地的中级人民法院对"3·28 案件"涉案的 5 名值班民警进行了终审判决。5 名民警均被判以失职致使在押人员脱逃罪，有 2 人受到判处有期徒刑 1 年，缓刑 1 年，3 人被判处有期徒刑 6 个月，缓刑 1 年的刑罚。据此，5 位由执行刑罚的监狱人民警察变成了被执行的对象。

该案之所以发生，是因为罪犯先后越过了公安、检察、法院、监狱、武警"五道关口"。然而，最终的结果为什么却是负责第一道关口的公安、最后一道关口的武警、中间环节的检察、法院均没有受到法律追究，而同样处在中间环节的监狱 5 名民警却对罪犯脱逃的法律责任"一肩挑"？这相当于是"5 家人"（公安、检察、法院、武警、监狱）消费找人（5 个民警）"埋单"。❶

很显然，类似的追责做法是值得反思的。我建议建立"监狱警察职业豁免制度"，应明确在何种情况下对监狱警察实行免责，特别是免除刑事责任。当监狱警察在履行职务时，只要没有故意犯罪或者重大过失，都不应该为其履职期间所发生的案件负刑事责任，无论案件的危害程度有多

---

❶ 余智明：《罪犯脱逃谁"埋单"？——由"3·28 案件"到加强监狱执法责任制的思考》，载《中国司法》2005 年第 11 期。引用时对原文进行了必要的删节和改动。

大。倘不对现行问责机制进行变革，监狱警察就会成为高风险职业，将会影响监狱警察队伍的稳定。

实际上，监狱与医院一样，都无法负无限责任。在英国，曾经有人做过一个列表式的问卷，调查医生、病人不同的医学观念以及应该达成的新共识。

细读表5－1中的内容，我们会发现患者常会以最理想的状态来要求医生，而医生也会尽力摆脱自己的责任。而医患应达成的共识才能使医患关系更加理性。

人们对于一件事从不同的角度出发，会有不同的期待和要求。社会公众对监狱的期待是监狱绝对不要出事，特别是脱逃事件一出，会造成一定范围内的公众恐慌。因而，从社会公众的角度来看，当然最好是监狱不出一丝一毫的错误。这有点像患者对医院的期待。但是监狱也有监狱的难处，监狱不是保险箱，管理监狱的人也不是神仙，不可能不出一丁点差错。对此，有必要在社会公众与监狱之间达成一种共识。

表5－1　医患观念比较❶

来自患者的观点	来自医生的观点	医患应达成的共识
1. 现代医学几乎无所不能，应该治愈我的疾病； 2. 医生通常可以了解我体内的所有情况，知道我的健康问题出在哪里； 3. 医生知道所有应该知道的专业问题； 4. 医生大致能解决患者所有的躯体疾病问题，甚至还包括一部分社会问题； 5. 因为医生的能耐大，社会才给予他们较高的待遇和地位。	1. 现代医学所能解决的疾病和健康问题是有限的； 2. 到医院来看病是要承担风险的； 3. 一般医生无法解决所有的躯体疾病问题，更别说社会问题； 4. 医生绝不是无所不知，但医生知道许多问题解决起来十分棘手； 5. 医生的医疗实践充满风险，成功与失败之间只有一步之遥； 6. 工作中沉默比饶舌重要，这样不至于让病人知晓太多真相而失望，还可以避免因为投诉太多而失去职位。	1. 生病、痛苦、衰老都是人生必须面对的事情； 2. 医学不是万能的，尤其解决不了社会问题，而且医疗实践是有很大风险的； 3. 医生绝非无所不能，他们需要做出决断，需要得到患者的理解和支持； 4. 在疾病面前，医生和病人的目标是一致的，应该共同承担； 5. 遇到疑难问题，医患双方要保持信任和沟通，不要把所有的难题都推给某一方； 6. 医生应对患者坦言相告，哪些事情（疗效、预后）办得到，哪些事情办不到。

---

❶　王一方：《医生是人不是神，医疗事故无法绝对避免》，载《扬子晚报》2013年8月25日B7版。表格为本书作者绘制。

（1）狱内脱逃、暴狱、自杀等危险是监狱必须面对的，监狱及监狱警察应尽力防止这种危险的发生；

（2）监狱不是保险箱，监狱警察不是神仙，不可能绝对防止各种监管危险发生；

（3）一旦发生各类事故，需要得到社会各界的理解和支持；

（4）在发生重大监狱事故时，全社会要采取有效措施避免更大的危害结果发生；

（5）要综合分析事故发生的原因，不能把所有的责任都推给监狱，推给带班值班监狱警察，更不能动辄对监狱警察追究刑事责任（严重失职或故意犯罪除外）；

（6）发生事故后，监狱警察以外的原因应作为重点检讨的范畴，尽力堵塞漏洞，为减少监管事故创造更加良好的环境。

违法现象仍难彻底消除

监狱是刑罚执行机关，本该严格遵守法律。然而监狱在执法过程中，仍有不少明显违法现象存在。例如，出于安全的考虑，一些监狱明确规定禁止服刑人员接收邮包，禁止服刑人员按规定吸烟，禁止服刑人员听收音机，强迫男性服刑人员剃光头等。这些做法，与《监狱法》等明显相悖。我们在调查中发现，有些服刑人员对于这些不合法的规定有明显的抵触情绪。以禁止服刑人员接收邮包为例，服刑人员认为这是监狱人为地割断自己与家人的情感联络，而任何一部法律都没有禁止服刑人员接收邮包的规定，"法无禁止即自由"。"出于监狱安全的考量"，"将几乎所有有利于罪犯改造矫正的亲情救赎，进行一刀切式的取消"[1] 图 5 - 1 是网上一篇文章截图[2]：

---

[1] 张晶：《建设现代监狱的江苏样本阐释》，载《犯罪与改造研究》2015 年第 3 期。

[2] 参见：http://www.cnprison.cn/bornwcms/Html/yiwenhuiyou/2013 - 01/19/4028d1173c4be442 013c52e09fee06b4.html。

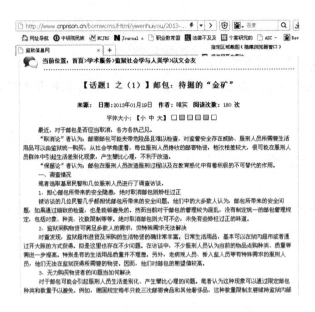

图 5 - 1 网站对是否应取消服刑人员邮包的讨论

文章的作者通过调查认为："担心邮包所带来的安全隐患，绝对取消邮包则矫枉过正""监狱采购物资可满足多数人的需求，但特殊需求无法解决""无力购买物资者的问题当如何解决""邮包的情感价值"，因而必须正视邮包的利与弊，邮包应作为教育服刑人员的宝贵资源而被充分利用，而不是极端地一禁了之。

监狱"孤岛"现象

监狱的工作常常与一些单位或机构有密不可分的联系。但是，实践中这些单位或机构与监狱之间的沟通不协调、不通畅。最突出的表现有两点，一是出狱人保护不完善。司法局、民政局等机构与监狱衔接不够，导致出狱人无法顺利融入社区。二是病犯收押程序不规范。一些病犯属于病情不明待查，甚至保外就医后收押，便被直接送往监狱；有的病犯被从医院病床直接送往监狱；在交接过程中，看守所不提供病犯病案，不携带相应药物，等等。这些都导致监狱无法对这些病犯进行及时医治，其权益无法得到充分保障。

关于第二点，一位在老弱病残监区工作的警察在接受访谈时感触很深。他在表达了自己的困惑后，交给我一份他曾经向省监狱管理局反映情况的建议稿——《关于规范当前新犯收押工作的几点建议》，内容如下：

当前新犯收押工作，存在一些不规范之处，也给监狱带来了很多风险点。对此，有几点建议供参考。如能够和公安厅联合发文，作出规定，对监狱工作是有益的。

一、对新犯携带物品作出规定。当前新犯入监携带的物品，因未能在看守所羁押时明确规定，许多不需要的物品，甚至违禁品带入监狱内，监狱在对这些物品的处置上缺少规定，多以比较随意的没收处理，罪犯出狱后以此维权可能会给监狱带来不必要的麻烦。建议省局（狱政处、生卫处）作出规定，对新犯入监时可以携带的物品（如内衣内裤），不许携带的物品（违禁品）作出规定，同时明确监狱配发哪些物品，哪些物品由罪犯自费购买，由看守所在投送前告知罪犯本人，违禁品可以由罪犯先期处理。对投送监狱后，违禁品和非必需品的处理要作出规定，哪些应当没收，哪些应当封存（出狱或家属会见时带回）。

二、对病犯收押程序进行规范。当前监狱收押较多病犯，很多存在病情不明待查，保外就医直接收监送监狱，甚至从医院病床直接到监狱，导致入狱后不能及时治疗等情况。建议规定：所有投送监狱的犯人，都要在看守所羁押一周以上。凡是病犯（重点指患有慢性病需要长期服药的，精神异常需服药的，看守所羁押期间患病治疗的），需将病案，包括看守所羁押前的治疗病案，随档案一并交监狱，归入罪犯副档。在看守所羁押期间，因病住院治疗的，需在出院一周以后再投送（可能牵涉羁押期限和审批问题）。对患有慢性病需要长期服药的，投送监狱时需携带不少于一个月药量，由看守所民警交给监狱医院。同时要求所有投送监狱的新犯，需将入所（看守所）体检表（复印件）一并归入罪犯副档，交监狱，入监体检时参考。

三、罪犯离所鉴定表需要规范格式和填写要求。多家看守所在填写离所鉴定表时敷衍了事，表格格式不一，内容复制粘贴，基本无参考价值。建议对格式统一并规范填写要求，具体注明该犯在看守所期间表现，有无违规及次数和处理情况，对重要狱情，如绝食、自伤自残、拉帮结伙、串供、羁押期间或前期家庭变故等，需详细说明，必要时将笔录材料、音视频资料一并移交监狱。

四、加强信息交流。将罪犯户籍资料和人口信息，建议以适当方式，传递给监狱，减轻监狱登记和核查工作量。对于身份不明的，移送侦查机关前期核查情况。因此类情况缺少了解，不多议。

下编　监狱社会化的理论与前瞻

第六章 监狱社会化的诸要素

引 言

本章是对前面几章的归纳，这避免了惯常的理论分析存在空中楼阁的现象。读者在阅读本章时，可时时对照前述章节的内容，以加深对本章的理解。

"××化"是指由某种状态转变、转化为另一种状态的过程。监狱社会化，也可以视为由纯粹国家的监狱向社会的监狱转化的过程。国家的监狱立足点是监狱作为国家机器、统治工具的性质，而社会的监狱立足点是监狱作为社会公共组织的性质。正如导论中指出的那样，监狱社会化是指监狱作为社会公共组织在正在发生变迁的社会环境下，通过与狱外进行交往，实现合作，以形成独特的既符合社会要求又满足自身需求的良性状态。

监狱社会化实际上是一种不断变化的进程，具有复杂性。在这一进程中，应该关注的是包括监狱在内的不同主体如何围绕监狱事实不断进行沟通讨论，达成共识，以便共同行动。重点要解决不断产生的矛盾和冲突。总体的目标是最终使监狱真正成为合格的社会公共组织主体。

监狱主要角色定位：社会公共组织

在心理学中有一个概念称为"自我意识"，就是一个人对自己以及自己和他人关系的意识。从认知的层面上来讲，自我意识包括：自我感觉、自我观察、自我概念、自我印象、自我分析和自我评价等。❶ 监狱作为组织，从拟人的角度来看，同样也有其自我意识，这种自我意识与其主要角色定位紧密相关。

在本书导论中，我引用了郭明的相关研究。在他看来，监狱角色的定位是"知识结构关系"的产物。❷ 实际上，这是从共时性的角度出发来解释的。如果从历时性角度来解释，监狱的角色一直发生着变化。清末监狱改良运动为中国监狱角色转变创造了一个难得的机会，从此监狱从纯粹的关押机构向矫正机构转变。但是，作为统治阶级的工具性质的监狱却直到20世纪90年代《中华人民共和国监狱法》颁行后才日渐式微。其中一个最大的变化是，从立法上确认了监狱是国家的刑罚执行机关，这就确定了监狱的主要职能是刑罚执行。性质和职能转变，使监狱在角色上逐渐摆脱了"机器""工具"的面目，尽管这些还实实在在地存在于特定的"知识结构关系"中。

我认为，监狱的角色应该是多元的。这些多元的角色之间，有些是有矛盾的，有些却是互补的。监狱在多元的角色中，必须有所取舍，取舍的依据是时代的需要。

如何理解作为社会公共组织的监狱呢？有人认为，对公共组织的理解可以从不同的角度入手："（1）静态的公共组织结构。公共组织是一种特定的静态组织结构，即公共组织上的实体，包括各种公共管理机关及其相互关系，是构成国家机器和社会治理主体的重要组成部分。（2）动态的公共组织过程。公共组织是一种特定的动态组织行为，即公共管理组织依法行使公共管理权力，管理公共事务和自身事务，提供公共服务的各种组织行为。（3）生态的公共组织环境。公共组织是一个开放的社会生态系统，由目标和价值分系统、技术分系统、社会心理分系统、结构分系统和管理分系统组成，并与特定的环境进行物质、能量和信息的交流，受环境的影响和制约，随环境的发展变化而变化，是一个不断自求适应、自我调整的社会有机体。（4）心态的公共组织意识。公共组织是一个心态的群体系

---

❶ 黄希庭著：《心理学导论》，人民教育出版社1991年版，第86页。

❷ 郭明主编：《监狱学基础理论》，中国政法大学出版社2011年版，第22-23页。

统，受工作人员的责任心、荣誉感、工作态度、组织意识、合作观念及服务精神等一系列心理因素的影响和制约，并与社会心理系统相互作用、相互渗透。"❶

当今的监狱越来越显现出公共组织的角色特征。这种角色的转变，是与整个国家的发展联系在一起的。就我国而言，过去的国家和政府是万能的，可是改革开放后的中国社会变迁已经证实，国家和政府的权能是有限的，监狱的权能同样也是有限的。过去人们强烈希望监狱能把犯了罪的人改造好，使其不再重新犯罪。如今人们已经认识到导致犯罪（重新犯罪）的一个重要原因是社会原因，监狱无法独立完成本应由全社会共同完成的使命。

当然，这种角色定位对于监狱自身的调整也有影响。最明显的变化就是，监狱不再高高在上，以"政府"自居，它终于肯放下身段对外宣传自己，以争取外界的理解和支持。这是"不断主动或被动地对自身及其知识做出调整和修正，从而发生相对持久的行为改变并获得新行为的过程"❷。相应地，监狱以及监狱管理者的知识、观念和技能也在发生改变，这种改变最终达到的效果是与监狱社会角色相统一，而不是相分离。

这种社会角色的定位，在特定的历史阶段应当是高度稳定的。例如，当我们把监狱的主要角色定位为社会公共组织时，就不可让"专政工具"角色与之平分秋色，特别是不能让监狱在二者之间摇摆不定。这是否也可以看作是一种范式的转换呢？

监狱作为社会公共组织应遵循一定的道德体系。这种道德体系的核心是，无论是理念还是行动都要围绕社会公共利益。监狱必须"回应、解释、表达甚至唤醒公共利益"，它应该"表达的是公共的而非私人的价值观"❸。监狱也需要通过其"公共性程度（即他们所表达的由公共而非私人

---

❶ 李传军编著：《公共组织学》，中国人民大学出版社 2015 年版，第 3 页。
❷ 李传军编著：《公共组织学》，中国人民大学出版社 2015 年版，第 295 页。
❸ ［美］罗伯特·B. 登哈特著：《公共组织理论》（第 5 版），扶松茂、丁力译，中国人民大学出版社 2011 年版，第 160 页。

界定的公共价值的程度）得到评价"❶。"公共组织现在正面临着一场合法性的危机。公民们正在对我们的制度效力和那些掌权者的意图提出质疑"❷。监狱的管理者们要认识到，"公共组织只有在压力和发展的状态下才能生存"❸。

同时，作为社会公共组织的监狱，也正在民主政治理论的指导下生存和发展。这种"民主政治理论通常被描述为关注公共机构增进社会价值观的方式，这些社会价值观的界定和应用都在于公民的高度参与，以及对全体公民利益与需求的高度回应。因此，民主理论关注自由、公平、公正等问题……不仅根据控制而且也根据沟通和共识来理解变化。"❹也就是说，社会广泛参与应该成为监狱治理的一种常态。对于一些问题，在狱方认为非常棘手，而在其他主体解决起来却易如反掌，这正体现了优势互补的特点。对于监狱来说，要想持续有效地解决问题，就得不断与外界社会进行沟通互动，以寻求共识和共同行动。

监狱的社会职能

角色与职能往往是对应的。社会公共组织的基本职能有四项：政治职能、经济职能、文化职能和社会职能。❺

对于前三项职能，监狱都曾经大有作为。在政治职能方面，监狱曾经是人民民主专政的工具，是阶级斗争最有力的国家机器；在经济职能方面，监狱曾经为国民经济的发展作出突出的贡献❻；在文化职能方面，监

---

❶ [美] 罗伯特·B. 登哈特著：《公共组织理论》（第5版），扶松茂、丁力译，中国人民大学出版社2011年版，第162页。

❷ [美] 罗伯特·B. 登哈特著：《公共组织理论》（第5版），扶松茂、丁力译，中国人民大学出版社2011年版，第165页。

❸ [美] 罗伯特·B. 登哈特著：《公共组织理论》（第5版），扶松茂、丁力译，中国人民大学出版社2011年版，第166页。

❹ [美] 罗伯特·B. 登哈特著：《公共组织理论》（第5版），扶松茂、丁力译，中国人民大学出版社2011年版，第13页。

❺ 李传军编著：《公共组织学》，中国人民大学出版社2015年版，第292页。

❻ 吴宗宪著：《监狱学导论》，法律出版社2012年版，第534页。

狱曾经创造了独特的"劳改文化",同时还为"报应主义"❶、"重刑主义"❷ 和"人道主义"❸ 等法律文化作了注脚。但是,监狱社会职能发挥却一直较弱。社会转型时期,前三项职能发生了重大变化。先看政治职能,整个国家的政治体制进行了改革。"在中国政治进程中,权威体制的两个维系机制——科层制度和一统观念制度——受到了多重挑战:科层制度承担越来越多的治理功能,不堪重负;一统观念制度受到多元社会的碰撞挑战,难以为继"❹。因而,权威体制受到来自各方的制衡。再看经济职能,在市场经济的体制下,监狱已经无法成为市场经济的主体,加之国家财政投入的到位,经济职能已不再是监狱主要职能。至于文化职能,监狱当然也充当着"法治""人性化""文明"等文化符号,但是其文化的职能已经不再如"专政"时代那样重要。

在社会转型变迁的情势下,监狱的社会职能的发挥变得更加迫切。社会组织的社会职能,主要表现为社会公共服务的职能,或者说是参与社会管理的职能。监狱的任务是执行刑罚(对自由刑予以执行),但是不能因此就认为监狱的社会职能只有执行刑罚一项。更不能认为,监狱存在的最主要理由是社会防卫,重在一般性预防和个别性预防❺的功能,而应该认识到监狱正在参与社会公共服务和社会管理。

关于监狱的社会职能,民国时期的监狱学家孙雄就有过概括,他将监狱社会职能称为"近世监狱之意义",包括:限制自由、隔离社会、化除恶性、鼓励自新、增进健康、授予职业、增加生产、启发爱国心、善后保障。❻ 台湾地区学者认为,监狱对受刑人施加自由刑,意在"以处遇措施

---

❶　关于报应主义,通俗地说,就是恶有恶报,罪有应得。具体理论可参见邱兴隆著:《关于刑罚的哲学:刑罚根据论》,法律出版社 2000 年版,第 10 – 75 页。

❷　如改革开放后经历的"严打",特别是 1983 年的"严打",体现了重刑主义的思想。

❸　改造国民党战犯、日本战犯和末代皇帝,都体现了人道主义的文化。

❹　周雪光:《权威机制与有效治理:当代中国国家治理的制度逻辑》,载《开放时代》2011 年第 10 期。

❺　一般性预防,是指对于民众全体一般性地产生预防犯罪的效果,也即经由对于社会大众在心理上与教育上的作用,而收到一种普遍性的预防效果。个别性预防,是指对于个别行为人,发生预防犯罪的作用,而收到个别性的预防效果。参见林山田著:《刑法通论》(下册),北京大学出版社 2012 年版,第 277 – 278 页。

❻　孙雄著:《监狱学》,商务印书馆 2011 年版,第 10 – 12 页。

教育、矫治受刑人，使其改悔向上，适于社会生活"❶。而能否实现"适于社会生活"的目标，当然取决于监狱社会职能发挥的程度。

监狱若要充分发挥社会职能，就必须更新理念。这种新理念的核心是"适应"。"政府的当务之急是'适应'而不是'统领'社会发展"❷。因而，适应社会的发展是监狱发挥社会职能的前提。

监狱的社会职能主要包括以下内容：

1. 公权力紧缩与私权利扩张的示范效应

我们常说监狱是社会文明的窗口，它反映的是时代精神。依法治国的最显明的标志是，限制公权力，保障私权利。因而，这也应该在监狱这一领域中得到体现。从前面几章的描述中，我们看到今天的监狱权力已经不能无限扩张。它的权力也是有边界的，也要晒出权力清单。❸ 20 年前，监狱几乎可以任性主宰服刑人员的情形已经一去不复返，服刑人员正在努力把握自己的命运，这一变化正是公权力受到限制的具体表现。2013 年 4 月，我在云南大学做了一个关于监狱饮食方面的讲座，现场一位来自台湾地区的人类学专家听了讲座后说，大陆"将权力关进笼子里"率先在监狱中实现，这真是"旁观者清"。相应地，私权利的空间得到了保障，以至于一些监狱警察不太适应这种变化。当我们看到监狱所呈现的境况，就会对这个国家的法治状况有一个更乐观的预测。

2. 服务社会的示范效应

所谓服务社会，就是为广大民众服务。在狱内，刑罚执行的过程，也就是为服刑人员甚至其关系人服务的过程。服刑人员的生活起居、生老病死、职业技能培训、道德修养提升，所有这些都需要监狱拥有服务的意识。特别是监狱警察，要能够学会换位思考，时时处处考虑并尽力满足服刑人员的差异性需要。❹ 另一方面的服务就是为社会其他领域服务。本书

---

❶ 林荣茂、杨士隆、黄维贤著：《监狱行刑法》，五南图书出版股份有限公司 2007 年版，第 24 页。

❷ 周雪光：《社会建设之我见：趋势、挑战与契机》，载《社会》2013 年第 3 期。

❸ 陈月飞：《减刑，把每一环节都晒在阳光下》，载《新华日报》2015 年 7 月 10 日第 5 版。

❹ 宋立军：《行刑个别化的根据：从人身危险性到需要差异性——试从人类学视角观察》，载《中国监狱学刊》2007 年第 5 期。

第五章讲到狱内资源应主动提供给社会大众，目前做得还不够。同时，监狱拥有的海量信息也应有效地利用起来，比如从这些信息中我们会发现服刑人员结构、犯罪原因、阻碍中国良性发展的社会问题，等等。在大数据时代，监狱应发挥其社会责任，将自己所掌握的数据资料呈现出来（而不能以涉密为由拒绝公开）。荷兰学者冯客关于中国监狱的著作❶，就大量使用了民国时期的监狱档案。然而，当前的学者能够使用监狱档案进行研究的情况并不尽如人意，而国家立法和政策制定参考监狱资源的情况也不容乐观。所有这些现象都表明，监狱在服务社会方面还做得不够深入。

3. 凝聚民间力量、培育公民精神的示范效应

监狱以开放的姿态，凝聚民间力量，使公民精神得以光大。"公民精神不仅含指公共情怀与天下担当，而且意味着以自己的理性、和平的公民实践，淬砺公共理性，形成公共空间。"❷公民精神的涵育要有平台，包括监狱在内的社会主体都有责任搭建这样的平台。我们常谈关爱"弱势群体"，监狱内的服刑人员就是弱势群体，他们本人、他们的家人都需要社会支持。监狱完全有能力向社会公众提供涵育公民精神的机会。

4. 恢复社会功能的示范效应

监狱在职能范围内恢复社会功能，在我国还未得到重视。例如，一些国家采取恢复性司法措施，使服刑人员与社区的关系得到修复和改善。在这方面，监狱可以建构服刑人员向被害人悔罪的通道、搭建被害人了解服刑人员服刑状况的平台。❸此外，服刑人员的犯罪除了受经济等因素的影响，可能还与他们的生活技能水平偏低有关。因而提高其生活技能，将有利于其出狱后融入家庭与社区。关于这一点，国外有一些比较成熟的经验，如加拿大矫正局对服刑人员实施的生活技能计划包括：认知技能计划、提高认知技能计划、愤怒和情绪控制计划、增强愤怒和情绪管理计划、在家庭中无暴力生活计划、父母技能计划、闲暇技能计划、社区整合计划。❹下面是关于"父母技能计划"的介绍：

❶ ［荷］冯客著：《近代中国的犯罪、惩罚与监狱》，徐有威等译，江苏人民出版社2008年版。
❷ 许章润著：《现代中国的国家理性》，法律出版社2011年版，第123页。
❸ 翟中东著：《国际视域下的重新犯罪防治政策》，北京大学出版社2010年版，第418－419页。
❹ 吴宗宪著：《当代西方监狱学》，法律出版社2005年版，第664－666页。

父母技能计划是一项帮助犯罪人发展能够建立良好家庭关系的技能计划。这项计划包括18个课时和2次小组讨论会。这项计划的主要目的，是帮助犯罪人学会如何建立和维持良好的家庭关系，特别是建立和维持与子女的良好关系。这项计划以认知发展模式为基础，努力改善犯罪人的认知条件反射能力，同时，教给他们如何做父母的技能。这项计划所涉及的父母，不仅包括生身父母、也包括单身父亲或母亲、继父母、养父母等。要帮助犯罪人学会在各种类型的家庭中当好父母的技能。[1]

"父母技能计划"的目标是恢复家庭功能，也就是说恢复服刑人员作为家庭成员的角色。只有家庭这个基本的细胞稳定，社会才能最终和谐。

监狱社会化的基本特征

人的社会化的特征主要表现在：以遗传素质为基础，具有独特的个性，具有普遍的共性，具有能动性，贯穿人生全程。[2] 监狱毕竟不同于人，监狱社会化的特征表现在以下几个方面。

1. 继承性与移植性并存

一方面，监狱的成长不是凭空而来的，它是建立在对传统继承的基础上。比如监狱开放的特质，并不是新创设的。监狱无法从根本上与社会进行割裂，只要监狱的管理者不是长期生存在封闭的环境下，狱外的信息就会不断地传入监狱，狱内的信息也会走出高墙。中华人民共和国成立后，一些成功的监狱社会化手段如"三个延伸""狱地共建""社会帮教""探亲奖励""狱外参观"等都曾经有效地缓解监狱封闭所带来的弊端。直到今天，这些有效的措施仍然以各种更新颖的形式被发扬光大，成为监狱社

---

[1] 吴宗宪著：《当代西方监狱学》，法律出版社2005年版，第665页。
[2] 时蓉华著：《社会心理学》，浙江教育出版社1998年版，第99－105页。

会化不可或缺的内容。另一方面，在中国监狱社会化进程中，也应善于采用"拿来主义"，对国外的经验可进行尝试。如目前我国采用的社区矫正，就起源于英美等国，现已经在中华大地落地生根。这一制度实际上对于缓解监狱困境起到一定的作用，同时也为监狱成为社会组织之一员创造了条件。今后监狱的分类管理、女犯生育权的保障等都可以向其他国家学习。

2. 独特性与普遍性并存

监狱社会化中应保持自己的独特性，这包括两个方面的含义。一是监狱区别于普通社会组织的方面。仅从器物形态上来讲，很少有哪些社会组织是高墙电网岗哨的样态。当然，监狱对服刑人员的惩罚功能也是其他社会组织所难以企及的。这种样态就决定着监狱有自己的独特性，如果监狱失去这种独特性，也就失去了监狱社会化的意义。二是每一个监狱都应保持自己的独特性，这种独特性既包括地区文化特色方面，也包括受监狱长等长官个性影响的方面。千人一面的监狱是不可取的。在美国历史上，曾经有过若干模式并行的时期❶，今日各国之监狱更是千差万别。只有具备独特性才可能与其他交往主体处于平等地位。因而，我国监狱在改革中，必须要找到各自的特色，在独特性中形成成熟的自我。监狱的普遍性，是指监狱需要借鉴社会公共组织的管理模式，寻找与开放社会中社会公共组织之间的差别，并尽量缩小之。比如对科层制体系弊端的反思、对服务职能发挥不足的反思等，都可以帮助监狱树立起社会公共组织形象。也就是说，监狱在社会化过程中，不能过分强调监狱的独特性而拒绝作为社会公共组织的普遍性要求。

3. 被动性与能动性并存

与人的社会化一样，监狱社会化也受两种力量支配。一种力量是被动的力量，即社会结构对监狱的支配地位。有什么样的社会结构，就会有什么样的监狱社会化形态。在极端强调国家和政府权威的社会结构下，监狱当然会更加强调纯粹意义上的国家机器属性；在国家与社会二元平衡的社会结构下，监狱就必须重视其社会职能。这种被动性，常常表现为"外力

---

❶ 美国曾经的三种典型监狱管理模式包括：控制模式、责任模式和共识模式。可参见宋立军主编：《新编监狱工作实务教程》，对外经济贸易大学出版社 2012 年版，第 45－54 页。

促动"。每一轰动性监狱事件受到社会公众质疑，都可能会促使监狱发生不同程度的变革。当人们不断质疑监狱是否有打骂折磨服刑人员致死现象出现时，则"证据意识"（全面监控）就成为监狱警察的共识；当人们质疑减刑假释等执法行为"暗箱操作"时，监狱就开始了全面的"狱务公开"；当人们发现监狱靠服刑人员招揽生意出现乱象时，监狱就有了全额财政保障下的职能纯化改革。这些现象，使我们看到现实社会中，很多改革都源于"倒逼"的力量。在互联网时代，这种外部的压力常常能转化为动力❶，从而形成一股自下而上的力量，促使上层进行变革性设计。监狱也是一个能动性的主体。这种能动性取决于监狱管理者与被管理者的能动性。监狱里的人，既会对社会结构（包括监狱的制度）适应，也会创造性地突破制度的限制。比如，上海监狱曾经试行的周末监禁。❷ 又如，在可能面临公众质疑的情况下，河南周口监狱仍然组织服刑人员外出参观。❸此外，诸如服刑人员狱内结婚、狱内超市的建立、出监教育、视频会见、心理咨询等创举都是监狱发挥能动性的表现。监狱的能动性取决于人的能动性，只要人的能动性没有枯竭，监狱的能动性就会不断涌现。这种能动性是对所有顽固的条条框框的挑战，是监狱能够不断适应这个日新月异的社会的动力所在。

监狱社会化的网络

在社会化的进程中，监狱与各交往主体编织出一张巨大的网。编织社会网络是一项非常复杂的工程，在这里阐述监狱与主要交往主体之间的关系问题。

监狱与其他国家机关

监狱是社会公共组织，但是同时也是政府机关的一部分。在我国，监

---

❶ 黄丹丽、高维新：《网络舆论监督倒逼机制探析》，载《四川行政学院学报》2013 年第 4 期。

❷ 季方：《行刑社会化新尝试 探访沪上"周末监禁"第一人》，载《解放日报》2004 年 5 月 17 日。

❸ 《周口监狱组织犯人外出参观》，载《京华时报》2009 年 7 月 27 日 A19 版。

狱管理隶属于司法部（秦城监狱除外，它隶属于公安部）。从严格意义上讲，司法部并不是司法机关，称为"司法行政部"显然更为妥帖些。监狱与司法部其他职能部门之间会发生某种联系，比如监狱与司法局、律师之间就需要发生联系，如江苏省为了解决"三难"问题监狱与律师达成合作。❶

立法机关的工作对监狱的影响较大，比如《中华人民共和国监狱法》的出台，使监狱工作有法可依，但是监狱法滞后所带来的问题制约着监狱的良性发展；又如《刑法修正案（八）》将有期徒刑的最长刑期延长至二十五年，以及减刑以后实际执行的刑期规定："人民法院依照本法第五十条第二款规定限制减刑的死刑缓期执行的犯罪分子，缓期执行期满后依法减为无期徒刑的，不能少于二十五年，缓期执行期满后依法减为二十五年有期徒刑的，不能少于 20 年。"这些对监狱管理造成了一定的影响。这其中一个最为现实的问题就是，如此长久的监禁生活如何度过，因为"关押期限之久足以磨灭一个人继续生存的欲望和勇气"❷。如此，监狱就要改变过去的做法，要想办法创造条件使服刑人员不至于丧失回归自由社会的能力。当然，立法机关也应在其他立法中考虑到解决监狱困境问题，如在修改《中华人民共和国政府采购法》时，应将监狱企业纳入政府采购范围内。总之，立法机关在立法时，不能忽略监狱这个特殊的领域。同时，监狱也需要不断与立法机关沟通，提出立法建议。

监狱与司法机关（法院和检察院）的关系更为紧密。从法院的角度看，监狱接收的服刑人员都是法院审判终结的人，服刑人员的减刑、假释或加刑也都需要法院判决或裁定。检察机关监督监狱的行刑，对监狱警察的职务行为进行检察监督，保障服刑人员的合法权益。显然，法院的判决公正与否将影响监狱管理和教育。让我们看看轰动一时的张辉、张高平冤案中检察官张飚的讲述：

---

❶　《周连勇、马源律师参加监狱管理"三难"问题专项调研》，载江苏博事达律师事务所网站，http：//www.boomstarlaw.com/shownews.asp？id＝937。

❷　江传理：《死刑限制减刑的必要性与路径选择》，载《消费导刊》2014 年 6 月刊。

在张飚看来，张高平实在是一个"桀骜不驯"的罪犯。

2005年5月从浙江监狱调派来的服刑人员张高平用近乎偏执的方式维护着自己的清白，言行举止透露着不服管的姿态，令狱警颇为苦恼。

张高平在石河子监狱的编号是5317，可他从未报过。不仅如此，而且凡是涉及改造服刑人员的日常事项，如报告词、思想汇报、唱歌等，他全不理会。按规定，服刑期间表现良好可减刑，他也毫不动心。

"我是被冤枉的，不是罪犯为啥要减刑？"张高平反问道，"囚服我不得不穿，服刑人员必须参加劳动改造，我也出工，但我是为了锻炼身体，打发时间，而不是改造！"

狱警告诉他："罪犯必须服从改造，我们是在执行高院下达的终审判决。"

张高平却执拗地拿着一沓沓申诉状给狱警讲道理："赵作海、佘祥林都是高院下达的终审判决，但事实证明是错判，他们并没有犯罪，和他们一样，我也是被冤枉的！"在监狱，他研究各类冤假错案，写的申诉材料能装一麻袋。❶

可见，这一案例中法院在审理过程中没有坚持"疑罪从无"的原则，结果使监狱管理处于极为被动状态。好在有驻监检察官认真负责，才使冤案最终得以昭雪。

其他政府机关，如公安、民政、教育、卫计、人事与社会保障等机关职能中均有与监狱相关业务，监狱处理好与这些机关之间的关系显然同样重要。

监狱与社区

在一次监狱长的讲座中，某监狱长提出"监狱融入社区"的观点。实

---

❶ 王雪迎：《检察官讲述"张高平案"翻案过程》，载《中国青年报》2013年4月3日第7版。

际上，融入社区就是指监狱融入地方文化，使监狱文化成为地方文化的一部分。在美国，监狱长的职责之一就是处理好与社区的关系：

平日里，监狱长在到达机构之前，都要检视一下当地的报纸、电视和广播，以便准备与职员探讨任何可能对机构有影响的重大事件。此类事件包括：立法对监狱职员或者受刑人的影响，当地政客的关于机构的负面言论，或者另一监狱发生的可能影响当地监狱运作的事件等。

……

及时毕会，也保证了监狱长检查来信的时间，确定是否需要准备回信，并预计回信的确切日期。准备回信的监狱职员必须能意识到一些特定个人来信的重要性，这些特定来信者多为机构首脑、重要议员、法官、地方官员，或者媒体代表。雷厉风行的监狱长，始终与这些人维持私人的、持续的对话，以便让这些人关注监狱机构发展的必要性。这也表明了对他们的尊重，并向他们展示监狱领导人的专业性和责任担当。

……

每天这段时间（14：00—16：00）里，监狱长还可能迎接旅游团进入或离开机构。这些会面为监狱长提供一个私人展示的机会，他/她可以亲自以最好的状态洞察设施运作情况和机构现状。这些旅游团通常由大学生、媒体工作者或当地居民组成。

……

在回家的路上，监狱长还要停下来做做健身锻炼。如果一个人能积极地锻炼一段时间，那么就可以减轻工作压力。一旦到了家，监狱或看守所的管理者就要尽量忘记白天的事，并专注于其所爱之人。一个人不应该总是全神贯注地投入工作。只要有可能，监狱长就应参与社区活动，参加到诸如青年团体、教会组织或民间组织等。这将有助

于管理者保持积极的姿态，为工作单位以外的社区做出贡献。❶

从上面的描述中，我们发现我国监狱与社区的关系虽然也有沟通，但仍不够紧密。因而，监狱长以及其他监狱警察都应主动参与当地社区活动，不能仅仅以监狱职员的名义，还要以普通社区成员的名义。

对于学校、新闻媒体、工青妇等群团组织、志愿者组织和其他一切可能影响监狱的主体，监狱都应与其保持良好关系。例如，监狱在为服刑人员提供职业培训时，可以引入社会教育力量，这些社会力量可以是有关的企业、高等职业学校或者社会培训机构。当然，监狱也要善于将自己拥有的资源与外界社会共享。这里实际上有一个互利的考量。当其他主体能在监狱中或在为监狱服务中获利时，监狱与这些主体的关系就更紧密。

监狱社会化的条件

政治文化

"政治文化是一个民族在特定时期流行的一套政治态度、信仰和感情。这个政治文化是由本民族的历史和现在社会、经济、政治活动进程所形成。人们在过去的经历中形成的态度类型对未来的政治行为有着重要的强制作用。"❷

可以说，政治文化对一个国家的发展有着相当重要的影响。1949 年中华人民共和国成立后，我国的政治文化经历了不平凡的变迁，其中最为明显的是改革开放。改革开放使我国从阶级斗争扩大化中走出来，走向民主法治的道路。在阶级斗争扩大化的年代，监狱被视为无产阶级的刀把子、

---

❶ ［美］詹姆斯·A. 梅科：《监狱长的一日生活》，宋立军译，载《江苏警视》2014 年第 5 期。

❷ ［美］加布里埃尔·A. 阿尔蒙德、小 G. 宾厄姆·鲍威尔著：《比较政治学——体系、过程和政策》，曹沛霖、郑世平、公婷、陈峰译，上海译文出版社 1987 年版，第 29 页。

枪杆子，而服刑人员是专政的对象，是人民的敌人。❶ 通过严祖佑❷、王学泰❸等人的回忆我们可以看到，在"一个不允许人存在、只允许神和鬼存在的时代下"❹，服刑人员没有任何个人尊严。这些反人性的经历，就是当时政治文化的缩影。

政治文化中哪些因素为监狱社会化提供了条件呢？首先是民主。民主讲求少数服从多数，这就使君主专制、个人独裁（或个人崇拜）失去了存在的土壤。反专制或独裁的倡导者和行动者，不再成为人民公敌，相反却成为社会的主流。人们也意识到犯罪入狱者依然是公民，他们享有一切未被剥夺的权利，监狱充分保障这些权利。其次是法治。法治不是一人之治，是普遍守法之治。包括国家机关或者各级领导在内的所有人，都必须依法办事。依法办事中一个重要的环节就是监督环节。依法治监的监督也相当重要。此外，人权理念也是法治的必然产物。"国家尊重和保障人权"入宪，明确人权的崇高地位。全社会形成"限制公权、保障私权"的政治规则。再次是自由。这是民主与法治的必然归宿。按照马克思的观点，人需要得到自由全面发展，而不是被异化。❺ 这种与异化相对立的自由，应该成为监狱管理者努力创造的氛围。换言之，这种自由其实就是人本主义，一切从人本身出发，将人作为目的而非手段。基于这种自由的观念，立法和刑事政策不再单纯考虑社会安全，而是要尽量满足社会的需要和人的全面发展。近年来，"宽严相济"刑事政策的具体化❻趋势越来越明显，如监狱采取的许多人性化管理探索。最后是开放。政治文化的开放品质，一方面表现为整个国家不墨守成规，始终保持创新的激情；另一方面，这种开放的品质也为国家与社会之间保持某种平衡创造条件，保障了民间社

---

❶ 张晶：《从政治哲学到矫正哲学——改革开放 30 年来监狱学研究回望》，载《中国司法》2008 年第 6 期。

❷ 严祖佑著：《人曲》，东方出版社中心 2012 年版。

❸ 王学泰著：《监狱琐记》，生活·读书·新知三联书店 2013 年版。

❹ 王晓渔：《对于当前所做之事的责任》，载《南方周末》2013 年 2 月 3 日。

❺ 王金福：《对马克思关于实现人的自由全面发展理论的再思考》，载《南京政治学院学报》2010 年第 5 期。

❻ 聂慧苹：《刑事政策的刑法转化与限制——以我国刑事政策研究现状为视角》，载《中国刑事法杂志》2014 年第 4 期。

会组织的良性发展。显然，开放也为监狱社会化提供了宽容而广阔的空间。

社会主义市场经济

由单一公有制经济向社会主义市场经济转变，为中国摆脱体制性束缚带来了前所未有的活力。从市场经济角度来看，中国也同样经历了从单一市场经济向多元市场经济转化的过程。[1] 经济从一元到多元，为监狱社会化提供了许多启示。

第一，关于监狱行刑成本和行刑效益的思考。经济分析法学学者认为，最理性的选择是以最小可能的成本达到预期目标。[2] 在市场经济思维下，监狱的行刑也需要考虑成本与效益的问题。[3] 一方面，要考虑"转向处遇"策略。这一策略分为"前门策略"和"后门策略"。前者希望大量适用缓刑措施，后者希望提高减刑、假释比例，以缓解监狱压力。[4] 本书第五章中提到监狱要参与到刑事一体化中去，实际上就是要在"前门"拦住一些不必要监禁的人，让他们接受社区矫正，以节约行刑资源。另一方面，引入社会力量参与到监狱管理教育中，在一定程度上降低行刑成本。此外，将监狱生产纳入政府采购范畴，使监狱企业不再参与市场经济行为。

第二，国家财政的支持。前面讲到市场经济观念对监狱的影响，但是监狱却不能完全适用于市场经济的逻辑，因为监狱作为社会公共组织，其主要工作目标是为社会服务，而不是创造财富或者节省经费。因而，国家必须在财政上给予充分保障。近些年来的监狱体制改革正是出于这方面的

---

[1] 参见〔英〕罗纳德·哈里·科斯、王宁著：《变革中国——市场经济的中国之路》，徐尧、李哲民译，中信出版社 2013 年版，第六章。

[2] 参见谷春德主编：《西方法律思想史》，中国人民大学出版社 2004 年版，第 523 页。

[3] 安徽省蚌埠监狱课题组：《监狱行刑的成本与效益》，载《犯罪与改造研究》2007 年第 11 期；安徽省九成监狱管理分局课题组：《对监狱行刑成本和行刑效益的分析及思考》，载《犯罪与改造研究》2009 年第 3 期；王文伟、梁素富：《论监狱行刑成本》，载《中国监狱学刊》2006 年第 6 期；成中法、蔡小莉：《降低行刑成本 2000 名老病残犯将假释》，载《成都商报》2008 年 12 月 5 日第 5 版；陈卫军：《论行刑成本控制》，武汉大学硕士学位论文，2003 年。

[4] 参见杨士隆、林健阳主编：《犯罪矫治：问题与对策》，五南图书出版公司 1997 年版，第 19 – 22 页。

考量。只有以国家的财力解决"皇粮""囚粮"● 问题，才能使监狱集中精力做好服刑人员的教育转化工作。"2011 年全国监狱系统财政拨款总额比改革前的 2002 年增长 240% 左右，财政拨款占监狱经费支出比重达到87.9%，改变了长期以来主要依靠监狱生产收入提供监狱经费的局面"。❷当然，国家的财政支出能力，取决于国民经济发展的形势，也即社会主义市场经济能否健康地运作。

第三，民间资本的介入。社会主义市场经济的最终目标是民富国强，大量民间资本的积累是市场经济的必然结果。如何引入民间资本参与监狱工作，是目前需要论证的课题。一篇 2013 年的报道称："10 年前，美国只有 5 家私营监狱，关押着 2000 名犯人，而现在 100 多所私营监狱遍布全美，关押囚犯 13 万人，未来 10 年这一数字预计将达到 36 万。"❸ 在日本，可容纳 1000 名服刑人员的山口县美祢监狱日常运营引入民间资本。2007 年4 月开始，该监狱除手铐、武器的管理以及犯人逮捕、刑罚由官方执行外，监狱的警备、犯人的关押、饮食、职业训练和教育、医疗的运营均委托给了民间企业。这种方式给当地提供了就业岗位，并促进了当地经济发展。❹有学者认为，这种做法实际上是将矫正服刑人员的功能"由公共部门向私人部门的转移"，并成为我国"监狱体制改革的可能方向：民事化和非军事化"，并有利于服刑人员回归自由社会。❺ 尽管我们在私营监狱及民间资本运用上尚未进入论证阶段，然而民间资本进入监狱却是大势所趋。

第四，社会保障体系的完善。社会主义市场经济激发了人们的创造力，但同时也导致了极其严重的贫富分化等社会性问题。根据国家统计局公布的数据，我国居民收入的基尼系数 2003 年为 0.479，2008 年达到最高

---

❶ 所谓"皇粮"，是指用于监狱管理者的经费；所谓"囚粮"，是指用于服刑人员身上的费用。曾经有报道指出，由于国家财政不到位，四川省监狱无钱建围墙。参见《中国式监狱的艰难转型》，载《桂林晚报》2009 年 10 月 29 日第 19 版。

❷《国务院关于监狱法实施和监狱工作情况的报告》，载《全国人民代表大会常务委员会公报》2012 年第 3 期。

❸ 高珮君：《美国：私人也能办监狱》，载《青年参考》2013 年 8 月 21 日第 21 版。

❹ 蒋丰：《看日本积极推进"民间主动融资"》，载日本新华侨报网，http：//www.jnocnews.jp/news.show.aspx？id=72506ml。该文得到包括中国新闻网在内的国内多家网站的转载。

❺ 王廷惠著：《美国监狱私有化研究——私人部门参与提供公共服务分析》，中山大学出版社 2011 年版，第 1 - 4 页，第 170 - 179 页。

点 0.491，2009 年 0.490，2010 年 0.481，2011 年 0.477，2012 年 0.474，2013 年 0.473，2014 年 0.469。而在 20 世纪 80 年代初，全国收入差距的基尼系数是 0.3 左右。这说明我国贫富分化仍然很严重。对弱势群体进行制度性补偿就显得非常必要。在罗尔斯看来，这就是"合乎最少受惠者最大利益"的差别原则。❶ 而这其中，各种社会保障制度将成为包括贫困人口在内的弱势群体生存的基本保障。这是我国市场经济条件下实现缩小贫富分化的一个平衡器。从这个意义上讲，包括教育、医疗、住房、养老等方面的社会保障体系的完善，对监狱社会化的顺利进行将有着重大影响。

社会心态

社会心态也是监狱社会化的条件之一。南京大学周晓虹教授认为，改革开放 30 多年来，我国的社会心态发生了新的变化，主要表现在四个方面：一是社会心态变得更加理智和成熟，社会心理承受力得到进一步提高；二是社会心态变得更加开放和多元，接受多元文化的能力不断提高；三是社会心态变得更加主动和积极，越来越能够融入世界主流国家行列，民族自信增强；四是精神生活的全球化特征日益明显，"如风险意识、环保意识、诚信意识、平等意识、公共服务意识及对其他文化的宽容意识逐渐养成"。❷ 特别是国人的包容心与同情心日增，在面对弱势群体的犯罪时，不再一味地指责和抱怨，而是更善于从社会层面进行反思。2009 年 11 月，河南省辉县邓城村农民郎计红，为了给患尿毒症的妻子看病，铤而走险抢钱筹集治疗费，犯抢夺罪，最终他被判处有期徒刑三年，缓刑五年，并处罚金 2000 元。❸ 此案引起人们的反思。如果郎计红不是穷困潦倒到连妻子的病也治不起的地步，如果社会能及时对他们进行救助，他基本上就不会走上犯罪的道路。这就提醒社会公众不必一味地怨恨犯罪和歧视犯罪

---

❶ ［美］约翰·罗尔斯著：《正义论》，何怀宏、何包钢、廖申白译，中国社会科学出版社 1988 年版，第 76－84 页。

❷ 周晓虹：《中国人社会心态 60 年变迁及发展趋势》，载《河北学刊》2009 年第 5 期。

❸ 马国福、郭彩霞、周恺等：《弱势群体犯罪的法律思考》，载《河南法制报》2010 年 8 月 12 日第 13 版。

人，而是要从健全社会保障制度入手。监狱社会化正需要这种开放而宽容的社会心态。

科学技术水平

近代的科学技术对中国来说是舶来品。它改变了一以贯之的中华文化，中国从此渐渐与世界接轨。如今，科学技术对于中国来说已经完全融入国计民生之中，监狱也绝不例外。从严格意义上讲，从清末监狱改良开始，诸如沈家本等人就看到改良监狱"需要从物质、技术、知识、制度等项上落实"❶。此后，中国监狱的发展始终与科学技术的运用相伴而行。我们可以从前面几章中看到科学技术在当今中国监狱中的应用是何等的广泛。

就监狱社会化而言，科学技术这一条件也相当重要。第一，有关监狱自身安全高效运作的信息技术应用。这一方面，在本书第四章"监狱信息化建设"中已经有详细的介绍。第二，有关监狱与社会连接互动的互联网技术应用。互联网作为一种载体，有社会观察的功能，它主要发挥四个方面的作用："作为社会问题的侦探，发现社会中存在哪些问题，哪些问题在扩展；作为社会的检察官，检查这个社会中各种权力的使用是否得当，看看人们需要的服务是否得到落实，出现了哪些问题，尽量使这些问题公开化，变得可以纠正，并且向应该负责的人和机构施加压力，使他们纠正错误；作为一个论坛，在这个论坛中利益能够得到一种均衡，观点能够得以一定的碰撞，并最终产生统一的意见，推进社会的团结整合过程；作为一个发动机，通过引导社会舆论调动人们为社会做工作的积极性，因为谁都不愿意受到媒体的抨击。"❷

作为社会观察者的互联网克服了空间的障碍，使监狱能够与社会发生

❶ 郭明著：《中国监狱学史纲：清末以来的中国监狱学术述论》，中国方正出版社 2005 年版，第 80 页。

❷ 季正矩、彭萍萍、王瑾主编：《当代世界与社会主义前沿学术对话》，重庆出版社 2005 年版，第 255 页。

比以往任何时候都密切的联系。互联网打破了传统的权威❶，使监狱不得不放下身段，来回应各方的关切。这种回应由简单表面转向复杂深入。作为传统的国家机器的特点在弱化，社会公共组织的特征更加明显。相应地，监狱与社会公众的距离越来越近。如今的"互联网＋"时代，为监狱社会化提供了更加开放广阔的空间。在开放、融合与协作互联世界里，监狱必须与一切社会交往主体有良好的互动。

第三，改变监狱形态的科学技术应用。我们可以预见到，将来中国的监狱不会是单一的高墙电网加探头的形态。诸如半开放监狱、开放监狱、家庭监狱、周末监禁等新型监狱形态必将逐步发展起来。将这些设想变为现实的条件之一就是依赖高科技手段。

监狱组织的自身建设

既然我们在本研究中将监狱主要定位为社会公共组织，那么监狱就应该从这个角色入手加强自身的建设。

第一，明确监狱组织职能目标。监狱要根据社会宏观环境和微观环境完善明确的职能目标。前面讲到监狱主要应承担社会职能，但是社会职能该如何具体化呢？在具体的职能中，哪些需要扩大，哪些需要缩小？监狱应据此合理配置权力，调整与外界社会关系。

第二，监狱组织结构的优化。"所谓组织结构，是指社会组织中建立起来的各种部门机构之间，以及以部门机构为依托的组织成员之间的权利和责任关系的结合方式，是表现组织各部分排列顺序、空间位置、聚集状态、联系方式以及各要素之间相互关系的一种模式，是执行管理和经营任务的体制。"❷ 监狱的组织结构借用了部队的建制结构。因而，这种组织结构又被称为"军事化管理"结构。这种组织结构的好处是，条线清楚、政令统一，行动迅速，权责分明。但是，在当今的社会环境下，监狱这种组织结构却出现了诸多的不适应。例如，作为组织成员的监狱警察，更愿意

❶ 师曾志、金锦萍编著：《新媒介赋权：国家与社会的协同演进》，社会科学文献出版社2013年版，第43页。

❷ 李传军编著：《公共组织学》，中国人民大学出版社2015年版，第55页。

将自己想象成职业人，而非长期处于绝对服从的地位。又如，最基层部门（监区）的主观能动性无法有效发挥，因为他们被告知要无条件执行上级的规定，面对复杂多变的情况无法随机应变。一位监狱警察在接受我的访谈时说：

> 最近 X 局长提出，省局是决策主体、监狱是责任主体、监区是执行主体。这个观点是错误的。监狱工作随时选择决策，不是简单执行制度，否则就会僵化。例如，对高危监区怎么管理？是不是上边没有决策，下边就无法执行？这种思路会产生无创造力的民警，怎能改造同样无创造力的犯人？现在这种管理模式，是不需要思想。

这与其说是领导思维的偏差，不如说是目前监狱组织结构的弊端。受到这种组织结构的限制，监狱警察无法发挥主观能动性。

第三，监狱组织的人本主义。有研究认为："一方面，对工人行为和非正式组织的科学研究得出这样的结论：一种更加开放和更具参与性的管理方式不仅会提高工人的满意度，同时也能提高他们的生产能力。人本主义满足了效率的需求。另一方面，通过对组织的变革的考察，很多人发现，让组织中的低层工作者（甚至包括组织的顾客）参与管理，将推动组织的重建和复兴。这样，人本主义满足了变革的需求。此外还存在第三种观点（它主要是一种社会性注释），这一观点认为人本主义的方法对于组织化的社会中的个人本身就是一种优先，仅仅从道德和伦理的角度考虑，个人在日益组织化的时代维持自己的自由和责任感，这一点本身就应该受到鼓励。于是，人本主义又满足了人性的需求。这几种观点中的任何一种都应该引起我们的注意。"❶

显然，监狱同样也应坚持人本主义。对于监狱来说，开放、参与同样是重要的。对基层的监狱警察开放，让他们参与；对服刑人员开放，让他

❶ ［美］罗伯特·B. 登哈特著：《公共组织理论》（第5版），扶松茂、丁力译，中国人民大学出版社2011年版，第75页。

们参与；对社会公众开放，让他们参与。同时，监狱也要尊重并鼓励监狱警察、服刑人员为了自己的自由和权利提出合理诉求，并尽最大努力满足之。

第四，明确监狱组织的社会责任边界。监狱不应是全能的。目前监狱面临的苦恼似乎是，社会要求监狱无所不能，除了保障安全外，还应该处理好一切有关服刑人员的事宜，诸如为服刑人员提供的义务教育、医疗、职业培训、生活后勤等。实际上，监狱只需做自己分内的事，前述的事项可以委托教育部门、医疗部门、职业培训部门、后勤集团来负责。

总之，监狱组织自身的建设是监狱社会化的基础保障，可以进行更加深入的研究。

第七章 双向开放理念

引 言

俞可平曾经说过:"作为成功的经验,'中国模式'具有以下这些特征:在全球化时代,国内的改革与对外部世界的开放,是一枚硬币的两面。没有对外开放,就不可能有真正的国内改革;而彻底的国内改革,必然要求全面的对外开放。对于发展中国家来说,不仅需要跨国公司和外国的雄厚资本和先进科技,更需要它们先进的管理制度和思想观念。国内政治经济的改革,在很大程度上说,就是向发达国家学习先进观念、科技、文化和制度。对外开放既是一个资金和技术的引入过程,更是一个学习先进观念和制度的过程。"❶ 显然,改革与开放是互为条件的。因而,若想推进监狱改革,就必须重视监狱开放。这一章将对我国监狱开放的历史做简单的梳理,特别是看到我国监狱开放尚处于浅层次的单向开放阶段,若想解决本书第五章提到的诸多困境,需要培育双向开放的理念。

监狱的开放姿态

封闭,本是人们对监狱的基本印象。随着改革开放这个大潮的到来,监狱的开放也不再是禁区。1979 年,"开放"第一次正式出现在"全国劳

---

❶ 季正矩、彭萍萍、王瑾主编:《当代世界与社会主义前沿学术对话》,重庆出版社 2005 年版,第 404 页。

改机关对外开放工作座谈会"的情况通报上。❶ 1987 年 3 月召开的全国政法工作座谈会提出的改革和加强劳改工作的一项新措施，那就是"三个延伸"。"三个延伸"包括：改造工作要向前、向外、向后延伸。"向前延伸，要求公安、检察、法院等司法机关在预审、起诉、审判过程中要对犯人进行认罪服法教育，在将罪犯交付执行时，应认真负责地向劳改单位介绍案情并提交罪犯的有关材料，为劳改单位改造教育罪犯奠定良好的基础。""向外延伸，指劳动改造工作应当由封闭走向开放，以监所内的教育改造为主，监所内外齐抓共管，动员各方面的社会力量参与对罪犯的教育改造。""向后延伸，指犯人刑满释放后，要做好对他们的安置就业和接茬帮教工作，以巩固劳动改造成果，预防和减少犯罪。""'三个延伸'的实质就是把劳动改造工作纳入社会治安综合治理的系统工程，动员政法各机关乃至全社会的力量，共同做好对罪犯的教育改造工作。"❷ 也有学者认为，"三个延伸"中的"向外延伸是核心部分，监狱运用社会力量来帮助教育改造罪犯主要是指这一部分"。❸此时，我们已经朦胧地感觉到监狱正准备走向开放。

监狱真正将开放作为一种举措始于"监狱工作社会化"。2003 年 12 月《司法部关于进一步推进监狱工作法制化、科学化、社会化建设的意见》（司发〔2003〕21 号）明确了推进监狱工作社会化建设的主要任务与措施。各监狱根据这一文件精神，大力开展相关工作。各地监狱的表述及做法各不相同，但是大多数表述为"引入社会力量""借助社会力量""联手社会力量""整合社会力量"等。

在一篇报道中，江苏省宜兴监狱对监狱工作社会化的具体做法作如下表述：

今年（2013 年）以来，宜兴监狱加大与地方政府部门、院校和相

---

❶ 于爱荣：《三十年监狱制度建构的历史语境与策略选择》，载《犯罪与改造研究》2008 年第 8 期。

❷ 中国劳改学会编：《中国劳改学大辞典》，社会科学文献出版社 1993 年版，第 15 页，"三个延伸"辞条。

❸ 王雪峰：《中国教育改造工作的四个重要理念》，载《中国司法》2012 年第 12 期。

关机构的合作力度，创新思路、拓展载体，形成监狱与社会一体化的教育模式。

引进教育资源，培养服刑人员学习意识。……

引进文化资源，提升服刑人员道德修养。……

引进技术资源，提高服刑人员就业技能。……❶

在这里突出了监狱与外界社会如何合作这一点，合作的目的是提高对服刑人员教育转化的水平。有的监狱把这种合作延伸到服刑人员子女的身上。❷ 还有一种观点认为，监狱工作社会化，就是整合教育改造资源。❸ 将其归纳为一点，就是监狱积极主动地利用狱外资源，为管理和矫正服刑人员服务。也有学者将监狱工作社会化的实践意义概括为："可以有效降低监狱的负效应，消减监狱化所带来的弊端"；"有利于罪犯刑满释放之后尽快适应社会"；"使罪犯感知社会的变化，保持和社会的同步"；"有利于提高监狱的行刑效果，减少重新犯罪率"；"有利于提高罪犯改造的积极性，维护监狱秩序"；"促进社会和监狱的互动，避免社会对监狱的'妖魔

---

❶ 《宜兴监狱积极引入社会力量深化服刑人员教育工作》，载 http：//www. jsjy. gov. cn/www/jsjy/2013613/n687384073. html。

❷ 陕西省延安监狱侧重于与社会力量联手，在帮助解决服刑人员生计问题上做文章。2011年该监狱用警示教育社会帮教基金成立"困难服刑人员爱心帮扶基金"，为服刑人员子女上大学及困难家庭提供爱心帮助，给予一定的物质和经济上的帮助。监狱积极联系延安市妇联、团市委等单位并与他们建立长期合作关系，定期开展帮教活动。与陕西省回归研究会儿童村联系，为30名失去生活依靠的服刑人员子女争取到21000元分散助养金，及时送到他们手中。延安市妇联在延安监狱专门开展了"服刑人员未成年子女关爱行动"，对安塞籍服刑人员和延安籍特困服刑人员的40名未成年子女进行了帮扶资助，解决了他们的生活困难、入学困难，防止这些未成年人流浪、失学，误入歧途。动员市女企业家协会会员与36名困难服刑人员的40名子女结成帮扶对子，发放"一对一"或"一对多"爱心卡，进行长期帮扶，取得了良好社会效应。参见：《省延安监狱联手社会力量共同做好困难服刑人员帮教工作》，载 http：//www. fzsx. gov. cn/index. php？m = content&c = index&a = show&catid = 27&id = 8488。

❸ 广西壮族自治区钟山监狱致力于整合五大教育改造资源建立了三大帮教渠道。五大资源是指钟山监狱整合了狱内狱外两种文化教育资源、狱内外协作互动的法律服务资源、有利于罪犯改造的思想教育资源和职业技能培训资源、有利于罪犯改造稳定的社会求助资源及有利于罪犯回归的社会安置资源共五种教育改造资源。三大渠道包括以人为本，联通互动的亲情帮教渠道、多方参与的社会力量入狱帮扶渠道及关口前移有利于恢复性行刑的社会关系修复渠道。参见：《钟山监狱整合社会力量建立三大帮教渠道》，载 http：//www. legaldaily. com. cn/bm/content/2012 - 07/26/content_ 3729695. htm？node = 20738。

化'"；"有利于降低行刑成本，改善监狱拥挤现象"。❶

总的看来，监狱工作社会化是监狱表达"打破封闭、开放自我"姿态的特定性概念。在这一概念体系下，实际上表明了监狱已经认识到自我能力的局限性，同时也有意识地有选择地吸纳外界社会中的开放理念和经验。

而后来提出"狱务公开"，或许可以称作监狱开放的"升级版"。狱务公开的概念引申自"公开""政务公开"和"信息公开"。公开，这个热门词汇，越来越成为中国社会特别是官方的主流话语。这是对中国传统的"民可使由之，不可使知之"的愚民政策的颠覆。

公开是有一定时代背景的。有人对"公开"的历史进程进行梳理之后发现：

中共十三大报告中确定了政务公开原则，十三大政治报告提出："重大情况让人民知道，重大问题让人民讨论。"1996年十四届中央纪检委的一次会议中特别提出"政务公开"，这是该词汇首次出现在中央文件的表述当中。中共十五大报告中强调基层的政务公开和财务公开，首先强调的是乡镇政务公开。2000年中办和国办联合下发了全国行政机关全面推行政务公开的通知。中共十六大报告继续在基层管理和民主制度内容中提到了公开，提出"认真推行政务公开"，同时把"透明"作为政府行政管理体系的一个政务原则写进了报告。中共十七大报告涉及政务公开的内容进一步上升到权利的范围，知情权、参与权和表达权、监督权，特别强调"让权力在阳光下运行"。中共十八大报告提到"公开"的字数是最多的，既提"政务公开"也提"信息公开"，两个词首次同时出现在党代会报告中。

以"公开"作为关键词检索，在我国现行法律法规体系当中，搜索出92部行政法规、996部国务院部门规章、2373部地方性法规以及2342部地方政府规章，这些法律法规将"公开"作为一种原则或规定了一种清楚的公开制度。以"政务公开"作为关键词检索，找到5部

❶ 王平、汪勇：《监狱工作社会化的作用与中国实践》，载《西南科技大学学报》（哲学社会科学版）2008年第6期。该文作者将社区矫正的措施也视为监狱工作社会化的重要组成部分。

国务院部门规章，81 部地方性法规，95 部地方政府规章。以"政府信息公开"作为关键词检索，得到 1 部行政法规，即《政府信息公开条例》，10 部国务院部门规章、17 部地方性法规，88 部地方政府规章。❶

与此相适应，监狱也提出"要使办事过程由暗到明，以制约权力的滥用；要使罪犯及亲属相信监狱的公正执法；要让社会更多地了解高墙内的世界，消除不必要的误解；要提高罪犯的改造积极性，争取更好的改造效果。所有这一切，都要求监狱必须打破刑罚执行过程中的自我封闭状况，以公开促公正，让高墙更加透明。"❷

全国监狱系统不断通过各种形式宣传狱务公开的措施和成果。例如，江苏省监狱管理局在其门户网上发布了《江苏省监狱管理局 2014 年度政府信息公开工作"报告单"》（索引号：014000108/2014 - 09594）。"报告单"开头写道："2014 年，省监狱管理局认真贯彻落实国办发〔2014〕12 号文件精神以及省政府关于加强政府信息公开工作的要求，全面贯彻落实《政府信息公开条例》，深入推进政府信息公开工作，工作机制进一步完善，制度建设进一步加强，公开内容和形式进一步深化，凡属于涉及社会关切及需要社会广泛知晓的信息，都坚持依法、全面、准确、及时地做好公开工作。2014 年，主动公开信息 3658 条。其中，在内网公开工作动态类信息 375 条，信息简报 228 条，省局公文 1286 条，督察通报 18 条；在江苏监狱网（互联网）公开工作动态类信息 1699 条，法规文件类信息 36 条，公共服务类信息 16 条。"❸ 这份"报告单"意在向社会各界表明监狱工作一直在"阳光下运作"，监狱能够让社会公众放心。

我们发现，目前监狱正摆出一副开放的姿态——监狱公众开放日、亲情帮教开放日、法律援助、狱内外联欢等。浙江主办的监狱信息网，网页

---

❶　张静：《以信息开放推动一场改革》，载《瞭望东方周刊》2012 年第 49 期。

❷　李豫黔著：《刑罚执行理念与实证：亲历中国监狱改革 30 年》，法律出版社 2012 年版，第 159 页。

❸　参见：http://www.jsjy.gov.cn/www/jsjy/zwgk/20141215/n028899907.html。

的显要位置滚动显示"开放"（见图 7 - 1）。种种迹象表明，我国监狱正呈现出开放的姿态。

这使我想起 20 多年前的情景。1995 年 7 月，我到监狱政治处报到后，发现一个特殊的细节——每天早上，工作人员要把纸篓里的废纸送到垃圾箱旁边烧掉。而我在中队里做内勤时，减刑材料的制作是保密的，即便报到法院也不告诉服刑人员。这一切，只有一个理由，那就是保密。现在监狱召开的"狱情分析会"，当时叫"敌情分析会"。一个"敌"字，有多么深刻的含义啊。敌我矛盾，怎能公开？因而，那时仍然基本上不讲公开。而如今则将狱务公开作为监狱的重要工作，这不能不说是一种巨大的进步。

图 7 - 1　监狱信息网截图

图片来源：http://www.cnprison.cn/bornwcms/Html/prison/

狱务公开三阶段

作为监狱开放"升级版"的狱务公开，大体上可以分为三个阶段。

第一阶段，狱务公开的起步尝试阶段。

这个阶段发生于 20 世纪末至 21 世纪初。1999 年 7 月 8 日，司法部印发了《监狱系统在执行刑罚过程中实行"两公开一监督"的规定（试行）》（司发通〔1999〕072 号），这一规定的目的是"为了保证监狱正确执行刑罚，维护国家法律的严肃性，加强执法监督制约机制"，"两公开、一监督"制度，是指在严格遵守各项法律法规、规章制度的同时，公开执法依据、程序，公开结果；主动接受有关部门及社会各界的广泛监督。

"两公开、一监督"的内容包括：对罪犯实行计分考核、分级处遇的条件、程序和结果；对罪犯予以减刑、假释或加刑的法定条件，提出建议的程序，法院裁定或审判结果；对罪犯实行暂予监外执行、准假探亲的法定条件、审批程序、审批结果以及实际执行情况；对罪犯提出的申诉、控告、检举的处理程序及结果；罪犯伙食费、医疗费、被服费的标准及开支情况；对罪犯实行表扬、物质奖励、记功和警告、记过、禁闭等行政奖惩的法定条件、审批程序和审批结果；监狱法第14条规定的具体内容以及执行结果。

"两公开、一监督"的形式主要有：公告、明示；公布举报电话；设置举报箱；公布领导接待日；进行不记名问卷调查；聘请执法监督员；主动接受人大、政协以及人民检察院的监督，经常征求意见，不断改进工作。

这一阶段之所以被称为狱务公开的起步尝试阶段。主要是因为公开的内容基本上全部是法律法规。这些内容原来就是公开的，只是对于监狱这个特殊的行业来说，外界公众关注度不够。这一阶段的工作重点主要是提醒公众，我国有诸如此类的法律法规存在。另外，在公开的形式上也属于常规形式，基本上没有实质性突破。

第二个阶段，狱务公开内容细化阶段。

2001年8月8日至11日，司法部在武汉召开了全国监狱系统狱务公开工作会议。会议总结交流了两年来全国监狱系统开展狱务公开试点工作的经验，并确定下一步将在全国监狱系统全面推行狱务公开制度。会议提出依据现行法律法规，以服刑人员及其亲属、社会公众关注的执法热点和敏感问题为重点，积极稳妥推行狱务公开，务求实效。时任司法部副部长范方平认为，在全面推行狱务公开中要做到："第一，全面准确地理解狱务公开的内涵，明确狱务公开的定位……第二，统一思想认识，加强领导，确保狱务公开工作的全面顺利实施……第三，全面推行狱务公开工作必须贯彻严格依法办事的原则……第四，加强对全体监狱人民警察的思想教育，做好狱务公开的宣传工作。第五，要注意突出重点……"❶

---

❶ 孟宪军：《全国监狱系统将全面推行狱务公开制度》，载《法制日报》2001年8月14日。

2001 年 10 月 12 日出台了《司法部关于在监狱系统推行狱务公开的实施意见》（司发通〔2001〕105 号）。该文件规定："以现行法律法规为依据，以罪犯及其家属和社会公众关注的执法热点和敏感问题为重点，按照依法公开、归口管理、注重实效、有利于监督、注意保密的原则，向社会公众公开监狱执行刑罚和管理过程中的法律依据、程序、结果和实施监督的方法。"

该实施意见明确了公开的内容包括：监狱的性质、任务和宗旨；罪犯法定的权利和义务；罪犯收监的规定；罪犯考核、分级处遇的条件和程序；罪犯通信、会见的规定；罪犯行政奖励的条件、程序和结果；罪犯行政处罚的条件、程序和结果；罪犯减刑、假释或又犯罪处理的条件、程序和结果；罪犯暂予监外执行的条件和程序；罪犯离监探亲的条件和程序；罪犯申诉、控告、检举的处理；罪犯生活卫生的管理；罪犯的教育改造；监狱人民警察的法定权利、义务和纪律。在实施意见的附件中还详细列举了公开的具体内容。

在狱务公开的形式上，越来越具有可操作性，主要有：借助新闻媒体；运用狱内宣传手段；开展狱务咨询；印发《狱务公开手册》。

这一阶段的狱务公开要求，使各监狱有更大的空间进行实质性操作，特别是重视了通过新闻媒体进行宣传。同时也努力创造条件让外界社会有更多机会参观、了解监狱，从而在一定程度上消除公众对监狱的神秘感和质疑。

第三个阶段，狱务公开常态化阶段。

2015 年 4 月 1 日，司法部出台了《司法部关于进一步深化狱务公开的意见》，明确规定进一步深化狱务公开的目标是：贯彻落实中央关于深化司法体制改革的要求部署，按照公开为常态，不公开为例外原则，增强主动公开、主动接受监督意识，围绕罪犯及其近亲属、社会公众关注度较高的、监狱执法领域的重点和热点问题，进一步深化公开内容，创新公开方式方法，建立完善工作制度，依托现代信息手段确保各项公开措施得到落实，切实推动执法的内容、方式、制度、服务公开，以公开促公正。

进一步深化狱务公开应当遵循：依法公开原则、及时准确原则、强化监督原则。该实施意见还提出进一步创新狱务公开方式方法，使之更加多元化。具体来说：

（1）在继续坚持和完善借助新闻媒体、运用狱内宣传手段、开展狱务咨询、印发《狱务公开手册》等传统公开方式的同时，积极利用现代信息技术创新公开的方式方法，拓宽公开的渠道，使罪犯近亲属和社会公众能够更加方便、快捷地获得公开信息。

（2）对罪犯公开，可以通过狱务公开专栏、监狱报刊、狱内广播、闭路电视、电子显示屏、罪犯教育网等方式，在罪犯学习、生活、劳动区域及时公布狱务公开的相关信息；还可以通过在狱内设置狱务公开信息查询终端，实现罪犯对计分考评、分级处遇、行政奖惩、刑罚变更执行等重要服刑信息的自助查询。

（3）对罪犯近亲属公开，可以通过在会见场所设置电子显示屏、狱务公开信息查询终端，为其提供信息查询服务；也可以通过设立狱务公开服务热线，及时解答罪犯近亲属对监狱执法管理工作提出的疑问；还可以通过运用手机短信、微信等现代信息手段，向罪犯近亲属及时发布罪犯个人服刑改造的相关信息。

（4）对社会公众公开，可以通过门户网站、政务微博、微信公众平台等新兴媒体，增强狱务公开的影响力和舆论引导力；还可以通过召开执法情况通报会等方式，主动向社会人士、执法监督员介绍监狱执法管理及保障罪犯合法权益的情况，听取意见和建议。

实施意见还提出要进一步完善狱务公开工作制度：落实罪犯权利义务告知制度、强化公示制度、健全完善执法监督员制度、建立完善门户网站和执法办案平台工作制度。

第三阶段的狱务公开的主要特征如下。

一是强调公开的常态化。监狱系统向全社会宣示，狱务公开的内容以公开为常态，不公开为例外。不公开的只是那些涉及国家秘密、工作秘密和个人隐私的信息，以及可能妨害正常执法活动或者影响社会稳定的执法信息。

二是对狱务公开的受众进行了分类，分为社会公众、罪犯近亲属及罪犯等。根据不同的受众，公开的内容和形式有所区别。

三是特别强调互联网（门户网站、微信）在狱务公开中的运用。这是一大亮点，也说明监狱机关在顺应社会变迁中变得更加主动。

我们可以看到，狱务公开的三个阶段呈现的是循序渐进的过程。在这个过程中，监狱开放的深度和广度不断得到推进，以至于"开放"日益成为监狱发展的主题之一。

单向开放

从上面的叙述来看，目前监狱的开放程度与20多年前相比有非常大的突破，但是仍处于浅层次的单向开放状态。这种浅层次的单向开放具有如下特点。

第一，在资源利用上，往往以自我为中心。为了监管秩序的稳定，为了能安抚服刑人员，监狱试图把外界资源吸收过来。这样的开放，反映出监狱的急切心态。因为监狱已经看到，如果没有外界资源的支持，诸如本书第五章中所述的"三难"问题就无法得到有效解决。这种开放，多由监狱组织，缺少外界的主动参与。同时，这种单向开放还忽略了监狱自身独特的资源惠及外界的考量。这种浅层次的单向开放，体现了监狱与外界社会地位的不平等，没有在开放中形成互利共赢的机制。当然，单向开放对于监狱来说是必经的阶段。这就像我国经济领域的开放最初只能从招商引资开始，到今天更注重走出国门。

第二，在信息传递上，往往表现为自我主导的宣传。正如本书第三章所述，官方话语体系，重在对外塑造良好形象，或者说传播"正能量"。这多少让人觉得有些"王婆卖瓜，自卖自夸"的味道。监狱在社会交往中，往往忽略由第三方进行宣传的公正性、可信性。

第三，在狱内外理念交换方面，监狱向外学习的力度还不够。监狱还普遍固守某些自以为真理的教条。例如，在保障监管安全方面，强调"堵"而不是"疏"；在监狱警察管理方面，强调依赖"制度"的精细化管理，而不是人文关怀；在保障服刑人员权利方面，仍呈现粗放化特点，缺少个性化考虑。

第四，作为社会交往的主体，监狱与其他主体之间的交往方式更注重"请进来"，而忽视"走出去"。

第五，基于监狱安全的考量，监狱开放的领域上还十分有限，不能满足公众的需求。

第六，监狱开放有时还仅仅停留在监狱单方意愿，未能形成全社会共识。

双向开放

为了克服浅层次的单向开放的不足，这里引入一个新概念，那就是监狱双向开放。监狱双向开放，是指在法治的框架下，监狱作为社会公共组织通过与其他主体进行广泛平等交往，在交往的过程中既尊重差异性又不断达成共识，彼此交换并共享资源，相互理解、信任和支持，共同解决各交往主体无法独立解决的社会问题，以推动社会进步。

监狱双向开放的提出，主要基于下述判断：第一，我国监狱的改革开放是与国家的改革开放同步进行的，却又相对滞后；第二，监狱改革的力度强于监狱开放的力度；第三，监狱开放更多地停留在单向开放层次。

监狱双向开放包括下列几层含义。

第一，监狱双向开放必须在法治框架下进行。所有突破法治底线的开放，都将破坏法治的权威，颠覆人们对法治的信仰。

第二，监狱在双向开放的角色定位应为社会公共组织。从广义上讲，社会公共组织也是社会组织的一种。社会组织既需要营造有利于自身发展的内外环境，也必须意识到自身也会成为他者的环境。因而，监狱与其他主体的互动关系，从哲学意义上讲就是主体间性的关系。

第三，监狱双向开放中的交往，必须建立在广泛平等的原则基础上。所谓广泛，就是除特殊情况下，交往的领域没有禁区；所谓平等，就是监狱与其他交往主体在人格上是平等的，没有高低贵贱的区别，谁也不是对方的附庸。

第四，在交往的过程中既尊重差异性又不断达成共识。对差异性的尊重，是交往得以进行的条件。但是，在尊重差异性的基础上，还必须找到交往双方的共同利益，实现共赢。

第五，交换并共享资源。双向开放的过程从根本上说，就是资源共享的过程。

第六，相互理解、信任和支持，共同解决各交往主体无法独立解决的社会问题，以推动社会进步。无论是狱内问题还是狱外问题，如果从社会本位角度看，都是社会问题。有时候，各方合作可能会使问题解决变得更加容易。

畅通狱内资源共享渠道

在监狱双向开放中，我们除了要解决监狱如何充分利用狱外资源的问题，更需要解决狱内资源为外界社会所用的问题。当前狱内资源有一个突出的特点，那就是独占性。只要监狱封锁这些资源外流的渠道，外界社会就无法享用。狱内拥有丰富资源，最主要的是科学研究资源和普法资源。

科学研究资源的丰富性，并不为一般人所认知。日本监狱学家小河滋次郎❶认为，"凡世界社会之各种学问，监狱学中，皆包含一部分"。诸如监狱学与法律学、刑法学之关系；监狱学与医药学、卫生学之关系；监狱学与行政学、社会学之关系；监狱学与经济学之关系；监狱学与心理学、教育学之关系；监狱学与形式学之关系。"总之，监狱学与世界一切学问，皆有直接或间接之关系（以上所述，第举其重要者言之）。谓监狱学为各种独立科学之集合者，此之谓也。"❷ 我们看到，世界上一切学问均可与监狱产生联系。换言之，任何领域的学者都可以在监狱中找到研究资源，很可惜这种气象目前尚未形成。在这一方面，国外及我国台湾地区做了不少

---

❶ 小河滋次郎（1861—1925 年），日本监狱法学家，是日本研究监狱学的先驱，以起草监狱法及旅行而出名。他为人深沉，寡言勤勉。1908 年受聘来华，担任修订法律馆顾问，帮助中国完成改善狱制任务，同时在京师法律学堂讲授监狱学，被沈家本誉为"监狱学巨擘"。参见 ［日］小河滋次郎口述，熊元翰编：《监狱学》，上海人民出版社 2013 年版，点校者序。

❷ ［日］小河滋次郎口述，熊元翰编：《监狱学》，上海人民出版社 2013 年版，第 1 – 4 页。

工作。

　　早在 20 世纪一二十年代，美国即发展了一种新的监狱研究模式。这一模式旨在努力使社会学变得更为实用或者科学，而少些抽象和理论化。社会学家研究社会组织和机构的目的在于分析并形成对社会形势的整体解释，要将社会问题调查出来并找出原因。与社会工作者不同的是，社会学家的主要旨趣在于探求社会问题为什么存在，而不仅仅关注社会问题存在的事实是什么。与"摇椅中的研究"（armchair study）相反，现代社会学家进入机构中去探究那些导致大多数监狱改革失败的个体和社会原因何在。社会学发展的这一阶段被认为是监狱研究的新模式。这种住居式研究（resident study）被在监狱环境下开展研究的犯罪学家所采用，并将监狱作为社区来分析。这种新的研究方式被描述为"参与观察技术"（the technique of the participant observer）。因为它靠经验来发现事实，而这是能够确定导致社会关系恶化的原因的唯一方法。研究者将自己置于社会运作过程中，并在其中进行观察。为了理解监狱社区，一个人必须要从局内人的角度进行观察，并且不能卷入机构内的事务。❶ "从事监狱学研究的西方学者，不仅有大学教师，监狱部门的研究人员（其中没有获得学士以上学位的人员是很少见的），也有大量在读的博士研究生。在美国、英国等西方国家的一些大学中，已经有很多人通过撰写研究监狱问题的论文而获得了博士学位。这种研究人员的高层次性，在一定程度上保证了研究成果的高质量。"❷ 允许各方面专家学者对监狱进行研究的最大好处是，可以推动政策的变革。例如，由美国矫正教育协会（CEA）的两位专家负责的一项研究《教育减少犯罪：三个州的重新犯罪研究》（2003 年）表明，33% 在狱中接受过了职业技能训练的罪犯出狱后相对于比较组做得更好；由城市研究所负责的一项研究《从监狱到家庭：罪犯回归的重要性及其结果》表明，自 1998 年以来，联邦监狱每年大约释放 60 万名罪犯，近 2/3 有可能在 3 年内重新被捕，这其中 1/6 以上的罪犯在前面的服刑期间未接受过任何形式的矫正教

---

❶ F. E. Haynes, "The Sociological Study of the Prison Community," *The Journal of Criminal Law and Criminology* 39，(1949，4).

❷ 吴宗宪：《当代西方监狱学若干问题述评》，载《犯罪与改造研究》2003 年第 1 期。

育。这些研究报告得到了官方的高度重视。❶

　　总的来看，将狱内独特的资源开放给研究人员是非常必要的。要打开大门，让学者进入。❷ 民国时期有学者就认为"以研究学术为目的者"以及"法科大学及高等专科学校之教授学生"（还包括官公吏因职务上之关系必须参观监狱者、宗教家或慈善事业家、律师）经一定手续后是不应被拒绝的。❸ 前面提到的严景耀先生在民国时期对监狱进行实地调查并发现大量社会问题，就是一例。

　　监狱应具备开放的情怀，为高校学生提供实习基地，为各领域专家学者提供学术研究基地，否则就白白浪费了这样宝贵的学术资源。监狱不应再以保密或监管安全为借口，拒绝外界社会人士享用狱内资源。监狱应尽最大可能为各行业专家、学者及高校学生入狱进行学术性调查研究提供方便条件，以使他们能以"他者的眼光"发现监狱存在的顽疾，形成解决问题的狱内外合力。

　　监狱的普法资源也非常丰富。狱内有各类犯罪案例，有些案例很有典型性，适合做普法素材。倘若监狱警察或者刑释人员能够为狱外人士做普法工作，将收到不错的效果，特别是对预防未成年人犯罪会有良好功效。

　　此外，服刑人员的手工艺品、绘画、书法等作品可以参加公开义卖以资助特定人群等。

畅通监狱管理人员交流通道

　　监狱工作会牵涉较多行业和领域，可通过人员的流动，促使监狱警察综合素养提升。以改革高级职员（副监狱长以上领导）遴选机制为例，监狱高级职员可尝试在全社会公开招聘，若民政局、司法局、卫计委等部门领导或者高校教授被聘为监狱长，则其任职领域的专业知识和以往工作关系对解决诸如监狱"三难"等问题将大有裨益。同理，监狱高级官员若能

---

❶ 周勤：《美国罪犯矫正教育的基本做法与启示》，载《犯罪与改造研究》2013 年第 6 期。
❷ 张卫东、尹志超、万华：《民国新式监狱"开放"视阈下的治狱理念及其成果——以民国北京监狱的"学者进入"为例》，载《中国监狱学刊》2013 年第 1 期。
❸ 李剑华著：《监狱学》，中华书局 1936 年版，第 25 页。

有机会在其他相关领域任职，他们就会更加关注监狱工作，协助监狱解决困难。

当然，前期可以试行双向挂职措施，为未来监狱高级官员与其他行业官员双向流动做好准备。2014年2月以来，江苏省司法厅开展了"监狱与地方司法行政机关互帮共建促发展"活动，先后选派多批监狱警察到各级司法局挂职，开展互帮共建，在双向开放方面做出有益探索。这种做法不仅缓解了"释放难"等长期困扰监狱的难题，而且提升了监狱的美誉度，值得在全国范围内推广。

我在一份内部刊物上看到一篇文章，讲的是某省监狱警察与地方司法局互帮共建的工作，其中有一个故事，也许会帮助我们理解监狱民警到其他单位挂职的必要性。故事梗概如下：

2014年11月28日，罪犯韩某因病住院治疗，病情危重，亟须保外就医。但其妻子李某提出许多无理要求，并拒绝接收韩某保外就医。12月5日，驻韩某户籍所在地司法局的互帮共建工作组组长知情后，立即启动"三难"问题处置程序，与市、区司法局紧密配合，了解实情，研究对策。当天下午，在区司法局副局长、安置帮教科科长的配合下，互帮共建小组对罪犯家庭进行走访，说服罪犯李某为丈夫办理保外就医。然而节外生枝，12月8日，当挂职的民警找到李某办理担保手续时，李某的两个儿子却提出无理要求，拒绝办理保外就医。而此时韩某病情加重。互帮共建民警积极联系各方做工作，终于在12月24日取得了李某及其儿子的同意。然而，当天中午韩某因医治无效死亡。于是，处置工作再一次陷入被动。李某及其儿子纠缠不断，"暂外难"进而变为"死亡处理难"。又经艰苦工作，才将问题化解。

从上面这个案例看，监狱警察（包括各级别）走出监狱，走向外界社会特别是挂职工作，将有利于解决监狱自身难以独立处理的疑难问题。类似的创举应得到大力推广，而且需要进一步研究与探讨。

畅通监狱内外政策保障渠道

服刑人员常常为人们所遗忘，甚至在国家制定社会保障政策时同样也会被遗漏。有人认为，为服刑人员提供社会保障是必要的。"从社会角度来看，人口老龄化已成为 21 世纪不可逆转的世界性趋势。""如果在他们服刑期间办理了养老保险，保证他们老有所养，就可以提前为国家减负，缓解一定的社会压力。""从法律角度来看，法律剥夺了罪犯的人身自由权（部分罪犯同时剥夺了政治权利），但并不应剥夺他们享有社会保障的权利。""从监狱改造工作实际来看，如果为罪犯办理失业保险与养老保险，并把他们在犯罪前、服刑中、刑释后三个时间段所参保的社会保险有机地衔接，保证社会保险连续性与普及性的同时，充分利用社会保险的保障功能，解决实际问题。这样，一方面，可以使服刑期的罪犯感受到政府并没有因为他们的犯罪而抛弃他们，歧视他们，而是在真心地关心他们、挽救他们、改造他们。这将极大地促进罪犯自我改造的积极性，有利于他们变被动改造为主动改造，提高改造质量，增加'改好率'；另一方面，对于参加保险的罪犯而言，他们在刑释后能和正常人一样获得一定的生活保障，解决后顾之忧，有利于他们顺利回归社会，融入社会，适应社会，降低'重新犯罪率'，巩固改造成果。"❶

此外，监狱产业应纳入政府采购范围，尽快落实财政部、司法部联合下发的《关于政府采购支持监狱企业发展有关问题的通知》（财库〔2014〕68 号）精神，发挥政府采购支持监狱企业发展的作用。要破除部门利益藩篱，由国务院统一作出安排，具体列出由监狱进行生产制作的政府采购项目范围。诸如国家机关、企事业单位办公用品以及警察、法官、检察官、医护、工商管理、税务、城管、保安、保洁及学生等各类制服，可交由监狱企业制作。

---

❶ 姜洪涛、周立强：《关于为监狱罪犯办理"社会保险"的探索与研究》，载 http：// www. bjjgj. gov. cn/Article/ArticleShow. asp？ ArticleID = 1520。

政府采购在西方国家又称为政府使用制❶，是监狱工业形式之一。有研究认为，政府使用制可以满足三个方面的利益：

可以满足政府部门的经济利益。政府部门使用监狱系统内部生产的产品，不必从外面的市场中购买商品，这样可以节省经费，以较低的价格获得自己需要的产品。

可以满足犯人的利益。因为犯人能够生产出自己消费的产品，可以从自己的劳动中直接获益，这样可以促进犯人的劳动积极性。

可以满足自由市场和私营企业的利益。因为政府使用犯人劳动力生产的产品，不会使监狱犯人生产的产品在自由市场上与私营企业的产品进行直接的竞争，既不违反自由市场的原则，也不损害私营企业的利益。❷

有的地区在政府采购方面，正在进行积极探索，如北京市财政局、北京市司法局联合下发《关于政府采购支持监狱企业发展有关问题的通知》（京财采购〔2014〕2506 号）作如下规定：

各部门各单位要积极通过预留采购份额支持监狱企业发展，切实加强对政府采购预算编制工作的统筹。在服装、印刷、金属护栏、办公家具等政府采购项目中，按照下列要求加大对监狱企业产品的采购力度。

（1）服装类。包括制服、工作服、病号服、床单被罩、学生小黄

---

❶ 政府使用制，是指由政府机构和部门购买监狱的产品，监狱产品不进入自由市场销售的监狱劳动制度。其他的形式还包括：出租制，是指根据合同由雇佣犯人劳动的一方向犯人提供食物、衣服和原材料的一种监狱劳动形式；合同制，是指根据合同将犯人的劳动力出租给私营雇主的监狱劳动形式；计件制，是指由订立合同的承包商提供原材料和生产指导，然后按照合同上约定的价格按件收购犯人生产的产品的监狱劳动制度；公共使用制，是指监狱购买机械和原材料并组织犯人生产的监狱劳动形式；公益劳动制，是指利用监狱犯人从事公共建设和维修项目的监狱劳动制度。参见吴宗宪著：《当代西方监狱学》，法律出版社 2005 年版，第 749 页。

❷ 吴宗宪著：《当代西方监狱学》，法律出版社 2005 年版，第 748 页。

帽等，应预留本部门采购项目预算总额的 30% 以上，专门面向监狱企业采购。

（2）印刷类。各有关部门组织的公务员考试、招生考试、等级考试、资格考试的试卷印刷项目原则上应当在符合有关资质的监狱企业范围内采购。各部门、各区县在免费教科书政府采购工作中，在监狱企业满足教科书印制资质及印刷要求的情况下，应结合工作实际确定由监狱企业印刷的比例要求。其他日常印刷项目，各部门可结合本部门实际，预留一定份额专门面向监狱企业采购。

（3）金属护栏类。包括道路隔离护栏、防撞护栏、标志杆等，应预留本部门采购项目预算总额的 30% 以上，专门面向监狱企业采购。

（4）办公家具类。包括金属办公家具、学生课桌椅、宿舍上下床等，应预留本部门采购项目预算总额的 30% 以上，专门面向监狱企业采购。

（5）其他政府采购项目。对监狱企业生产的办公用品、消防设备等，各部门可结合本部门实际，加大对监狱企业产品的采购力度。

双向开放的制约因素

既然双向开放可以解决监狱目前面临的一些困境，监狱为什么暂无法广泛开展双向开放呢？

这里必须回答两个问题：第一，监狱是国家的监狱还是社会的监狱？第二，监狱管理是以安全本位还是服务本位？

显然，目前人们在讨论监狱时更加强调"国家的监狱"的一面，而并不倾向于"社会的监狱"的认同。本书导论部分探讨了国家、社会与监狱的关系。我认为，国家与社会是二元的，但并不完全对立。但是，1949 年以来，我国曾经经历过单一国家垄断致使社会空间逼仄的时代。在那个时代，监狱是国家掌握的机器，是专政工具。而我们这里所说的监狱双向开放，前提必须是监狱作为社会公共组织角色而存在。如果我们不能承认监狱是社会的监狱，或者说不能在更大程度上承认监狱是社会的监狱，双向开放的理念就很难得到确立。好在目前社会力量与国家力量之间正在达成某种协调，因而我们才适时提出监狱双向开放的话题。

种种迹象表明，主导监狱的力量仍然是国家而不是社会，因而实现双向开放的路途仍然十分遥远。

与前一个问题有着紧密联系的是，目前监狱管理仍然以安全为本位，而非以服务为本位。这一现实对于单向开放都产生诸多不利，更不用说双向开放。

第八章　中国监狱向何处去

引　言

在世界范围内已经有一些监狱社会化程度很高的国家存在。在北欧的一些国家，监狱无论在物质形态上还是生活方式上都在尽量接近开放社会，尽量使服刑人员能够与开放社会保持紧密的联系。例如，丹麦监狱在行刑时就遵循以下六项原则：正常化原则、开放性原则、培养责任感原则、安全原则、干预最小化原则、最大可能地利用资源原则。其中，前两项原则是最重要的原则。

正常化原则是指监狱内的生活应该尽可能与外部社会中的正常生活相一致。该原则包含两方面的意义：一方面，犯人应该与社会上其他人一样得到公正的待遇；另一方面，监狱的物质条件也应该与社会上的一般物质条件相一致……

所谓开放性原则，是指监狱和缓刑机构有责任确保罪犯能够与他们的家庭和公共社会保持交往。这一原则可以通过外人来访和犯人出访得以实施……开放性原则也涉及两个方面：一方面，监狱系统对新闻媒体和国内、国际监督机构保持经常性的开放；另一方面，应当允许犯人与外界保持联系。❶

---

❶　陈琴：《丹麦监狱管理及对我国监狱改革的启示》，载《中国监狱学刊》2004 年第 4 期。

再如芬兰《判决执行法》对监狱的执行工作提出如下要求："(1) 刑罚权仅为自由的丧失。根据犯人被施加刑罚执行判决而剥夺其自由权利，其他权利限制仅限于维持监狱秩序和监管安全所必需。(2) 防止对犯人的伤害，促进其回归社会。刑罚执行应避免不必要的阻碍，且在可能的情况下，防止监禁对犯人带来的伤害并促其回归社会。(3) 环境。监狱的状况、环境必须与社会普遍存在的环境相对应。……"❶

监狱社会化不仅是一种理念，而且还必须变为具体实践。尽管监狱社会化的现实并不完全以组织和个人的意志为转移，而是与社会发展相伴生。但是，当我们意识到监狱社会化仍存在许多制约性矛盾时，就有必要想办法减少监狱社会化的阻力。大体上来说，这需要国家、社会、监狱三个层面共同努力。从国家层面上来说，要有良好的制度（含法律）设计；从社会层面来说，要有坚强的社会支持体系；从监狱层面来说，要有实践的探索。这三者缺一不可，互为条件。

上层制度设计：为监狱减压

在一些人看来，监狱是强势机关，但是从本书第五章中我们看到，监狱正处于重重压力之下，亦有很多无奈。因而，为监狱减压就成了上层设计重点考量的目标。

有效预防犯罪

民国时期著名学者孙雄认为：

> 考刑法之施行，所以昭示于众，某种行为，必构成某种犯罪，某种犯罪，必受某种惩罚，使人民有所警惕，而不敢轻于尝试者，此谓之一般预防主义，但依据本书第三编犯罪之原因研究，犯罪系由于主观的，或客观的，两个原因所生之结果，故欲谋犯罪之减少，不可不

---

❶ 种若静：《芬兰监狱管理制度概述》，载《中国司法》2006 年第 10 期。

从此两点入手，而其根本上之努力，则不外两种办法，即预防与救治也，有称犯罪为社会病态，则预防犹卫生方法，救治犹治疗方法也。吾人保健，卫生既胜于治疗，遏止犯罪，当预防重于救治也。就社会经济言，私有财产之废止，贫穷失业游荡等之救济，劳资之调协等，就社会文化言，家族教育等制度之改革，言论出版之社会化，娱乐设备之合理，娼妓之取缔等，此皆预防方法，对于犯罪减少，收效之最宏者，至于短期自由刑之废止，不定期刑之采用，刑罚之劳动化，初犯少年犯等之处治，婚姻健全法、断种法之采用，累犯之行刑隔离，出狱人之保护等，此系刑事政策，皆属于救治方面者……❶

在孙雄看来，有效预防犯罪有两种措施，一是预防措施，二是救治措施。严格意义上讲，这两种都属于预防措施，前者主要是预防初次犯罪，后者主要是预防重新犯罪。

在我参与的一项中国法学会的课题中，我们通过对重新犯罪的内因与外因进行综合分析后认为：

建构以社会保障为核心的社会制度体系，是从制度层面为包括潜在犯罪人和犯罪出狱人等弱势群体建立规范化、强制性的框架和平台，确保他们在获得正式社会支持和社会救助的条件下尽可能地降低犯罪的主观倾向和外在环境因素。以培育中国特色的市民社会为目标建构适应我国现状的公共领域，可以为出狱人提供生存发展的公共平台，尤其能够让他们在各类公共组织中找到自己的组织依托和利益表达途径，进而能够获得必要的组织资源和社会资本，最大限度地消除自身的犯因和潜在犯因性需求。创新完善社会管理方式，建立以风险管理为核心的出狱人追踪评价机制和社会干预机制，能够确保出狱人得到有效的控制、监督、预防和引导，并且在必要时得到适度的危机干预，由此促使其逐步改变内在行为模式和外在生活方式，顺利回归

---

❶ 孙雄著：《犯罪学研究》，北京大学出版社 2008 年版，第 104 页。

社会。❶

事实上，我们发现，无论是预防犯罪还是预防重新犯罪都必须从个人和社会两个原因入手来减少犯罪的可能性。而这其中"社会的救治策"最为重要。菲利认为：

> 科学的教育明确告诉我们，在地方性犯罪中，社会救治措施必须针对社会弊病实施。社会改革的医治措施永远伴随着劳动的发展和保护，除非司法保护集体社会中的每一个成员，任何公民的勇气都是白费的，恶苗将继续在丛林里疯长。
>
> 在巧妙而固定的事实逻辑的启示下，我们采用科学的方法进行犯罪研究之后，得出结论如下：像惩罚这样一种单纯且千篇一律的措施，不足以治疗犯罪这种自然和社会的现象，因为犯罪有其本身的、自然的和社会的原因。社会预防犯罪的措施必须是多方面的、复杂的和不断变化的，必须是立法者和公民在系统的集体经济的坚实基础之上进行长期不懈的系统工作的成果。❷

因为所有社会问题都是相互联系的。美国学者默里认为，想要解决暴力犯罪日益增多的问题，就必须考虑如何处理其他相应的社会问题。他建议"在社会控制方面，应将权力下放（decentralisation），由地方处理。他还赞成当地社区自治管理的需求，由它们控制刑事司法、教育、住房和救济金发放。他们有权创建自己的价值观，那些不愿意遵守地方价值观的人，可以搬离他们所在的特别地区"❸。默里的观点不一定全部都合理，但起码启示我们要想一些有效的办法来控制犯罪率。

---

❶　宋行主持的中国法学会 2012 年度部级法学研究课题：《重新犯罪防控实证研究》（课题编号：LS（2012）C60），最终成果打印稿。

❷　[意] 菲利著：《实证派犯罪学》，郭建安译，中国政法大学出版社 1987 年版，第 58－59 页。

❸　[英] 韦恩·莫里森著：《理论犯罪学——从现代到后现代》，刘仁文等译，法律出版社 2004 年版，第 394 页。

当然，关于如何预防犯罪不属于本书论述的重点，读者可以查阅相关文献或者根据自己的社会观察与经验得出自己的结论。这里所要讲的是，预防犯罪工作乃是从源头上为监狱减压的途径之一。

刑罚轻缓化

刑罚轻缓化包括非犯罪化和轻刑罚化两层含义。❶ 非犯罪化是指立法机关将一些轻微犯罪行为通过立法将其不再规定为犯罪，或者司法机关将本应受到刑罚的轻微犯罪行为不认定为犯罪，从而不纳入刑罚范围。轻刑罚化是指以尽量轻的刑罚来惩罚和控制犯罪，以最小的刑罚成本达到最好的社会效果。为减轻监狱负担，国家在刑罚轻缓化上要作出制度化设计，主要包括以下几个方面。

1. 将部分违法行为非罪化

近些年，一些人认为应将安乐死❷、吸毒及少量拥有毒品❸、聚众淫乱❹等无被害人的犯罪行为去罪化。这些行为的共同特点是无被害人，其基本特征是："第一，行为人主观上都是基于自愿而实施或参与犯罪，根源多是由于个人欲望（如性欲、赌瘾等）的存在，行为人认为这是一种利益交换的个人行为，主观上并无加害或被害意识。第二，犯罪行为违反了某种宗教伦理或者道德观念，具有一定的反社会性，因而不被一般的社会观念所接受，此类行为多会涉及在传统观念领域内被禁止的物品或者服务。第三，社会危害性非常小，没有直接侵害其他人的人身或者财产权益，也没有对社会或者国家利益造成损害，即除了行为人自身外，无其他直接受害人，仅仅是对伦理道德的一种违反，对正常的社会风气造成一定伤害。第四，除了代表国家公权力的机构或者人员外，并无主动控诉人，

---

❶ 李震：《刑罚轻缓化本体研究》，载《湖南公安高等专科学校学报》2007年第4期。

❷ 李小丹：《安乐死的非罪化探讨》，华东政法大学硕士学位论文，2007年；谢可君、杨关生：《安乐死非罪化探讨》，载《法制博览（中旬刊）》2013年第8期。

❸ 许敏编译：《葡萄牙毒品非罪化12年，争议仍继续》，载《潇湘晨报》2013年4月1日A8版。

❹ 孙静静：《无被害人犯罪视角下聚众淫乱罪应当去罪化》，载 http：//www.jcrb.com/procu-ratorate/theories/academic/201409/t20140923_ 1434471. html。

因为行为人在主观上没有受害意识，故当事人不会在事后主动报案。并且多数行为具有隐蔽性和秘密性，若无主动报案人，案件难以被发现。"❶

2. 充分考虑短期自由刑❷的替代与完善

孙雄先生早在 20 世纪 30 年代就意识到对一些人适用短期自由刑弊大于利："每见囚犯改善之难，与习恶之易，致对于现代刑罚改善实际，未敢作违心之论，至于短期自由刑，实更有断然立即废止之必要也。"❸

有学者认为，短期自由刑的弊端主要包括，第一，短期自由刑惩罚功能太弱，威慑力不强，一般预防效果差，教育改善功能差。第二，被适用短期自由刑的人，大多为初犯或轻微犯罪，关押会降低其自尊心，有可能走上再犯道路。第三，短期自由刑执行中和执行后的"后遗症"多。第四，执行短期自由刑极易使罪犯间发生交叉感染，制造出更加危险的累犯。相应地，世界范围内对短期自由刑的改革方式主要有替代型改革方式和完善型改革方式。替代型改革方式，是将一部分短期自由刑易科为其他非监禁刑，如罚金、强制劳动、训诫、剥夺或限制一定资格等。完善型改革方式，是不将短期自由刑易科为非监禁刑，仍保留短期自由刑的宣告、执行，但是采取一系列避免或减少其弊端的完善措施，如微罪处分制度、起诉犹豫制度、宣告犹豫制度、执行犹豫制度、假释制度、周末监禁、半监禁、业余监禁、家中监禁、狱外服刑等。❹

上述提及的短期自由刑替代或完善措施，我国目前有的已经存在，如管制、罚金、缓刑等；有的还需要完善，如假释制度；其他绝大多数的措施还未在我国实施。这主要是由于我国在立法及刑事政策方面还没有提供更多可实验的空间。这恰恰是未来顶层设计中需要考虑的问题。

3. 适度扩大假释比例

如果说短期自由刑的替代与完善是"前门策略"，那么假释就属于

---

❶ 孙静静：《无被害人犯罪视角下聚众淫乱罪应当去罪化》，载 http：//www.jcrb.com/procuratorate/theories/academic/201409/t20140923_1434471.html。

❷ 对于短期自由刑的具体期限有不同的说法。参见赵秉志、陈志军：《短期自由刑改革方式比较研究》，载《政法论坛》2003 年第 5 期。我这里将其界定为三年以下有期徒刑。

❸ 孙雄著：《犯罪学研究》，北京大学出版社 2008 年版，第 107 页。

❹ 赵秉志、陈志军：《短期自由刑改革方式比较研究》，载《政法论坛》2003 年第 5 期。

"后门策略"，它们的目标都是尽量减少实际监禁人数。

国外一些国家通常采取假释制度来缓解监狱压力。1997 年，美国假释人数为 52.7 万人，占在押犯的 45%，澳大利亚服刑人员假释率为 42.2%，新西兰超过 30%。2000 年，美国的假释人数与监禁人数的比例为 376.29%，加拿大为 32%，新西兰为 31%，日本为 22%，韩国为 14%。在美国大约 85% 的服刑人员离开监狱重返社会是通过假释。2000 年，美国的假释率达到 72%。

与上述国家相反，我国的假释比例一直非常低。1997 年全国假释人数为 41993 人，1998 年为 29541 人，1999 年为 30075 人，2000 年为 23550 人，假释率分别为 2.9%、2.06%、2.11%、1.63%。❶ 此后假释率有降低的趋势，2003 年为 21991 人，2004 年为 19458 人，2005 年为 17531 人，2006 年为 19290 人，2007 年为 19302 人，假释率分别 1.41%、1.25%、1.21%、1.23%、1.23%。❷ 我国的假释率为加拿大、澳大利亚的 1/16，为美国的 1/32，瑞典、泰国的 1/15。❸

由此可见，扩大我国的假释比例亦有很大的空间可以操作，关键仍然是国家政策层面要在扩大假释的利弊问题做出基本的判断和平衡。应该说，适度扩大假释比例与国家目前社区矫正制度发展的良好格局是十分相符的。

监狱分类

"物以类聚，人以群分"。人类在认识和改造世界的过程中，学会了对事物进行分类。

从世界范围看，根据不同的分类标准，可以把监狱分为多种类型。按照押犯性别进行划分，监狱可以分为男犯监狱、女犯监狱和男女犯混合监

---

❶ 吴涛：《假释与社区矫正——关于我国假释社区矫正的问题与对策》，河北师范大学硕士学位论文，2010 年。
❷ 王利冬、高白菊：《新形势下扩大假释适用的制度构想》，载江苏法院网，http://www.jsfy.gov.cn/llyj/xslw/2013/09/13172801814.html。
❸ 吴涛：《假释与社区矫正——关于我国假释社区矫正的问题与对策》，河北师范大学硕士学位论文，2010 年。

狱；按照所关押囚犯的年龄，监狱可以分为成年犯监狱和未成年犯监狱；根据被关押人的法律身份，监狱可以划分为未决犯监狱和已决犯监狱；根据囚犯的某些特征和监狱管理的情况，可以将监狱划分为一般监狱和特别监狱；根据警戒度的高低，可以将监狱划分为高等级戒备监狱、中等级戒备监狱、低等级戒备监狱；根据监狱的开放程度，可以将监狱划分为封闭监狱、半开放式监狱和开放式监狱；根据管理主体的不同，可以将监狱划分为公立监狱和私营监狱。❶

《中华人民共和国监狱法》第 39 条规定："监狱对成年男犯、女犯和未成年犯实行分开关押和管理，对未成年犯和女犯的改造，应当照顾其生理、心理特点。监狱根据罪犯的犯罪类型、刑罚种类、刑期、改造表现等情况，对罪犯实行分别关押，采取不同方式管理。"这是我国监狱进行分类的法律依据。

但是，与一些国家相比，我国监狱的分类工作仍处于初级阶段。近些年，我国正探索监狱按照戒备等级建设监狱。不同的级别监狱关押不同危险级别的服刑人员。高度戒备监狱关押高度危险级服刑人员，中度戒备监狱关押中度危险级服刑人员，低度戒备监狱应关押低度危险级服刑人员。问题的关键是如何对服刑人员的危险等级进行科学划分，这一点在美国是非常重视的。"分辨哪些服刑人员有重新犯罪的危险，哪些服刑人员在适应监狱生活过程中会惹是生非，又有哪些服刑人员需要矫治等，这是矫正机构、组织或社区的职责所在。"❷ 美国根据对服刑人员进行危险评估后，将其监禁于不同级别的监狱。按照我国台湾地区学者的说法，共分为六级（具体见表 8 - 1）。

---

❶ 吴宗宪著：《当代西方监狱学》，法律出版社 2005 年版，第 66 - 90 页。

❷ Bosworth, Mary. (Ed.). *Encyclopedia of Prions and Correctional Facilities.* Volume Ⅱ. Thousand Oaks, California: Sage Publications, Inc. 2005, p. 127.

表 8 - 1　美国监狱分类因素比较

级别 因素	第一级 低度安全	第二级 中低度安全	第三级 中度安全	第四级 中高度安全	第五级 高度安全	第六级 最高度安全
周界安全设施	无	一道栅栏或以建筑物代替	一或二道栅栏	双层栅栏或围墙	双层卷形铁刺栅栏或围墙	双层卷形铁刺栅栏或围墙
岗哨设置数目	无岗哨或无人站岗	有岗哨但非全天站岗	有岗哨但非全天站岗	有岗哨但可能全天候站岗	全天候站岗	全天候站岗
外部巡逻情况	无	无	间歇性巡逻	间歇性巡逻	经常性巡逻	经常性巡逻
侦测设备	无	无	闭路摄影机及电子感应设施	闭路摄影机及电子感应设施	照射灯、闭路摄影机、高压断线及其他电子感应设备	照射灯、闭路摄影机、高压断线及其他电子感应设备
房舍安全程度	开放式	开放式到适应开放式	出入管制通道及安全建筑	出入管制通道及安全建筑	出入管制通道及安全建筑回廊及铁窗	出入管制通道及安全建筑回廊及铁窗
房舍型式	单人房或小杂房	单人房或小杂房	单人房或小杂房	单人房或小杂房	独居房	独居房
服刑人员与职员比例	7.1:1或更高	7.1:1	7.1:1 ~ 3.6:1	7.1:1 ~ 3.6:1	3.5:1	3.5:1或更低

　　资料来源：林茂荣、杨士隆、黄维贤著：《监狱行刑法》，五南图书出版股份有限公司2007年第3版，第30－31页。

　　当然，由于我国曾经存在过劳改农场模式，因而可以探索开放监狱或半开放监狱两种类型监狱的建设。

　　例如，《丹麦刑事执行法》规定："监禁刑之执行，一般在开放监狱进行。"

《丹麦刑事执行法》第二十二条

第一款 监禁刑之执行，一般在开放监狱进行。

第二款 五年或五年以上的监禁刑，应当在封闭监狱执行。但是如果根据对被定罪人行止之了解，认为将其置于开放监狱执行并无不当的，则五年或五年以上的监禁刑也应当在开放监狱执行。

第三款 为了防止行刑机构在狱犯人、工作人员或者其他人凌虐被定罪人而有必要的，可以将判处监禁刑之犯罪人置于封闭监狱行刑。

第四款 根据被定罪人之有关行止情况和犯罪性质，有特别理由认为将其置于开放监狱行刑可能出现以下情形之一的，应当将其置于封闭监狱行刑：

1）可能脱逃；或者

2）可能实施犯罪、严重违纪行为或者其他违法行为、有关情况清楚表明其不适宜在开放监狱行刑。

第五款 有下列情况之一的，其监禁刑之执行可以进而在封闭监狱进行：

1）为了保护被定罪人免遭凌虐而一定认为有必要的；或者

2）根据其医疗信息，被定罪人应当被置于 Anstalten ved Herstedvetser 精神治疗机构的。

第六款 被定罪人要求在封闭监狱行刑或者特殊之家庭以及其他个人情况使之在封闭监狱服刑具有合理性的，可以将被定罪人置于封闭监狱行刑。❶

国家应完善罪犯危险性评估制度，建构监狱按高、中、低度戒备等级分类管理体系。当然，在条件许可的情况下，还可以根据实际情况对监狱进行更为细致的分类。对监狱进行科学合理分类后，不同类型的监狱可以开展有针对性的管理和教育，以实现行刑模式的多元化。如此，则可以从一定程度上克服监狱管理模式同质化的诸多弊端，从整体上减轻我国监狱

---

❶ 谢望原译：《丹麦刑法典与丹麦刑事执行法》，北京大学出版社2005年版，第85-86页。

的压力。

服刑人员权利保障的整体化设计

就监狱事务而言，目前的问题突出表现为立法的碎片化、公共服务的碎片化、社会管理的碎片化。我们应从克服狱内服刑人员的权利保障的碎片化现象入手，逐步减轻监狱的压力。进一步说，国家应将监狱纳入社会治理的范畴，而不是排除在外。应对狱内服刑人员的权利保障进行整体化设计。

1. 狱内服刑人员社会保障的国民待遇

我国的社会保障项目包括：社会救助、社会保险、社会优抚和社会福利，其中社会保险又分为养老保险、生育保险、工伤保险、失业保险、医疗保险。然而，现实中这些社会保障基本上都是针对自由人设定的。

按照国务院《社会救助暂行办法》（2014 年）的规定，社会助救包括：最低生活保障、特困人员供养、受灾人员救助、医疗救助、教育救助、住房救助、就业救助、临时救助等方面。但是，这些似乎都与狱内服刑人员无关。然而，当服刑人员出狱后，他们中的大多数就面临着需要救助的困境。在我的调查中，有的服刑人员出狱后便面临诸多问题，如房屋无法居住、就业无门、生活无助等情形。因而，出狱后的救助登记工作应在出狱前完成。然而，《社会救助暂行办法》规定："乡镇人民政府、街道办事处负责有关社会救助的申请受理、调查审核。"实践中，狱内人员无法向上述部门提出申请，而出狱后常常求助无门。

因而，社会救助的对象应包含刑释人员，以防止他们重新走上违法犯罪道路。

今后，还应建立惠及狱内服刑人员的社会保险制度。对于服刑人员来说，更为紧迫的是参加社会保险问题。在诸多社会保险险种中，最关键的是养老保险、工伤保险和医疗保险。本书第五章所述及的"三难"问题，从根本上讲就是这三险不到位造成的。

以基本医疗保险为例，国内近些年来有许多人都倡议应惠及服刑人员。

2014 年的全国两会上，全国人大代表、湖南省司法厅副厅长傅莉娟建议对《监狱法》第 8 条进行修改，增加"服刑人员纳入基本医疗保险统筹范围"的内容，进一步完善覆盖全民的医疗保障体系，更好地保障服刑人员健康权益。"绝大多数省份的财政没有及时根据经济社会发展水平，动态调整监狱经费支出标准，难以足额保障到位。数据显示，2012 年，全国各省份监狱服刑人员医疗费财政拨款平均为 17.57 元/人/月，而实际开支达到 31.3 元/人/月，21 个省（市、区）医疗费超过拨款执行标准 50% 以上。按当年年末全国监狱押犯 160 万人计算，当年超支约 2.6 亿元。"❶

在江苏省 2015 年两会期间，有委员递交提案，建议将全省服刑人员纳入医保。❷

监狱则更直观地感受到服刑人员纳入医保的必要性——

> "娄底监狱是重刑犯监狱，服刑人员刑期长，老弱病残较多，服刑人员医疗费用支出还有着明显的逐年上升趋势。"娄底监狱工会主席夏子健告诉记者，娄底监狱 2012 年度服刑人员 3817 人，财政按 168 元/人/年标准补助医疗费用，全年共计拨款 64.1 万元，但监狱全年医药开支达 118.7 万元，全年服刑人员医药费支出预拨款相比超支 54.6 万元，有 54.5577 万元医疗费用缺口。❸

当然，有的地区已经采取了相应的行动。如自 2012 年 9 月以来，安徽九成监狱管理分局与宿松县医保局达成协议，该分局对剩余刑期半年以上的服刑人员，按照每人每年 93 元的标准，由监狱一次性缴纳参保费。参保后，服刑人员就可以享受和当地农民同等的医疗待遇和报销标准。❹ 贵州

---

❶ 李俊杰：《人大代表建议将服刑人员纳入医保范围》，载 http://www.chinanews.com/gn/2014/03-06/5920717.shtml。

❷ 颜芳：《让全省服刑人员享受医保》，载《新华日报》2015 年 2 月 1 日第 3 版。

❸ 吴名为、罗琪：《关注：服刑人员是否纳入医保范围?》，载 http://news.ldnews.cn/loudi/201308/202196.shtml。

❹ 郭丽、尤仁祥、袁星红：《服刑人员办医保》，载 http://news.sina.com.cn/o/2013-01-08/083425982177.shtml。

省在 2014 年 3 月将全省监狱服刑人员全部纳入新型农村合作医疗保险。❶
2012 年沙雅监狱在新疆率先为服刑人员办理城镇居民医疗保险。❷

类似的探索只是在各地小范围内的试验，希望在国家法律和政策层面
有所突破。特别是在社会保障制度立法或政策制定时，应充分考虑服刑人
员这一群体的特殊需求。

2. 教育资源的社会化配置

本书第一章介绍了服刑人员在狱内要接受"三大教育"，即思想教育、
文化教育、技术教育。但是，从调查情况来看，教育资源的社会化配置情
况不容乐观。绝大多数教育资源仍属狱内资源。

国家在"三大教育"方面应保证教育资源的社会化配置。

思想教育的师资应从以监狱警察为主转变到以外界社会人士为主。在
2015 年 7 月召开的全国监狱工作会议上，孟建柱提出："要进一步运用社
会资源，紧紧依靠家庭、基层组织、社会力量，聘请法律专家、心理理疗
师、爱国宗教人士、社会志愿者等专业力量，共同做好教育管理工作，促
进教育管理社会化。"❸ 其中关于依靠宗教人士做好教育工作的提法，是比
较新的思路。这种做法，在民国时期是比较普遍的。❹

文化教育的组织要从由监狱自行组织转向地方文化教育部门组织。无
论是义务教育还是终身教育，都应纳入国家教育规划之中。这一点可以借
鉴外国经验，例如在美国，文化教育的师资包括狱内专职教师和狱外学校
的兼职教师，这些教师由当地教育局提供。大学预科教育课程由监狱与监
狱附近的二年制或四年制学院合作提供。服刑人员可以通过面授、函授及
闭路电视等形式参加学习，有的服刑人员还被允许到狱外学习机构学习。❺

---

❶ 《我省监狱服刑人员全部纳入"新农合"》，载 http：//www.fzshb.cn/News/201403/45844.html。
❷ 参见：http：//www.xjdaily.com.cn/xinjiang/008/818254.shtml。
❸ 孙春英：《不断提高监狱教育管理工作科学化水平 为促进公平正义维护社会稳定作出新贡
献》，载《法制日报》2015 年 7 月 17 日第 1 版。
❹ 民国时期，即有以佛教教义教诲服刑人员之传统。有狱内教诲词写道："故莲池大师大善
知识，劝人人念佛，歌曰，普劝众生火急念佛，九品往生花开见佛，见佛闻法究竟成佛，如知自
心本来是佛。火急念佛者，如救燃眉如救燃发，放下一切，勤敬念佛，一心念佛也。这便是究竟
医治犯罪之无上妙法也。"参见孙雄编著：《狱务大全》，北京大学出版社 2014 年版，第 638 页。
❺ 储槐植主编：《外国监狱制度概要》，法律出版社 2001 年版，第 99 页。

技术教育应纳入国家职业培训计划。国家应提供专门的职业培训条件，从师资、经费、鉴定等方面，为监狱服刑人员开展社会化服务。在德国，服刑人员的职业教育和职业进修依照《职业教育法（BBiG）》进行。职业教育主要是中期职业教育课程（12~24个月）和短期转行课程。职业进修包括所有使服刑人员知识和能力适应变化了的需求或者帮助服刑人员职业上晋升的其他努力。在监狱内、单独外出或自由外出时，会有参与电焊工、交通工具司机、大楼清洁工等职业进修的可能性。短期职业促进措施根据以前的教育状况可以是教育、转行或者职业进修。服刑人员一般持续三到八个月并应获得资格证书，如作为电焊工、建筑机械工、塔吊工、钳工等。❶ 我国一些地区也对此进行了探索。2014年，云南省曲靖监狱加强与职业技能培训单位、职业技能鉴定所的合作，有计划开展缝纫、铸工、中餐摆台、钢筋工、计算机、足浴保健6个工种800余人的培训鉴定。❷ 云南省监狱管理局网站还刊文提出：

> 加强与职业技术院校、职业技能培训机构、国家职业资格认证机构的沟通协调，争取他们对监狱罪犯职业技能培训的了解与支持，为监狱提供理念与信息，帮助监狱改进培训方式方法，提高培训工作水平。积极创造条件，争取与职业教育院校合作，走联合办学之路，提高培训质量，努力使罪犯职业技能培训与社会职业教育接轨。❸

3. 其他方面

对服刑人员权利保障的整体化设计还应包括：法律援助、劳动保护、与外界保持经常性社会交往等。

---

❶ 司绍寒著：《德国刑事执行法研究》，中国长安出版社2010年版，第152页。

❷ 刘百军、陈振凯、龚亮：《曲靖监狱对800名罪犯进行职业技能培训鉴定》，载法制网，http：//www.legaldaily.com.cn/locality/content/2014-10/23/content_5811816.htm? node=30530。

❸ 翟云林：《浅谈如何提高罪犯职业技能培训的质量和水平》，载云南省监狱管理局门户网站，http：//www.ynjy.gov.cn/model2/NewsContent.aspx? DId=1&DocId=97134&cid=21&PId=5635。

矫正人员的专业化分类

我国《监狱法》第 12 条规定："监狱设监狱长一人、副监狱长若干人，并根据实际需要设置必要的工作机构和配备其他监狱管理人员。监狱的管理人员是人民警察。"这一条虽然只是对监狱管理人员的法律规定，但是实际上却将监狱矫正人员仅限定于监狱人民警察。

在美国，矫正人员分为五大类和若干小类。主要包括：

（1）矫正管理人员，即矫正系统的领导人员。包括矫正局的管理人员和监狱的管理人员。

（2）矫正官员，又称监管与安全人员，负责维持监狱秩序、控制被监禁人和预防服刑人员逃跑。矫正官员又可以分为：生活单元官员，负责服刑人员生活单元的监管工作；工作事务监督员，负责检查工作安排；工业车间和学校官员，负责维护工业车间和学校的秩序和安全；庭院官员，负责在监狱院子内的巡逻和维持秩序；办公建筑管理人员，负责监狱建筑的安全、与公众的互动，他们几乎不与服刑人员接触；围墙安全官员，负责监狱围墙的警戒与保卫，几乎不与服刑人员接触；替班官员，负责代替不在岗位的矫正官员。

（3）治疗人员，负责对服刑人员进行各种形式的治疗。包括：医务人员、心理学家、个案工作者、矫正教育者、监狱牧师、娱乐专家、自助咨询员、其他矫正计划协调员。

（4）辅助人员，从事辅助性工作以便保证矫正机构正常运行。包括：安全管理人员、在出入口值班的矫正官员、工作人员的办事员和助手、秘书、计算机办事员和助手、电工、医疗档案技术员、实习护士、辅助律师业务专门人员、法律办事员和技术员、普通商业与工业人员、工业专门人员、普通设施和设备人员、设施管理人员、洗衣设备管理人员、培训教员、库存管理人员、电器设备安装与维修人员、纺织品与皮革产品人员、机械工具人员、结构和最终产品人员、金属加工和制作人员、油漆和纸张裱糊人员、管子工人、印刷工人、质量保证与控制人员、木工工人、普通维修和操作人员、植物和动物工作人员、工业设备维修人员、工业设备操作人员、运输设备维修人员、仓库管理人员、饮食准备人员。

（5）志愿人员，是指自愿从当地宗教组织、社区和其他组织到监狱中从事矫正工作的人员，包括各种专业人员、大学生、犯罪被害人、刑释人员等。严格意义上讲，他们并不属于矫正人员。❶

因而，我国在监狱法修正过程中，应明确矫正人员的分类管理，防止监狱警察以"万金油"的角色从事监狱工作，或者最终使基层一线监狱警察全员沦为"看守"。上述美国监狱的矫正人员分类可以作为我国监狱矫正人员分类的借鉴。

社会支持系统：超越高墙

"社会支持系统"本来属于心理学专业词汇，意指个人在自己的社会关系网络中所能获得的、来自他人的物质和精神上的帮助和支援。这种社会支持包括两类：一类是客观的、可见的或实际的支持；另一类是主观的、体验到的情感上的支持。

这里所称社会支持系统，则有更广泛的含义，是指能够超越监狱与外界社会的界限、为监狱特别是为狱内服刑人员提供物质和精神帮助与支援的社会力量的总和。

在本书第七章中我们谈到，监狱双向开放的理念之所以难以实施，其中一个重要的阻力是在监狱属于国家还是社会问题上仍存在模糊认识。我认为从根本上来说，监狱是社会的监狱。社会力量对监狱的关注、关心和支持是监狱得以实现社会化的前提性条件。

---

❶ 吴宗宪著：《当代西方监狱学》，法律出版社2005年版，第586－589页。

自由公民：有权了解监狱

欲使社会支持系统发挥功能，必须首先使自由公民有机会了解监狱。了解监狱的渠道有很多：官方宣传，大众传媒采访，监狱警察或出狱人及其家人的博客、微信等。当然，最直观的了解途径是通过亲自参观来实现。近年来，一些监狱设立了监狱开放日，接受部分外界社会公众的参观，取得了较好的效果。出于保护服刑人员人格尊严以及监狱内部事务免受外界任意打扰❶的考量，不宜使社会公众随时自由参观。但是，应积极创造条件让社会公众能够全面准确地了解监狱。普及监狱知识的最好办法就是让监狱学科进入教育领域，如可以将监狱学科列为学校通识教育的选修课程，允许社会各行各业人士参加"监所管理专业"自学考试等。

志愿人员：搭建社区与监狱的桥梁

在西方国家，有一些在监狱中义务从事服刑人员帮教和矫正服务的社会人士，这些人被称为志愿人员。他们不占有监狱编制，不领监狱的薪水或者享受其他社会福利，他们在监狱中的工作是义务性质的。他们的社会来源多种多样，有宗教人士、商业机构工作人员、大学生、学校教师、犯罪被害人、刑满释放人员。他们中既有在职在读的，也有退休的；在年龄、种族和性别上也表现为多样性。他们为服刑人员提供的个人咨询或集体咨询、教育、宗教、娱乐以及其他很多方面的指导与帮助，往往是监狱工作人员无法取代的。同时，志愿人员的工作又是自愿的。❷

有美国专家对志愿人员的正面功能进行概括：

(1) 增加了额外的、具有不同技能的工作人员，可以消除犯人与

---

❶ 林茂荣、杨士隆、黄维贤著：《监狱行刑法》，五南图书出版股份有限公司 2007 年版，第 50 页。

❷ 吴宗宪著：《当代西方监狱学》，法律出版社 2005 年版，第 632 – 633 页。

外部社区隔离；

  （2）增强了社区关系；

  （3）充当犯人与拿薪工作人员之间的中立的联络人；

  （4）以极小的花费提供服务；

  （5）是社区关注监狱问题和对监狱问题做出反应的一种措施。❶

  显然，志愿人员能够成为连接监狱与外部社区的使者。非常遗憾的是，我国监狱还没有采纳志愿人员为服刑人员服务的做法。因此，需要尽快建立志愿人员服务监狱的机制。

专家学者：知行合一的社会责任

  在本书第七章谈到关于"狱内资源共享"问题时提到，应允许专家学者获取监狱学术资源。如此，学者才能将自己的理论与实践更好地结合，再将研究成果回馈给包括监狱在内的全社会。为了使学者能够担当起社会责任，特别是在监狱改革和开放的过程中发挥其特有的作用，目前应在以下几个方面提供必要的条件：

  一是要实现监狱信息公开，以使学者能够开展相关研究；

  二是要为学者研究学术提供方便之门；

  三是要使学者有机会到监狱授课或者担（兼）任监狱官员；

  四是要尊重学者的研究，虚心接受学者的批评，并促进研究成果转化为实践的探索。

社会监督力量：公信力的培育

  除强化立法机关、政协、检察机关等监督力量外，还应组建第三方监督机构。该机构除了对监狱进行常规监督，特别是监督监狱内部规定是否违法，防止服刑人员和监狱警察权益受到侵害等外，还应负责对监狱公共性危机事件进行调查，调查结果及时向公众通报，以提高监狱行刑的公信

---

❶ 吴宗宪著：《当代西方监狱学》，法律出版社 2005 年版，第 633 页。

力。此外，监督主体也应充分倾听监狱在行刑过程中的困难，做好监狱与其他相关部门的协调工作。

如何让权力在阳光下运行，是依法治国的重要内容。北京大学社会发展研究所教授王文章认为："引入第三方监督，既可满足群众对行政执法阳光透明、社会公平正义的要求，缓解不断加剧的社会矛盾，也能够在惩治和预防体系建设和反腐败斗争中发挥重要的作用……第三方监督制度是独立于管理者和被管理者之外的一种监督制度。这意味着做出评估结论的机构既非政策制定者，也非执行者，其实质是一种更客观的社会监督。这对于各种滥用、私用公权力的现象将起到遏制作用。"❶ 特别是在监狱发生公共事件时，需要第三方监督机构进行调查。这种第三方的监督调查，避免了政府调查结果难以取信于民的尴尬，更能维护政府的权威。❷

监狱的实践：戴着镣铐跳舞

记得闻一多先生说过，"文学创作应该像是戴着镣铐跳舞"。这正可以反映目前监狱的处境以及未来的前景。具有反讽意味的是，监狱竟然也不得不"戴着镣铐跳舞"。

监狱"戴着镣铐跳舞"大体包含两层意思：

一是监狱目前面临着诸多不易解决的困境，而有些困境非以全社会之力是无法缓解的，监狱必须在这些困境中求生存。关于这一点，我在本书第五章中做了非常详细的分析。

二是监狱如何在困境中活得精彩。监狱是否活得精彩，最终的评价在于社会公众，而不是完全由监狱自己评价，就像舞者的表现应由观众来打分。监狱若想活得精彩，就非得勇于承担社会责任不可。监狱的社会责任，最终表现为服务社会的实践。

---

❶ 李博：《王文章：第三方监督为权力加把锁》，载《中国经济导报》2014年10月28日A2版。
❷ 蔡金荣：《正当法律程序视角下的第三方调查——以公开报道的三个典型案例为中心》，载《河北法学》2014年第11期。

行动的力量

监狱需要在哪些方面采取行动呢？

一是要勇于创新。作为个体的监狱，要在实践中不断总结经验，探索创新举措。例如国内在监狱教育方面，湖南长沙的星城监狱和浙江杭州的乔司监狱走在全国前列。有的监狱还利用互联网技术丰富会见的形式（如网上视频会见等）。当然，有条件的监狱也可以在半开放监狱建设上作出尝试。总之，民间的智慧是无穷的，关键是要为创新提供一定的平台，目前特别要充分发挥监狱警察和服刑人员的能动性，而不是捆住他们的手脚。

二是要从保障"微小"权利入手。前面我们讲一些宏观方面，必须从立法和制度设计上做出根本的改变。但是监狱完全可以在现在的制度框架下，做些小事，特别是那些事关权利保障的小事。举例来说，及时收发信件，增加亲情电话通话次数和时长，方便服刑人员与家人联系；有病及时诊治，保障服刑人员的身心健康；建立狱方与服刑人员对话交流机制，使后者的诉求有传达渠道；对残障人士给予特殊照顾；监狱建筑设计要考虑到服刑人员自由活动、晒衣等需求；对服刑人员性需求或性健康的关注；等等。总之，要从细节中体现为服刑人员服务的理念。

三是要营造人性化的环境。无论从硬件还是软件上，都要力求从净化人的心灵入手。特别是在处理警囚关系、警警关系、囚囚关系中，处处体现传统文化中所蕴含的精神力量，使服刑人员能够感受到人间的真情，看到未来的前途，真正改恶从善。

拓宽沟通的渠道

监狱的实践，还应该学会与外界社会沟通，既报喜也报忧。目前可以尝试的有：

一是以扎实的调查事实和严谨的结论，向立法机关和政策制定部门提出建议，实现监狱在社会治理中的话语权。

二是开设监狱事务求助平台。在监狱面临困难时，不是一味地请示汇报，而是向社会通报，谋求外界社会公众的理解和支持。

三是建立监狱改革试点及辩论机制。监狱要针对现有的痼疾大胆改革，同时还要对改革进行评估和辩论。尤其是要允许不同声音存在，要让所有关心监狱的人都能充分表达自己的意见，使监狱改革在"兼听则明"中更加理性成熟。

主要参考文献

中文著作：

[1] 爱新觉罗·溥仪. 我的前半生［M］. 北京：群众出版社，2007.

[2] 步先永，陶国元，丁长镜. 监狱工作操作学［M］. 南京：江苏人民出版社，1994.

[3] 曹军瑭. 隐形人——拘禁心理解析与治疗［M］. 南京：南京师范大学出版社，2012.

[4] 储槐植. 外国监狱制度概要［M］. 北京：法律出版社，2001.

[5] 狄小华. 冲突、协调和秩序——罪犯非正式群体与监狱行刑研究［M］. 北京：群众出版社，2001.

[6] 丁长镜. 一个监狱警官的研究手记［M］. 北京：人民日报出版社，2006.

[7] 杜小真. 福柯集［M］. 上海：远东出版社，2003.

[8] 费孝通. 乡土中国 生育制度［M］. 北京：北京大学出版社，1998.

[9] 冯建仓，陈志海. 中国监狱若干重点问题研究［M］. 长春：吉林人民出版社，2002.

[10] 哥们儿. 四面墙［M］. 北京：文化艺术出版社，2006.

[11] 谷春德. 西方法律思想史［M］. 北京：中国人民大学出版社，2004.

[12] 郭明. 监狱学基础理论［M］. 北京：中国政法大学出版社，2011.

[13] 郭明. 中国监狱学史纲——清末以来的中国监狱学术述论［M］. 北京：中国方正出版社，2005.

[14] 郭小凌. 西方史学史［M］. 北京：北京师范大学出版社，2011.

[15] 海岩. 深牢大狱［M］. 北京：作家出版社，2003.

[16] 何兆武. 历史理性的重建［M］. 北京：北京大学出版社，2005.

[17] 黄希庭. 心理学导论［M］. 北京：人民教育出版社，1991.

[18] 季正矩，彭萍萍，王瑾. 当代世界与社会主义前沿学术对话［M］. 重庆：重庆出版社，2005.

[19] 贾洛川，王志亮. 监狱学论坛：第二期 [M]. 北京：中国法制出版社，2012.

[20] 蒋才洪，等. 监狱精细化管理——基于实践的视角 [M]. 北京：法律出版社，2010.

[21] 金鉴. 监狱学总论 [M]. 北京：法律出版社，1997.

[22] 金耀基. 从传统到现代 [M]. 北京：中国人民大学出版社，1999.

[23] 瞿同祖. 中国法律与中国社会 [M]. 北京：中华书局，2003.

[24] 李传军. 公共组织学 [M]. 北京：中国人民大学出版社，2015.

[25] 李福全. 监狱民警执法质量评估 [M]. 北京：法律出版社，2008.

[26] 李剑华. 监狱学 [M]. 北京：中华书局，1936.

[27] 李路路，李汉林. 中国单位组织——资源、权利与交换 [M]. 杭州：浙江人民出版社，2000.

[28] 李豫黔. 刑罚执行理念与实证——亲历中国监狱改革30年 [M]. 北京：法律出版社，2012.

[29] 林纪东. 监狱学 [M]. 台北：三民书局股份有限公司，1977.

[30] 林荣茂，杨士隆，黄维贤. 监狱行刑法 [M]. 台北：五南图书出版股份有限公司. 2007.

[31] 林山田. 刑法通论：下册 [M]. 北京：北京大学出版社，2012.

[32] 罗荣渠. 从"西化"到现代化 [M]. 合肥：黄山书社，2008.

[33] 民进中央宣传部. 严景耀论文集 [M]. 北京：开明出版社，1995.

[34] 邱兴隆. 关于刑罚的哲学：刑罚根据论 [M]. 北京：法律出版社，2000.

[35] 邵名正. 监狱学 [M]. 北京：法律出版社，1996.

[36] 师曾志，金锦萍. 新媒介赋权：国家与社会的协同演进 [M]. 北京：社会科学文献出版社，2013.

[37] 时蓉华. 社会心理学 [M]. 杭州：浙江教育出版社，1998.

[38] 司法部监狱管理局. 岗位基本能力考核提要 [M]. 北京：金城出版社，2001.

[39] 司法部监狱管理局. 全国监狱长政委培训班论文集 [M]. 北京：法律出版社，2008.

[40] 司绍寒. 德国刑事执行法研究 [M]. 北京：中国长安出版社，2010.

[41] 宋洪兴，张庆斌. 监狱安全总论 [M]. 北京：法律出版社，2013.

[42] 宋立军. 科学认知监狱 [M]. 南京：江苏人民出版社，2014.

[43] 宋立军. 新编监狱工作实务教程 [M]. 北京：对外经济贸易大学出版社，2012.

[44] 孙平. 监狱亚文化 [M]. 北京：社会科学文献出版社，2013.

［45］孙平. 文化监狱的建构［M］. 北京：中国政法大学出版社，2007.

［46］孙雄. 狱务大全［M］. 北京：北京大学出版社，2014.

［47］孙雄. 犯罪学研究［M］. 北京：北京大学出版社，2008.

［48］孙雄. 监狱学［M］. 北京：商务印书馆，2011.

［49］田兆元. 文化人类学教程［M］. 上海：华东师范大学出版社，2006.

［50］王汎森. 中国近代思想与学术的系谱［M］. 长春：吉林出版集团有限责任公司，2011.

［51］王捷. 监狱学经典［M］. 台北：大领航国际文化事业有限公司，2004.

［52］王明迪. 罪犯教育概论［M］. 北京：法律出版社，2001.

［53］王明迪，郭建安. 岁月铭记——新中国监狱工作50年［M］. 北京：法律出版社，2000.

［54］王廷惠. 美国监狱私有化研究——私人部门参与提供公共服务分析［M］. 广州：中山大学出版社，2011.

［55］王学泰. 监狱琐记［M］. 北京：生活·读书·新知三联书店，2013.

［56］文史哲编辑部. 国家与社会：建构怎样的公域秩序？［M］. 北京：商务印书馆，2010.

［57］吴宗宪. 当代西方监狱学［M］. 北京：法律出版社，2005.

［58］吴宗宪. 监狱学导论［M］. 北京：法律出版社，2012.

［59］许章润. 监狱学［M］. 北京：中国人民公安大学出版社，1991.

［60］许章润. 现代中国的国家理性［M］. 北京：法律出版社，2011.

［61］严景耀. 中国的犯罪问题与社会变迁的关系［M］. 吴桢，译. 北京：北京大学出版社，1986.

［62］严祖佑. 人曲［M］. 上海：东方出版中心，2012.

［63］阳光下. 走出高墙［M］. 深圳：海天出版社，2005.

［64］杨善华，谢立中. 西方社会学理论（下卷）［M］. 北京：北京大学出版社，2006.

［65］杨士隆，林健阳. 犯罪矫治：问题与对策［M］. 台北：五南图书出版公司，1997.

［66］于爱荣，黄运海. 监狱文化论［M］. 南京：江苏人民出版社，2009.

［67］于爱荣，倪龙兴. 监狱形态论［M］. 南京：江苏人民出版社，2010.

［68］于爱荣，沈建生. 监狱警察论［M］. 南京：江苏人民出版社，2011.

［69］于爱荣，王保权. 监狱制度论［M］. 南京：江苏人民出版社，2010.

［70］于爱荣，魏钟林. 监狱囚犯论［M］. 南京：江苏人民出版社，2011.

[71] 于爱荣，等. 监狱技术原论 [M]. 北京：法律出版社，2007.

[72] 于爱荣，等. 矫正激励统论 [M]. 北京：法律出版社，2008.

[73] 于爱荣，等. 矫正质量评估 [M]. 北京：法律出版社，2008.

[74] 于爱荣. 监狱信息化导论 [M]. 北京：法律出版社，2009.

[75] 于文静，解添明. 科学认知监狱警察 [M]. 南京：江苏人民出版社，2014.

[76] 俞翔，程昱. 实战监狱学 [M]. 台北：高点文化事业有限公司，2008.

[77] 袁登明. 行刑社会化研究 [M]. 北京：中国人民公安大学出版社，2005.

[78] 翟中东. 国际视域下的重新犯罪防治政策 [M]. 北京：北京大学出版社，2010.

[79] 翟中东. 矫正的变迁 [M]. 北京：中国人民公安大学出版社，2013.

[80] 张金桑，于广胜. 中国监狱现代分类制度理论与实践研究 [M]. 北京：金城出版社，2001.

[81] 张金桑. 监狱人民警察概论 [M]. 北京：法律出版社，2001.

[82] 张晶. 正义试验 [M]. 北京：法律出版社，2005.

[83] 张晶. 中国监狱制度——从传统走向现代 [M]. 北京：海潮出版社，2001.

[84] 张婧. 监狱矫正机能之观察与省思 [M]. 北京：中国人民公安大学出版社，2010.

[85] 中国监狱工作协会. 中国监狱类图书总目录（1950—2012）[M]. 北京：中国政法大学出版社，2013.

[86] 中国劳改学会. 中国劳改学大辞典 [M]. 北京：社会科学文献出版社，1993.

[87] 周永坤. 法理学——全球视野 [M]. 北京：法律出版社，2000.

[88] 朱力，肖萍，翟进. 社会学原理 [M]. 北京：社会科学文献出版社，2003.

[89] 庄孔韶. 人类学通论 [M]. 太原：山西教育出版社，2004.

[90] 梁治平. 法辨：中国法的过去现在与未来 [M]. 北京：中国政法大学出版社，2002.

外文译著：

[1] [澳] 迈克尔·R. 达顿. 中国的规制与惩罚 [M]. 郝方昉，崔洁，译. 北京：清华大学出版社，2009.

[2] [俄] 陀思妥耶夫斯基. 死屋手记 [M]. 曾宪溥，王健夫，译. 北京：人民文学出版社，1981.

[3] [法] 埃米尔·涂尔干. 社会分工论 [M]. 渠东，译. 北京：生活·读书·新知三联书店，2000.

［4］［法］米歇尔·福柯. 规训与惩罚［M］. 刘北成，杨远婴，译. 北京：生活·读书·新知三联书店，2003.

［5］［古希腊］亚里士多德. 政治学［M］. 吴寿彭，译. 北京：商务印书馆，1965.

［6］［荷］冯客. 近代中国的犯罪、惩罚与监狱［M］. 徐有威，等，译. 南京：江苏人民出版社，2008.

［7］［美］Joseph A. Maxwell. 质性研究设计［M］. 陈浪，译. 北京：中国轻工业出版社，2008.

［8］［美］布莱恩·雷诺. 福柯十讲［M］. 韩泰伦，编译. 北京：大众文艺出版社，2004.

［9］［美］查尔斯·H. 扎斯特罗，卡伦·K. 柯斯特－阿什曼. 人类行为与社会环境［M］. 师海玲，孙岳，等，译. 北京：中国人民大学出版社，2006.

［10］［美］厄文·高夫曼. 精神病院：论精神病患与其他被收容者的社会处境［M］. 台北：群学出版有限公司，2012.

［11］［美］霍桑. 红字［M］. 侍桁，译. 上海：上海译文出版社，1981.

［12］［美］基辛. 文化人类学［M］. 张恭启，于嘉云，译. 台北：巨流图书公司，2004.

［13］［美］吉尔伯特·罗兹曼. 中国的现代化［M］. 国家社科基金"比较现代化课题组"，译. 南京：江苏人民出版社，2010.

［14］［美］加布里埃尔·A. 阿尔蒙德，小 G. 宾厄姆·鲍威尔. 比较政治学——体系、过程和政策［M］. 曹沛霖，郑世平，公婷，等，译. 上海：上海译文出版社，1987.

［15］［美］兰德尔·柯林斯，迈克尔·马科夫斯基. 发现社会之旅［M］. 李霞，译. 北京：中华书局，2006.

［16］［美］罗伯特·B. 登哈特：公共组织理论：第 5 版［M］. 扶松茂，丁力，译. 北京：中国人民大学出版社，2011.

［17］［美］罗杰斯. 传播学史：一种传记式的方法［M］. 殷晓蓉，译. 上海：上海译文出版社，2002.

［18］［美］斯蒂芬·金. 肖申克的救赎［M］. 施寄青，等，译. 北京：人民文学出版社，2009.

［19］［美］约翰·罗尔斯. 正义论［M］. 何怀宏，何包钢，廖申白，译. 北京：中国社会科学出版社，1988.

［20］［日］小河滋次郎口述，熊元翰. 监狱学［M］. 上海：上海人民出版社，2013.

[21] [瑞士] 菲利普·萨拉森. 福柯 [M]. 李红艳, 译. 北京: 中国人民大学出版社, 2010.

[22] [意] 菲利. 实证派犯罪学 [M]. 郭建安, 译. 北京: 中国政法大学出版社, 1987.

[23] [英] 韦恩·莫里森. 理论犯罪学——从现代到后现代 [M]. 刘仁文, 等, 译. 北京: 法律出版社, 2004.

[24] [英] 爱德华·泰勒. 原始文化 [M]. 连树声, 译. 上海: 上海文艺出版社, 1992.

[25] [英] 安东尼·吉登斯. 社会学 [M]. 李康, 译. 北京: 北京大学出版社, 2009.

[26] [英] 罗纳德·哈里·科斯, 王宁. 变革中国——市场经济的中国之路 [M]. 徐尧, 李哲民, 译. 北京: 中信出版社, 2013.

[27] 中共中央编译局. 马克思恩格斯全集: 第三卷 [M]. 北京: 人民出版社, 1960.

[28] S. E. Taylor L. A. Peplau D. O. Sears. 社会心理学: 第十版 [M]. 谢晓非, 谢冬梅, 郭铁元, 译. 北京: 北京大学出版社, 2004.

[29] 谢望原, 译. 丹麦刑法典与丹麦刑事执行法 [M]. 北京: 北京大学出版社, 2005.

中文论文：

[1] 安徽监狱学会课题组. 关于安徽省监狱布局调整之断想 [J]. 犯罪与改造研究, 2006, 6.

[2] 安徽省蚌埠监狱课题组. 监狱行刑的成本与效益 [J]. 犯罪与改造研究, 2007, 11.

[3] 安徽省九成监狱管理分局课题组. 对监狱行刑成本和行刑效益的分析及思考 [J]. 犯罪与改造研究, 2009, 3.

[4] 本刊编辑部. 只有完善监狱法律体系才能真正实现依法治监 [J]. 犯罪与改造研究, 2000, 5.

[5] 蔡金荣. 正当法律程序视角下的第三方调查——以公开报道的三个典型案例为中心 [J]. 河北法学, 2014, 11.

[6] 陈琴. 丹麦监狱管理及对我国监狱改革的启示 [J]. 中国监狱学刊, 2004, 4.

[7] 陈卫军. 论行刑成本控制 [D]. 武汉大学硕士学位论文, 2003.

[8] 储槐植. 再说刑事一体化 [J]. 法学, 2004, 3.

［9］冯卫国. 监狱工作社会化初论［J］. 中国司法，2005，7.

［10］郭明. 监狱化人格：老布为什么自杀［J］. 青少年犯罪问题，2012，1.

［11］黄丹丽，高维新. 网络舆论监督倒逼机制探析［J］. 四川行政学院学报，2013，4.

［12］吉林省监狱管理局课题组. 监狱、社会、国家的三维架构与互动——关于监狱工作社会化问题的定位研究与思考［J］. 中国监狱学刊，2006，6.

［13］季力. 试论角色认知理论在新犯入监教育中的应用［J］. 社会心理科学，2004，3.

［14］江传理. 死刑限制减刑的必要性与路径选择［J］. 消费导刊，2014，6.

［15］金同小. 1991：中国人权白皮书那一小步［J］. 中国新闻周刊，2012，2.

［16］李文华. 从四川监狱布局调整看监狱布局对刑罚执行的重要影响［J］. 中国司法，2005，10.

［17］李小丹. 安乐死的非罪化探讨［D］. 华东政法大学硕士论文，2007.

［18］李小群，左登豪，于红. 试论监狱干警的价值导向［J］. 犯罪与改造研究，1998，2.

［19］李晓明. 监狱化：问题与对策［J］. 犯罪与改造研究，2003，5.

［20］李豫黔. 全面推进法治监狱建设——《监狱法》颁布实施 20 年的回顾与思考［J］. 犯罪与改造研究，2014，4.

［21］李豫黔. 推进监狱改革发展依法保障罪犯人权［J］. 中国司法，2008，6.

［22］李震. 刑罚轻缓化本体研究［J］. 湖南公安高等专科学校学报，2007，4.

［23］刘保民. 监狱管理精细化研究［J］. 犯罪与改造研究，2014，3.

［24］聂慧苹. 刑事政策的刑法转化与限制——以我国刑事政策研究现状为视角［J］. 中国刑事法杂志，2014，4.

［25］潘国和. 新中国监狱发展史上的里程碑［J］. 法学，1996，4.

［26］彭杰，孙平. Internet 与中国监狱网站［J］. 政法学刊，2001，5.

［27］任平. 走向交往实践的唯物主义［J］. 中国社会科学，1999，1.

［28］上海市监狱管理局课题组. 关于监狱按警戒等级分类的实践与思考［J］. 中国监狱学刊，2007，5.

［29］宋建伟. 对山西监狱布局调整问题的思考［J］. 中国监狱学刊，2007，1.

［30］宋立军. 行刑个别化的根据：从人身危险性到需要差异性——试从人类学视角观察［J］. 中国监狱学刊，2007，5.

［31］宋立军，孙竽. 在押犯生育权保障的社会学意义［J］. 南京人口管理干部学院学

报，2010，1.

[32] 宋立军. 法治精神与法治理念的运行实践 [J]. 重庆社会科学，2013，7.

[33] 宋立军. 超越高墙的秩序：记录监狱生活的民族志 [D]. 中央民族大学博士学位论文，2010.

[34] 宋立军. 监狱：封闭的活地 [J]. 法律和社会科学，2015，14 (1).

[35] 宋立军. 浙江省乔司监狱出监分监狱调查略记 [J]. 犯罪与改造研究，2013，6.

[36] 孙立平. 社会转型：发展社会学的新议题 [J]. 开放时代，2008，2.

[37] 王翠凤. 监狱分类制度研究 [J]. 中国司法，2012，6.

[38] 王金福. 对马克思关于实现人的自由全面发展理论的再思考 [J]. 南京政治学院学报，2010，5.

[39] 王明迪. 一次承前启后、继往开来的历史性会议——纪念第八次全国劳改工作会议召开三十周年 [J]. 中国监狱学刊，2011，4.

[40] 王明迪. 一部具有里程碑意义的监狱人权宣言——纪念"中国改造罪犯的状况"发表 20 周年 [J]. 中国司法，2012，7.

[41] 王平，汪勇. 监狱工作社会化的作用与中国实践 [J]. 西南科技大学学报（哲学社会科学版），2008，6.

[42] 王文伟，梁素富. 论监狱行刑成本 [J]. 中国监狱学刊，2006，6.

[43] 王雪峰，中国教育改造工作的四个重要理念 [J]. 中国司法，2012，12.

[44] 吴涛. 假释与社区矫正——关于我国假释社区矫正的问题与对策 [D]. 河北师范大学硕士论文，2010.

[45] 奚建荣. 合格监狱长的能力构成 [J]. 中国监狱学刊，2003，2.

[46] 夏宗素，耿光明，冯昆英. 新中国监狱学的回顾与前瞻 [J]. 中国监狱学刊，1999，5.

[47] 向长艳. 自媒体语境下受众话语权的理性构建——基于自媒体传播的公共性视角 [J]. 学术论坛，2015，8.

[48] 谢可君，杨关生. 安乐死非罪化探讨 [J]. 法制博览（中旬刊），2013，8.

[49] 杨龙胜. 文化监狱的多视角解读——读《文化与监狱：佛山样本》 [J]. 犯罪与改造研究，2012，10.

[50] 杨龙胜. 文化引领中国监狱行刑模式高端论坛热议文化监狱 [J]. 犯罪与改造研究，2011，12.

[51] 于爱荣. 三十年监狱制度建构的历史语境与策略选择 [J]. 犯罪与改造研究，2008，8.

［52］余智明. 罪犯脱逃谁"埋单"?——由"3·28 案件"到加强监狱执法责任制的思考［J］. 中国司法，2005，11.

［53］曾贵. 中西方文化定义综述与评析［J］. 中南论坛，2010，2.

［54］张宝义. 我国监狱法制建设的新里程碑——关于《中华人民共和国监狱法》的颁布施行［J］. 法学，1995，6.

［55］张大成. 作为通过仪式的入监教育［J］. 中国监狱学刊，2014，4.

［56］张晶. "热炒监狱"现象的批判与反思［J］. 犯罪与改造研究，2012，2.

［57］张晶. 建设现代监狱的江苏样本阐释［J］. 犯罪与改造研究，2015，3.

［58］张晶. 监狱文化的批判性省思［J］. 刑事法评论，2010，2.

［59］张晶. 第三代囚犯［J］. 刑事法评论，2014，34.

［60］张晶. 现代传媒：引领公众关注监狱的新平台——"现代传媒与监狱发展"论坛综述［J］. 中国监狱学刊，2014，4.

［61］张晶. 从政治哲学到矫正哲学——改革开放 30 年来监狱学研究回望［J］. 中国司法，2008，6.

［62］张静. 以信息开放推动一场改革［J］. 瞭望东方周刊，2012，49.

［63］张卫东，尹志超，万华. 民国新式监狱"开放"视阈下的治狱理念及其成果——以民国北京监狱的"学者进入"为例［J］. 中国监狱学刊，2013，1.

［64］张秀夫. 抓住机遇 解放思想 加快监狱工作改革与发展［J］. 犯罪与改造研究，1998，4.

［65］赵秉志，陈志军. 短期自由刑改革方式比较研究［J］. 政法论坛，2003，5.

［66］赵东. 新中国监狱事业的十大变化［J］. 中国司法，2011，6.

［67］郑曦. 我国监狱门户网站评价及发展对策［J］. 中国监狱学刊，2014，1.

［68］种若静. 芬兰监狱管理制度概述［J］. 中国司法，2006，10.

［69］周靖，王惠. 我国监狱或劳教警察职业倦怠研究述评［J］. 时代报告，2012，6.

［70］周勤. 美国罪犯矫正教育的基本做法与启示［J］. 犯罪与改造研究，2013，6.

［71］周晓虹. 中国人社会心态 60 年变迁及发展趋势［J］. 河北学刊，2009，5.

［72］周雪光. 权威机制与有效治理：当代中国国家治理的制度逻辑［J］. 开放时代，2011，10.

［73］周雪光. 社会建设之我见：趋势、挑战与契机［J］. 社会，2013，3.

［74］朱华军. 浙江某重刑犯监狱新入监服刑人员适应性调查报告［J］. 中国监狱学刊，2009，6.

［75］朱华军，苏丽亚. 印象、价位和（监狱）人格——交流与心理发展［J］. 中国

监狱学刊，2014，4.

[76] [德] 玛利亚·邦德，桑德拉·希普. 意识形态与中共的合法性：以官方话语框架为视角 [J]. 周思成，张广，译. 国外理论动态，2013，8.

外文文献：

[1] Bosworth, Mary. *Encyclopedia of Prions and Correctional Facilities*. Volume II. Thousand Oaks, California: Sage Publications, Inc, eds. , 2005.

[2] Brezinka , Wolfgang. *Socialization and Education*: *Essays in Conceptual Ccriticism*, tanslated by Brice, James Stuart, Greenwood Press. Westport, 1994.

[3] Carlson, Peter M. & Garrett , Judith Simon. *Prison and Jail Adminstration*: *Practice and Theory* , Sudbury: Jones &Bartlett publishers, Inc, eds. 2006.

[4] Clemmer, D. *The Prison Community*. New York: Holt, Rhinehart, and Winston, 1940.

[5] Deng Zhongyuan. "Human Rights In Chinese Prisons In the Eye of a Prison Inmate. " *Human Rights*, No. 6, November, 2003 .

[6] Giallombardo, Rose. *Society of Women* : *A Study of a Women's prison*. New York: Johm Wiley, 1996.

[7] Harvey, Joel . *Young Men in Prison*: *Surviving and Adapting to Life Inside*. Cullompton: Willan Publishing, 2007.

[8] Haynes, F. E.. "The Sociological Study of the Prison Community. " *The Journal of Criminal Law and Criminology*, 1949, Volume 39, Issue 4.

[9] Heffernan , Esther . *Making It in Prison*: *The Square, the Cool , and the Life*. New York: Wiley Interscience, 1972.

[10] Hochstetler, Andy &Delisi, Matt. "Importation, Deprivation, and Varieties of Serving Time: An Integrated – lifestyle – exposure model of prison offending. " *Journal of Criminal Justice*, 2005, Vol. 33.

[11] Jacobs, James B. . *Stateville*: *The Penitentiary in Mass Soviety*. Chicago: University of Chicago Press, 1977.

[12] Leahy, June P. . "Coping Strategies of Prisoners in Maci – Maximum Security Prison: Minimals, Optimals and Utilitarians. " *Social Thought*, 1998, Vol. 21. No. 1 – 2.

[13] Stanko, Stephen. *Surviving in Prison*. Gordon A. Westport: Greenwood Press, eds. 2004.

[14] Sykes, Gresham M. *The Society of Captives*. Princeton, NJ: University Press, 1958.

［15］ Thomas, Charles W. &Foster, Samuel C. . "The Importation Model Perspective on In-mate Social Roles: An Empirical Test. " *The Sociological Quarterly*, 1973, Vol. 14.

［16］ Thomas, Charles W. "Theoretical Perspectives on Prisonization: A Comparison of the Importation and Deprivation Models. " *Journal of Criminal Law and Criminology*, 1977, Vol. 68.

［17］ Toch, Hans . *Mosaic of Despair: Human Breakdowns in Prison.* New Brunswick, NJ: Transaction, 1992.

［18］ Wheeler, Stanton. "Socialization in Correctional Communities. " *American Sociological Review* 26, 1961.

附录1：出狱人眼中的监狱管理

访谈人：宋立军、F、L等。

受访人：M，男，曾是某局副局长，原本在A监狱服刑，2011年获假释，接受社区矫正。

地点：某司法所会议室。

时间：2012年1月12日上午9：30—11：30

M不同意录音，于是L用笔记本电脑当场记录，宋立军（以下简称"宋"）用笔进行记录。

M匆匆走进房间。只见他身上背着斜挎包，大约有一米七八的个头，人很瘦，脸长长的，眼窝深凹下来，人很精干却似乎仍多少有些经过监禁的痕迹。我们彼此握手后，相互自我介绍。为了打消顾虑，宋向M简要介绍此次访谈的目的和内容，并寒暄数句。

M：

监狱这块是处女地，但研究起来比较难。

宋：

我曾经做过一个研究，在监狱和犯人一起吃饭，一起生活，只是晚上没有睡在一起。

M：

你们有过这样的工作经验，挺好的。

宋：

我想监狱管理应有利于一个人的回归。当然，我们要争取做到现实和理想的结合，尽管有时现实生活做不到。我们一般只是主观看待监狱，但对于被管理者（服刑人员）到底如何，需要了解您的看法。请您简单回顾您的经历。监狱应该有利于人适应社会，理想和现实可能会有差距，我想知道您的看法。还有监狱的职能是什么，什么原因没有做到？这是我们一直想探求的。

M：

你们所探求的问题，中国监狱改造人是最重要的问题。我是（20世纪）50年代出生的，生在共产党领导下，长在共产党领导下，（曾经）却被共产党划成了它的"敌人"（在这里指入狱成为罪犯）。但我还是不反党的，我绝对不会反共产党的，我曾经是共产党的干部，思想是不会改变的。人的世界观形成后是不会改变的。我90年代出国到日本，当时可以留在日本，但我没有，回来（后），人家说（你）为什么（回国呢）？我说日本虽然好，但不是我的国家，有在别人家做客的感觉。在日本访问期间，大家对我很客气，但骨子里有蔑视。比如有一次我想请人带我去买些东西，回国给人带点儿礼品。有一位日本朋友说："我帮你找一个最便宜的商店。"他带我到名古屋去买东西。我知道，他是为我考虑，好像为我着想，让我少花钱，多买些东西回去。但我心里感觉民族自尊心受不了。人穷志不短。

即使到（现在）这地步，我还是不恨这个社会。

你调查的问题，我也很乐意提供想法。监狱作为国家机器，带有强制性，刑罚的目的是希望把犯罪降低到最低限度，没有哪个国家没有监狱的，即使像一些欧洲国家，比如瑞士，也有监狱，可能监狱没有高墙限制，但也存在监狱的设置，也规定了刑期时间、年限、请假回家的制度。

（对于）我国的监狱，我也思考过一些问题，监狱应当把坏人改造成好人，把所有犯罪人改造成合法公民。但我们监狱存在很多问题，进去以后会感觉到很多资源在浪费。有个领导曾经提出了"三个转变"：从传统型向现代型，从安全型向质量型，从经验型向科学型转变，这三个转变提得很及时，把监狱的问题全部暴露出来了，具有指导性。我看到这则报道后，很激动，感觉中国监狱的春天到了，这是本质性转变。

要实现现代化管理，必须以人为本，包括管理体制、理念、管理方法，要符合时代要求。

我们目前的监狱，说得好听是传统，实际上说落后。

从安全型到质量型。安全第一位。监狱抓数字，从早晨到晚上，点数（点人数），干部的核心工作是点数。就是干部整天围绕数字转，强调监狱安全，一旦数字发生问题，就是不得了的事，上下就会诚惶诚恐。比如吃中饭，点数，发现少了一个，就很惶恐。我数了一下（边想边用手指数），一天集中正常数数十三次。出门、到操场集合，进厂房前点数等。出门点数1、2、3、4，大厅里集中，点一次数，进车间门点数。

质量型，除了进行现有的改造外，就是如何降低重新犯罪率。我们在里面很封闭，所以我在里面很注重与外面接轨。我是200×年进监狱的，当时监狱不允许订报纸，我觉得很奇怪，监狱改造的目的是把我们改造成共产党的拥护者，所以更应注重思想宣传，现在的报纸都是共产党的报纸，都是共产党的宣传部审查的，为什么不给我订？到了200×年一季度可以订，但还是有限制地订。听说有的监狱200×年（比A监狱早两年）开始可以订，在A监狱却不可以。这很奇怪，他们的开放是有限度的开放。当然里面有特殊情况，订报也是逐一选择，比如在我们省，《参考消息》《××晚报》《南方周末》是不可以订的。我就觉得很奇怪，报纸不会反共产党、反社会主义，主要是宣扬正面的东西，其实从某个角度说，也应该让大家知道负面的东西，一个人的成长需要知道正面的东西，也应该知道负面的东西，负面的应该靠我们干部去正确引导，也就是说监狱的干部应该因势利导。

从安全型转到质量型，这对政府干部提出了更高要求。

F：

关于订报纸问题，领导是出于害怕犯人知道得越多，思想越活跃，管理就越困难，害怕造成犯人骚动。

M：

说的是大实话。但他们忽略了一个问题，监狱是代表政府执法，所考虑的不是监狱目前的安全，而应该考虑社会的稳定，国家的稳定，否则罪犯一旦出狱后，就会有种反叛心理。

宋：

是不是应该有个社会本位，从社会本位的前提下进行管理。

M：

对。目前的情况下，服刑人员出来后是对社会起到破坏、反叛作用，还是稳定作用，这是最重要的。但对监狱来说，这样的要求高了，自从重视经济建设以后，地方保护主义、单位本位主义强了点，要求他们从国家利益的角度考虑，这个要求似乎高了点，但从本单位利益考虑，似乎又合理些。

宋：

是不是在小团体利益和社会利益之间，需要寻找一个契合点啊？

M：

社会利益是第一位的。过去监狱经费是差额补贴，从 2008 年开始，要求全额保障，完全纳入国家财政，说白了纳税人养你们，你们就应该对纳税人负责，对社会负责，对国家负责。现在不是要求监企分开，全额拨款吗？

宋：

既然纳税人付钱，就应该对纳税人负责，考虑社会利益、国家利益。

M：

我们常讲"公民社会""市民社会"。里根对民众说："你们是英雄，是你们养活了政府。"但我们现在不太提倡。奥运会周洋拿了奖杯，说感谢父母，感谢纳税人，政府就很反感。其实孩子的教育基本是靠父母，政府也投入，但很大程度上是靠父母。

监狱落后社会至少 30 年，主要表现在管理方式、行为方式、管理模式上。这符合上层建筑滞后于经济建设的规律。监狱的特殊性决定了它要拒绝社会，以前还有农场，20 世纪 90 年代中期还有农场，农场与社会还有接触，但自从有高墙后，封闭性更强了，比如不允许带书进去。我在里面想画点速写，叫家里面带点速写的书。干部检查后，要求把裸体的撕掉，要不就退回去。其实人体是最美的。我不得不把带有裸体画的新书撕掉。

F：

监狱对这是规定最严的，一般都要没收。监狱警察要将裸体画撕掉。

M：

台湾地区的监狱，这种画册是可以看的。从人性角度，其实黄书也允许看，可以缓解压力。服刑人员在里面长时间的生理压力，看黄书也是一种发泄，为什么海员和监狱打架是最厉害的？原因就在于此，生理压力没有合适的宣泄途径。在美国曾出现过这种情况，犯人的女家属状告监狱，说它违法，妨碍她和丈夫的正常的性生活，她认为她的丈夫有享受夫妻生活的权利。这就是不同的理念。我是××师大美术系毕业的，从二十一二岁开始画，一直要画裸体。不否认有些人看这些会有低级的想法，越是神秘，越有诱惑力，可能会引诱一批人，低级趣味，但总比把这种郁闷发泄到干部身上好嘛。适当开放亲情会见，使他们在这些方面得到满足，也能焕发改造动力。亲情会见从 2008 年后取消了，现在夫妻连握手的机会都没有了。在监狱里，有种怪异的现象。过去允许女民警下基层，一旦在室外看到女民警经过，男犯都会停下手中的活儿，哗地一下子转过去，已经演变成这种审美方面的享受。

F：

我原来工作的监狱，搞劳务，有个女师傅来，我们男民警陪着她走，好多犯人盯着她，她说：（犯人）这种目光像在强奸她。

M：

看到女性有强奸式的眼光也是正常的。猫都是吃鱼的，孔子说——（F：孔子说，食、色，性也。）如果连这方面的感觉都没有，就是一个废人了。

宋：

说明监狱没有尊重这种基本需求。

M：

再说会见。我写了一首诗：《隔着玻璃打电话》❶，有时间抄给你。基本从 2008 年奥运以后全部取消亲情会见等，现在全部隔着玻璃打电话。

宋：

我到 A 监狱做了一个月调研，感觉确实很压抑。本来监狱应采取分级

---

❶ 2012 年 1 月 17 日 10：59，M 发来短信："宋先生：您好！意外相识，一见如故，得益非浅！现将旧作奉上敬请斧正：故园东望倍思家，父母妻儿梦牵挂；相见时难别更难，隔着玻璃打电话！"

处遇，达到一定级别，就可以和家属吃饭，可是现在监狱没有。

M：

这可能是因为有监狱出事，才这样规定的。

宋：

实际上在我看来，多少有点儿因噎废食。

M：

是的。前两天我看到 A 监狱在加高监狱电网。估计是有别的监狱出事了。这是"亡羊补牢"。我在里面看到敲墙，因为有人在厕所内撞墙自杀，监狱就把所有的墙全部敲到腰那么高。比如有的房间有人在桌子上吊，监狱就把所有桌子都收掉。

我发现他们监狱的精神很脆弱。监狱应该很强悍，要有强烈的自信。不能理解，监狱作为国家机器，为什么要害怕死一两个人，逃一两个人也正常。外面自杀、高度压抑的人很多。

如果这样的话，某人吃饭噎死了……（宋：是不是所有人都要吃流食？）

F：

来自高层的要求。过去犯人用的是木头凳子，后来都换成塑料的。

M：

说不定哪天有个犯人噎死了，是不是所有的犯人就停食了？用一个不完全归纳推理代替完全归纳推理，不合理的。

F：

比如呼和浩特监狱事件，犯人从大门逃出。于是，各监狱要求所有门岗民警都必须是青壮年，这也是来自高层的要求。

M：

我觉得作为监狱，应该有很足的底气，国家机器啊，监狱有国家的支撑。一两个犯人出事无所谓的，这么恐惧。反而让我感觉到软弱，我估计是体制上的问题。

最近有种新的提法："有私心的好人"。杭州有位打工青年，见义勇为，得了 20 万元奖金。我们总是在强调高尚无私。媒体又来炒作，要让他成为一个高尚纯洁的人。他立刻宣布，20 万元用来改善自己生活。《中国青年报》评论，我们过去把所有的英雄都拔高，一旦成了英雄，什么都无私了。似乎他们没有父母、孩子、妻子（丈夫）等。

我们要鼓励干部做有私心的好干警，谁愿意碰高压线，（牺牲）政治生命，拿自己一家人的饭碗，那可是金饭碗作代价？这是可以理解的，所以制度要配套。如果对社会有贡献后，自己又没有利益，大家都不愿意做。年轻的干警也要五六千元（一个月）。监狱招干（公务员招录）火爆，为什么，大家都是奔着利益来的。因此应提倡有私心的监狱长。

宋：

不能让他变成只有私。

M：

计划经济到市场经济，我们的上层建筑滞后，监狱更滞后，但上层建筑没转过来，让干部、监狱长转也很难。

你们应该有体会，要是长期待在里面，会变成老年痴呆，因为里面不允许有不同的声音，不许有反对的声音。人都有惰性，听不到反面意见，反应就会迟钝，一般知识分子得老年痴呆的会很少。实际上应接受各种信息才行。你们说什么话都是对的，都是半军事化管理。和军人一样，服从命令为天职，忽略了半军事化管理，不能只谈军事化管理，忽视了另一半。马克思说，人的一半是人，一半是兽。

问题的核心不能打在基层领导和干警身上。基层监狱的领导，纵然可能有自身的问题，但是环境塑造人，人也创造环境。"孟母三迁"就是这个道理。

说干警是无期徒刑，而且不可以减刑，只不过晚上可以回家。在里面的知识分子（犯人）敬佩干警，监狱世袭制严重，很多人奉献了青春，奉献了儿孙。现在世袭制比较少的原因，就是制度对它的限制。想从事监狱工作要考试。温家宝总理提到了要重视制度建设。

监狱管理从经验型向科学型转变。监狱过去很大程度上是经验型的。你看，老干警在处理突发性事件问题上很有经验，年轻干警缺乏经验。一旦发生突发事件，比如突然停电，老干警非常沉着："报数，进监房，锁门。"

人一生容易犯两个错误，经验主义和教条主义。读书人容易犯教条主义。如果能够避免这两个错误就是完人了。经验可能起参考作用，却缺少现实意义，现实不能局限于经验。现在，还是靠计划经济下的单向思维，肯定不适应，思维简单，所以存在封锁，不允许做这做那，最容易管理。怎么方便、怎么简单、怎么容易就怎么做。但这是一个多元化社会，有封建主义，有"羊吃人"，有存在主义。

我觉得你们能从监狱出来就是非常好的事，如果待的时间长了会不适应。我刚出来的时候不适应，我刚出来的时候是戴着墨镜、帽子。弟弟买了新手机，开始不会用。我在里面很注重不说监狱的话，即"劳改语言"。我曾经有过设想，编一部"劳改语言字典"，对象是犯人家属，人在里面会不自觉地说这样的话。比如"条"就是找关系，"把子"就是兄弟。我避免"劳改语言"，谨防"二次改造"。一旦适应了里面的语言，出来以后和别人交流的时候，他们就会发现你是劳改犯。人是用语言进行交流的。所以，我把一切业余时间用来看报纸、新闻和书，自己在里面尽力掌握外面的语言，与年轻民警交流，防止老年痴呆。我经常关注网络语言，整理剪报，进行分类，如世博会、奥运会等，以便讲了听得懂，避免出狱后交流困难、费力，这样与外面距离不是太远。自己写思想汇报时用"服刑人员"，避免用"罪犯"词语。我还会在会见通话时，问家人、亲戚："我讲的话你听得懂吗？""和我交流困难费力吗？"

宋：

人类学里面有一个说法，语言反映思维。比如因纽特人对雪有很多称呼，说明雪对他们的重要性。我曾经在论文中写过，服刑人员曾经说自己是"本犯"，现在已经称为"我"。

M：

我在里面避免用"本犯"，我是有意识地避免用。我非常注意在里面跟年轻干部，老干部交流，防止自己出来第二次改造，语言发展快。如果落后五年，一进一出就十年，比如"囧""郁闷"啊，这类网络词汇。我非常想看 IMAX 电影，新式电影，4D 电影，全国当时只有三家影城，北京、上海、广州。当时我出来时，基本交流没问题，就是语速达不到。因为长期在里面缺少交流，在里面没有语言交流，语速达不到现在的速度，反应慢。所以要调适心理，尽快适应社会。不管怎么说，在里面就是隔离社会，我刻了一个章："桃源归客"。在里面，我也刻了个章："桃花源中人"。（这真是）"不知有汉，无论魏晋"。比如那次美国次贷危机，我也在研究次贷危机的影响。有位朋友去看我，200×年他老婆在美国，我了解外面信息，也问他次贷危机对美国的影响问题。就这样，我通过各种信息了解外面的信息，使自己对外面的世界了解更多，减少差距。

F：

除了语言方面不接轨外，其他人没有什么危机意识。

M：

是的，"无知者无畏"，他们素质不高，有95%的人存在问题，有两点：一是"反政府"，都是非理性的；二是出来想发大财。

和我同监室的一个小孩，18岁因为盗窃进去的，当时被判无期。早我一年出来，最后一年和我住一起。我对他施加一些影响，让他多读点书。我鼓励他看点书。他平时也背些唐诗宋词。我鼓励他参加自学考试。可是来不及了，他要刑满了。他说："我不服啊，我出去就要彻底改变，要有房有车，不然对不起这十几年。"我说，出去能吃一碗饭，略有盈余，就不错了。如果外面是满地黄金，外面人干吗不赚钱。三个月前他给我打个电话，问想想看还有什么办法赚钱？他现在一年能挣十万八万，还不满足。我说，你应该知足了。他回家后，父母给他买了一辆挖土机，他表哥是搞工程的，靠这赚钱。他说我不服啊，对不起这十几年。我说，你一定不能有这种想法，你是独子，否则你非出大乱子不可，你父母这么多年，经常来看你，多不容易啊。

宋：

监狱不重视这事。

M：

监狱重视的是劳动，劳动，劳动，再劳动。我建议从劳动型向学习型转变。本来应该是"5+1+1"，但是A监狱是"5+0.6+1"。套用的上海模式，本来应五天劳动，一天学习，一天休息，A监狱是学习两个半天。上午学习，为什么上午学习呢，因为下午时间长啊。上午从九点到十一点，最多就三个小时。十一点开饭，有的时候就到车间开饭。

监狱被称为有围墙的大学，干警给犯人上课，有的就是放放片子。

（给你们）讲个笑话：有一天有个干部讲课，说犯人就像孙悟空，就得给你们"紧箍咒"。可是，他不知道，当年吴承恩塑造孙悟空，是向政府挑战，紧箍咒是个反面道具，孙悟空是个正面人物，是战斗的勇士，是对政府反动的落后的挑战。孙悟空是正面形象，（干警这么一说），成了对政府的诬蔑，这干警反倒把政府说成是反动的了。大多数干部讲课水平很低，不敢恭维。他们没有这个能力对犯人进行教育。

其实监狱应该一半是改造，一半是学习，教员要很有政治思想，不能犯政治错误。我觉得战犯改造是最成功的。我们的干部在那个年代水平不是很高的，但改造很成功，能把战犯（顽固）的思想转变过来。我觉得我们的监狱体制是不是沿袭前苏联体制，前苏联的这套管理模式是非常落后的，广州的下水道是俄罗斯人设计的，一到下雨就堵塞。青岛的下水道是德国人设计的，没问题。前苏联的思想带有封建主义残余，社会主义思想一定要比资本主义进步，监狱的管理模式应该到了改革的时候，要开放中国监狱模式，应该高于欧洲，法国。我建议你们要到欧美监狱考察，做比较研究。

我个人认为，监狱要把犯人改造成：一是不反社会，不反党，不反国家，这是最起码的；二是要让他们出来能自食其力，要有点文化，基本素质要提高，这有待于监狱的教育、引导来改变。设想，把劳动时间变为学习时间，把劳动考核变为学习考核。我们的计分考核就成功调动了他们的积极性。刚才你（宋）说了，谁都不想多待一分钟。可能会变为学习的动力，只要学习了，总比不学好，学多了总比学少了好。为什么欧美文明程度高，整体素质高，就是这个道理。在里面的犯人有个很麻烦的事情，他们互相的学习和感染。干部的讲话听不进，但犯罪交流迅速、深入，大家听得进。（此时，M接电话，前面大概也接了两三个电话）要从劳动型变成学习型。

F：

监狱法规定，改造要通过劳动来改造。

M：

监狱很多方面不按照监狱法做。我们应该怎么对社会有利就怎么改造，这是个核心问题。

搞理论的，应该比他们走出一大步，理论指导实践。我觉得理论要高于实践，毛主席讲过认识是从感性认识到理性认识，从理性认识到感性认识，再回到理性认识的过程。你们做的工作具有划时代意义。如果做得好，对决策层带有建设性建议。……你们的步履也是艰难的，会碰到不合作，牵涉本集团、本单位，包括服刑人员的切身利益，会和干部造成不愉快。

宋：

（我）总不能自己为了研究就犯个罪吧？

M：

不能因为研究去犯罪，一旦涉足，就一辈子完了。我坦率地说，我现在过着隐士的生活，不愿意和社会接触，不想添麻烦了。

………

宋：

好，今天就谈到这里。谢谢您！

附录2：对出狱人钱某的访谈

访谈人：宋立军、张惠（参与了第二次、第三次访谈）。

受访人：钱某，男，1966年12月28日生，流氓、故意伤害、抢劫罪，原判无期徒刑、剥夺政治权利终身，后减为有期徒刑19年，经过多次减刑，2007年5月16日假释，假释考验期至2013年5月9日。

地点：民主村，钱某的家中。

（钱某不愿意让我录音，而当时书写记录亦感觉不妥，故全部内容都是宋立军访谈结束后立即凭借记忆匆匆整理而成。）

第一次访谈（2008年7月21日）

上午10点多，我和司法所张所长、街道办支部李书记来到钱某的家。

钱某的家就在路边，房前是一块菜地。里面长满了各种各样的家常菜，特别是南瓜藤长得很茂盛。菜园边有一口井，这口井大概有年头了。

钱某的房子分为门房和正房。我们进去的时候，一个挂着双拐的老太太站在正房中间的厅里，正切着什么。一个稀疏头发的中年男人站在东屋的门边上，呆呆的样子。这个男人就是钱某。

老太太说自己的腿摔了。我问是怎么摔的？她说是第一场大雪时，走在外边摔的。当时还不知道摔坏了，站起来，可是又摔了一跤，最后就住院了。

我们和钱某说话，他不肯坐着。后来，张所长让他坐下来。问他是不是还在吃"英太清"（张所长告诉我是"因太清"）。钱某说，吃上就可以随便走了。可是母亲不让他多吃，说吃多了会伤害神经。

他家的吊扇也坏了。张所长给他三百块钱，让钱某签字。张所长说，这是他的药费。这些药，医保都不能报。还说，每月给他 280 元的低保，这都是司法所帮助办理的。

我说想给钱某的谈话录音，可是钱某不同意。我看也没什么好谈的，就结束了这次访谈。

第二次访谈（2008 年 7 月 22 日上午 9：15—11：15）

早上我与张某（警校 04 级学生）二人去钱某家。去之前，买了一个西瓜，一元一斤，花了十二元四角。进门时，母子两个都在家。我们来到堂屋，把西瓜给了他们，放在桌子上。我问他们是否吃饭了，他们回答说没有。我说你们吃饭吧。钱某及母亲说，不吃也没事。还是昨天的那个小盆，放在炉子上，我打开锅盖，看见里边是水泡饭。水里的饭是带着锅巴的。西边房间里空荡荡的，靠西南角放着一辆自行车。东屋是钱某的母亲住的，一台立式的电风扇，一台十四英寸的黑白电视机，电视天线牵挂在半空中。钱母的床很破烂，也很脏。

钱某说他的事（入狱）是为了朋友，不是为了自己。当时帮朋友的忙，他就第一个冲上去拿刀把人家给砍了。本来是想杀了他的，但后来这个人没死，就定为故意伤害罪。那时候太冲动了，现在真后悔，一失足成千古恨，说得一点儿都不错。

在上面堂屋坐了一会儿后，钱某就提出让我们去看看他过去的照片。我们就来到西门房。他的照片就摆在床头小桌上的玻璃板下边。大概有两张大的三张小的。这一张是他和其他两个朋友一起照的。他在中间，头发很长。另一张是他单独在金山照的，头发卷卷的。他说本来就头发很卷，不是烫的。在这张照片上，他踩在一只石狮子上，有一种不可一世的派头，很神气。他说这张照片是八几年照的。另两张一寸照片在照相馆照的。此外还有一张一寸的照片，是他刑满前照的，穿的是囚服。当时干部说是假释用的。他过去的照片，母亲要丢掉，他终于说服母亲，留下了这几张。

我问他，在监狱里怎么与家里联系？他说一是接见，二是打电话。我问他是否写信，他说写的。我问他信还在吗？他说不在了，有一次他发现了不少信封，就问他的母亲，怎么有这么多的信封。当听他母亲说是他写的信的时候，他就决定都烧掉了。他的母亲想留着，而他却不想将过去的事再提起。

1. 关于家庭

钱母今年 75 岁，丈夫在钱某还抱在怀中的时候就死在了丹阳，是生病死的。钱某的父亲是山东人。我想让她多讲一些丈夫的事，可是她好像不愿意讲。这里也许有一个很有内容的故事。钱某的姐姐在自己生小孩子时，因婆家不满意生了女孩子而不愿意去照顾，不得已被钱母接回自己家中，据称后来受风而死。当时生的这个女孩也 20 多岁了。

2. 关于读书

钱某 9 岁上学，在陈家门小学上学。小学的老师是叫王大卫的女老师。她对钱太严了。有一次，老师拿着数学作业问钱，你错在哪里了？钱某看着红红的大叉，说没错。问了几遍，他都说没错。而后王老师就给他讲，错在哪里。讲完了，就说错了吧。随即就把他的作业给撕了。那时作业本要自己买，钱没办法只好用胶带将作业本粘好。

"又一次，我听课时向窗外望了一会呆，被她看见了。她就将这个事讲了半天。她讲'望呆'与'呆望'的区别。她问我，我这是望呆还是呆望，我说是望呆。她说，你已经不只是望呆了，你已经是呆望了。"

"还有一次，老师问同学们有什么理想。我说我的理想是当个大学生。她拿起教棍狠狠地打我，说你也想考大学？你知道你是全班倒数第几吗？你是倒数第六、第七。总之，我经常被她用教棍打，现在我的头还能隐隐感觉到教棍打得疼。"

"再有一次，我妈开家长会，因为我姐姐总是班里的三好学生，而我的学习不好。老师当着我妈和姐的面，说姐姐是三好生，怎么弟弟这么笨呢？我心里可不舒服了。"

"当时，王大卫老师对我说，钱某，等你 30 多岁的时候，就会知道老师对你好了。现在想想真是后悔，我怎么没好好学习呢。其实我小的时候学习挺好的，到了四年级就学习不好了，四年级的时候我就不再上学了。要是上学，我就不会是现在的样子了。"

"王老师对我们几个坏孩子都不好。前些日子，她死了。有个小时候的同学见到我说，光哥，告诉你一个好消息，王大卫死了。你高兴吗？我当时回答说，高兴。嘴里虽然这样说，但是心里还是挺伤心的。她的方式不对，但是她还是真心为我好。当时，她对学习好的学生就很好，谁让自己不好好学习了。"

当我想知道，对于他的不上学母亲是怎么看的时候，他吞吞吐吐不想回答。

3. 关于工作

钱母在 39 岁的时候找了一份工作，镇江淀粉厂。干到五十几岁，厂子里的领导找她，让她退休。给她的钱不多，她就把奖状证书等东西拿出来，找领导，结果领导多给他开了一些钱。她还让钱某也到这个厂子工作，是合同工，工资也不高。后来，可能钱某不干了。母亲很不满意，说是正式工，不好好干非得打架。而钱某今天上午说，她不懂，明明是合同工，签合同，三年，她（钱母）非得说是正式工。

"现在因为腿不好，我没办法工作。我恨自己为什么不在里边学点技术。你知道，我所在监区正好是搞机械的，有车工、铣工、刨工，我当时选了装配工。这个活儿轻巧。谁愿意干车工啊。和我一起的一个朋友，他出来比我早，他在里边学的就是车工，现在四千多一个月。当时，如果我想学车工，干部肯定会同意。因为谁要学那个就有点二五（傻瓜）。当时，也怪我妈，她什么也不懂，社会究竟什么技术吃得开，她不知道。要是在接见的时候，她告诉我，我怎么也会去学的。别人的家里人来接见，总要讲一些外面的事，我妈来接见，什么也不和我讲。我现在有时也会埋怨她。我真是后悔啊。"

"现在什么技术也没有。有的朋友问我，在里边学了什么技术？我说，什么也没学到。他们有人就说，如果你学了车工，我直接就给你带到厂里，工资很高的。我刚才说的那个朋友，就是在里边学了车工，在一个厂里干，刚开始给 2500 元，他后来嫌少了。对老板说，不想干了。老板问为什么？他就说，2500 元太少了，不干了。老板说，那怎么办？我那个朋友们说，还用我教吗？后来，老板到他家去找他，说是经过研究决定，真有意思，是他自己的单位还说研究决定，给你的工资涨到 4000 多元一个月。

另外，别的工人都要早上七点就上班，迟到一点也不行，你可以晚一些，八点、九点都没什么，只要把活儿做好就行了。"

"现在要想再学也来不及了，要花钱学还不说，人家也不会好好地教你啊。教了你就是抢人家的饭碗，你说是不是？就说那个车工朋友吧，他对我很好，可是你让他教我车工，他肯定不肯。现在他会说，你的腿不好，不好学，等腿好了，他又会找出点理由不教我。可是如果在监狱里边就不同。如果向哪个人学，他要笑死了（太高兴了），巴不得有人帮他干呢。"

"我的腿本来好了，好了以后，就总想好好锻炼一下，又跑又跳的，甚至三楼的楼梯我也能爬。我从很高的地方跳上跳下，扭着了，是扭伤，你千万别告诉我老娘。等我腿好了以后，我会去找个工作。至于做什么，现在还没想清。我如果没有犯罪，我今天说不定也是个老板了。"

我问他："可能会做什么？"他说："做生意吧。我真的后悔啊，要是真有后悔药的话，我会第一个买。"

4. 关于监狱生活

"本来我是能减刑的，可是有一个月我的考核分是零分。监狱里边有双百分考核，我有一个月是零分。我就去找干部。"（后边的事，我不知道怎么就给岔过去了，应该问一问的。）

"你是东北的。我们监区也有一个东北的。他有一次接见，要了二十几个菜。你说说，我们羡慕死了。我们一般也就是几个菜。那么多菜怎么能吃完呢？一般的人都会将没吃完的菜送给别人吃。别人会客气地说，不要了。可是熟悉的人就会不客气了。而他二十几个菜，还有的一口也没动，等吃完饭，他全倒掉了。你说怪不怪。他家是山东的（在这里，他没有说是东北，而是说成山东的）。过了几天，我看到他，就招呼他：'哎，过来下子。'他过来了。我问他：'你是哪里的？'其实我知道他是山东的。他说是山东的。我一看，他说的是实话，这样下一步我才能再和他说话。有的人就不说真话，他明明是安徽的，但是有人问他时，他会说他是镇江的。这种人你只能随便扯扯，不会跟他说一些真的话。这个山东人不同，他说了真话。看来可以继续与他聊聊。他看看我说：'你是不是觉得我那次把菜倒掉太夸张了？'他说：'我就要倒掉，这里的人都是社会的渣滓，我宁愿倒了，也不给他们吃。'我本来想问问他为什么这样恨这些犯人？和他们有什么仇。是不是他家里怎么了？但是我想，这是他生气的事，我就没有再问了。"

5. 关于适应外界社会

"我快要回家了，想与家里人联系一下。就找到干部，说我要回去了，先得和家里人联系一下，能不能帮个忙，往家里打个电话。我拿出烟给干部，是好烟啊。干部接了，笑着说，这是喜烟，我抽。他就问我，你有电话卡吗？我说，没有。那你说说有哪些要好的朋友？那我当然有三朋五友了。我就讲了一个镇江的，他是贩毒的，家里十辆面包（车）呢。"

"我给我舅舅打了电话，因为我家没电话，我舅舅有。我就打电话。我舅舅问是谁啊。我说是光子。他说是哪个光子，我说是钱某的儿子。"

"当天从监狱里出来，我傻了，这是东门吗？我站了好长时间，在那里发呆。我妈也来接我了，让我坐公共汽车，人家都是小车。我们坐公共汽车从小巴子下的车。我说，咱先别回家，我要先洗个澡剪个头。我舅说，洗什么洗，先回去吧。我生气了。我说，一定要洗，要把晦气洗掉才行。那天我痛痛快快地洗了一次澡，还理了头。"

"我回来是打车回家的。我已经不认识我这个家了。原来外边没有刷白，菜地也不是这么低。我一回来，好多人都站在路边看我。一些上了年纪的人，还会问我，光子，你还认识我吗？我说，我不认识了。旁边那个小伙儿，就是那个门市的老板（与钱某的房子只隔一条巷子，都在巷子与公路的交界处），也跑过来，问光哥，你还认识我吗？我说，认识你，不是××吗。他问我有什么变化，我说长高了，胖了。他说，是。"

"有一个朋友，开车的，他也是里边认识的。他来看我，带着老婆和孩子。孩子都七八岁了。我有些不相信。他说是的。我就和他讲，我应该去南街司法所报到，可是自己找不到。本来要求半个月报到的，可是现在已经都20多天了，不会有事吧。朋友说，没事的。那时候我的腿还是好的。这个朋友就说，我开车送你去吧。来到司法所，我站得笔直，我习惯了。我什么也不敢说，都是我朋友替我说的。因为我感到陌生，不自然。我看到他在滔滔不绝地讲，说是监狱考虑到我的母亲年纪大了，给我假释回来。当时都是他说的，我不知道该说什么，不该说什么，我不敢乱讲话。所长让我坐下来，我摸了摸沙发，不敢坐。我的朋友就说，坐吧，没事，我才坐下来。"

"回来后，真是什么都不懂。看着人家在玩手机的游戏，都不敢靠前，生怕会有什么东西跳出来伤了自己。"

"现在手机多快呀。那时候，我年轻时，坐三轮车，不花钱。我说，拉到××，人家就拉了，他也知道我们是什么人，就不敢要钱。一到地方就下车了。现在可不行，你看打的，你不给人钱，人家一按手机，打110，一会就110就来了，还敢不给钱？"

6. 关于医院治病

"我的钢板要取出来，我的舅舅是个老教师，他不知道从哪里听说的，我的腿不好开刀。有一天，他来到我的床边对我讲：'医生说了，你这个腿呀，挺难做的，钢板已经在里面五年多了，说是开刀可能会残废。'我急了，我说：'残废了还做什么手术，回去了。'你知道我在那里边（监狱）待了那么多年，不陌生。我就去找王医生。我说：'王医生，我要回去了，手术不做了，把钱退给我。'他问为什么。我说：'不是你说的吗，我的手术不好做，做了也可能残废吗？''谁说的？'医生说，'马上做，你看好做不好做。'手术很顺利，一会就做完了。王医生说：'你看谁说不好做了，我算了一下，14分钟就把钢板拿出来了。'我看人家伤口都是一周换一次药，我的一天一换药，我还挺受感动的。第二天，王医生告诉我说，你可以下床走了。医院里有陪护，因为要大解，个子很大，大概有五十几岁，我管他叫老头子。本来我们与他签的陪护合同是8天，一天60元。我看他一天也不做什么事，就要那么多钱，我不想用他了。一天早上，他又来了。我拿着张报纸在看，其实我没看，我是在想，我怎么和陪护说这事，既要说明我的意思，又不要搞得不愉快。看了一会儿报纸，我把报纸一甩，就说'老头子，你看我家里很困难，我这里做手术花了不少的钱，我妈也做手术花了不少钱，现在陪护每天要60元，你看你又不做什么事，从今天开始就不用你陪护了。'那个陪护的急了，对我发火，大喊说：'不用可以，但是今天的钱你要付，几个小时也要付一天的钱。'我说：'不行，今天你什么都没干为什么要付你一天的钱。你以为我的钱是偷来的？那是我妈苦出来的。要么从今天开始就不付钱，要么就一分钱也不给。'后来，陪护的头儿过来了，我一看，认识。他就给协调了。说是别吵了，就给他300块钱就行了。这时我舅舅找我说：'光子，不行啊，我们要给他480元，因为合同上写得清清楚楚，要不然人家会到法院告我们的。'我这个气啊，你说：'你真是老糊涂了，我都办好了，他非得要给480元。'后来陪护的头儿说：'就这样，如果他（陪护）找你们，让他来找我。'"

7. 关于交友

"刚出来，好多朋友来看我。一些把子（没有真正地拜，习惯说法）庆祝我回来，为我接风。经常有朋友来，有一次一个光头，还有一个人，胳膊上刻满那个什么的。我老娘一看就是坏人，不让我跟他们接触。她最喜欢戴眼镜的，就像你是老师，戴个眼镜，一看就是有文化的人。昨天，他们（张所长等人）告诉我你是博士，我啥时看过博士啊，本科就不得了了。我老娘今天见你来了，开心死了。所以我就让我的朋友，下次来了戴个眼镜，穿得也别太露了，穿个短袖衫等。"

他在谈话中，多次谈到一个学车工的朋友。他说："昨天晚上，我的那个朋友来看我。说是要和我喝酒。我当时不高兴，就说，你回去陪你老婆和孩子吧。我为什么不高兴呢？因为他一来就对我说，听说我瘫在床上了，来看看我。我加工资了，我去买酒。我心里不高兴，但是又不能说出来。"

8. 关于与母亲的关系

钱某的母亲今年75岁了。母亲的话，他很不喜欢听，经常要冲她。当母亲讲到女儿生产后，她如何照顾的时候，她就讲左手摔断了，右手摔断了。他在旁边说："你真会讲故事啊。"于是母亲就不再讲话了。

钱某的母亲还说："都是我有一点钱，要不他怎么活啊？都是我给他把着房子，要不他回来都没的住"。她还说，"我不懂啊，他的低保写的是我的名字啊，等我走了，他可怎么办啊？"这些话钱某都不喜欢听。他说："我的腿又不是总也好不了。"

临走前，钱母想将西瓜给我们拿回去。我们拒绝了，她只好收下。

第三次访谈（2008 年 7 月 23 日）

上午 9：20 左右，我们到了钱某的家中。在这之前，我和张惠谈了一些感想。张惠说："这个人不像前边的几个（之前也访谈过几个人），不用我们问他就说。"张惠还说："他是一个怕苦怕累的人，因为无论是在社会上的淀粉厂，还是在监狱里，都不愿意做重活。"

到了他家，我发现他在房间内睡觉，睡得很死。看来即便来了贼他也不会醒。他的母亲在堂屋里，她刚切完土豆，是土豆条。菜板旁边还放着一个白萝卜。旁边的小锅里还有一小袋猪蹄子，钱母解释说，这是托人家买的，给光子补一补。我问多少钱，她说十多块。

我们想对钱母进行访谈。钱母说，她非常忙，腿又不好。"还是让光子起来吧，他已经睡一段时间了。"钱母还说："他腿时间长了就受不了。"我问钱母，房子前边原来是不是就是这个样子，她说原来都是田，一直到山上都是田，后来才有了路。前边曾经有个外国人来开麻油厂。她们都可以在厂里做点事，如洗盆子等。这个厂一开始就和旁边的一个厂吵起来了，外国人迷信，认为不吉利，就走了，现在好像在焦山那儿。钱家的房子里有一个公安发的房屋出租许可证，户主是钱志华，也就是钱母的名字。钱母说，那时儿子还不在家，就把房子租出去。

钱母喊了几声"光子"，钱某终于起来了。他说："我睡着了。"房间里太热了，吊扇早就坏了。光子说："昨天晚上，我一个把子来看我。我就把你的情况说了，说是司法所的一个博士，他给我留了电话，我想给他打电话。可是我没有电话，你有电话能借我用几天吗？他是我的间接同案，他犯的是抢劫罪，我也有这个罪。不过我是在中院判的，他是在区法院判的。他说，他有个手机，但是电池不能用了，你换个电池就行。"

我看了一下，电池真的不行了，已经起泡了。手机品牌是 MEDIA。我就让张惠帮他买一块，下午给他送过去。他表示非常感谢。

我提出到房间外边。他家外边有两条长凳，我就找来块布，擦了几下，我和钱某两人一人一条，张某坐一个方凳，这样就在东门房的阴影下坐下来聊。

我在房间里出了不少汗，钱某说我的身体不太好，有点儿胖，出的汗太多了。他说，他每天都锻炼，一到下午就要练举哑铃。他说练完后，感觉浑身有力。

钱某还说，他最怕警察了。"我到外边去，一看到警察，我就会低着头（他还做出低头的姿势），我不敢看。有一次，我看到那些不是警察的人，穿的衣服像警察的，我也低着头。我妈就告诉我，抬起头来。"他在监狱时间太长了，已经形成了一种习惯，怕警察。

他还告诉我，他入狱前就遭遇了警察。一次，他带着他的朋友们，他左手骑着自行车，右手扛着一把锹。"我看到一个穿白衣服的，戴着大盖帽，那时的警服看不出来。我就喊：'小××，站住，给我拦下来。'就这一句话，我成了第一被告。等我们到他跟前一看，一下子就愣住了。怎么抢到警察身上来了？就一愣的时候，那个警察把枪掏出来了，顶在我的太阳穴上。（他自己用手指着右边太阳穴）我就不敢动了。警察说，让你们同伙的人都不要动。我当时大声叫道：'他们，我不认识。'旁边的人听到我这话才反应过来，纷纷四散逃跑。我的一同案，被这个警察把腿打了一枪，截肢了。这是我在法庭上才知道的。我当时，把他招呼到身边，问他怎么样，他说腿断了。我就说，别装了，什么大不了的，还拄拐，像个男人吗？后来，我仔细一看，他的那条腿只有一块布。"

"当时，他骑着自行车逃跑，警察对天放了一枪，警告他。他还是跑，警察对他开枪了。他说：'枪可真响，我原来以为是假的呢，原来是真的。'他个子很高，骑自行车跑，跑着跑着就觉得脚是潮的。他以为是出汗了，可是另一只腿不潮。等停到路灯下，他一摸，全是血，他一下子就躺下了。后来，他去了医院，腿截了。"

"在我刚进监狱的时候，有一个犯人问我，你叫什么名字，我说叫钱某。他说知道。他就拿出一张《镇江日报》给我看。原来我的事登在报纸上了。这个犯人很有意思，他在监狱里把所有大案子的报纸都剪下来收集。我看到报纸上的标题是，警方破获一个以钱某为首的犯罪团伙，这是第一句话。在报纸上我才知道，这个警察姓朱，还立了功。"

"还有那次，我给人（捅了）几刀，地上一大摊血。我的刀在他的背上，用力太大了，我都拔不出来。我怕了，心想这下子可完了。死人了。

我就说，还是救他一命吧。可旁边的人不听，说救了，就是不死，你也要挨一枪。我踩在那个人身上，才把刀拔出来。我坚持救，可是他们不同意，我最后也没有坚持。我们就跑了。"

"我还有一个流氓罪，我这个流氓罪是故意伤害，人家是流氓罪，我也就是流氓罪了。我也不知道是什么罪。这个罪到监狱里边，人家看不起，人家一听说我是流氓罪，就想办法难为你。有时候你在洗澡，他们就当你的面把笼头关了，不让你洗。在监狱里盗窃罪和流氓罪都是让人瞧不起的。我解释说，我的流氓罪不是耍流氓，而是故意伤害的流氓，后来他们就明白了。"

"我的同案其实我不认识。因为和我在一起的，一般是我村子旁边的人或者是同学。怎么回事呢，说起来有点难为情的。是我的一个同案，他调戏人家十三中的一个女学生。人家女学生找了几个男的把他打了。头上打了好几个包。有一天晚上，我骑车走在大市口，我看见他在拿个气枪打路灯，我就说，你也不怕警察看到，把你抓起来？他就说，在大市口，我怕谁啊。他就说，光哥，到我家去吃冰棒吧。我就去了。到他家要脱鞋，因为他们家是地毯，家里很富，要穿拖鞋。进了屋，他习惯性地甩了一下长头发，我发现他的额头，这个地方（手指了指），有个大包。我就问他怎么回事。他说，说起来，难为情的。我说，你说吧。他就说，他调戏了十三中的一个女生，让人家找了几个男的打了。他说，光哥，你能帮我再打一架吗？我说，我是中班，帮是行，可是我为什么要帮呢？总得有点好处的。他说，光哥，咱俩啥关系，还要给你好处？我想也是，人家求我，关系又这么好，就帮他一个忙吧。我对他说，不过就咱们两个可不行，你有三朋五友吗，一起上。于是他就叫来他的朋友。所以同案我不认识。我打架，可是让他们佩服的。我一直冲在前面的。"

我问到他减刑减得多吗？他说，减了几次，还打了一次架。

"因为人家欺负你，你刚把饭盒端起来，这时就有人用胳膊把你的饭盒打到地上。他故意踩你脚，你问他，他还说，为什么你的脚垫在我脚下。我真受不了，我告诉我母亲，说我不想减刑了。"

"监狱实行六公开，这很好。每个人减刑前都要公示。可是这也有不好的方面。有的人，对你有仇，他一直记着，等到你减刑公示了，他就找你麻烦了。他会想办法，挑起来，让你打他，一打，你就不能减刑了。他不还手，他还要加分。你扣分，他就加分。你说气不气人。"

我问到他四年级不上学了，母亲同意吗？

他回答说："当然不同意了。可是王老师太狠了，上学就像见老虎一样。只要迟到，她就让我们站在门口晒太阳，不让进教室。还不如站在教室后边呢。她动不动就打我们，我的头上打了好多的包。光教棍她就打断了六根。你说狠不狠。我们都恨她。她不光打男生，连女生也打。同学们回家都会告诉家长，因而村上的人对她也不好。我旁边的一个同学知道我恨她，就说，光子，王大卫死了，你开心吗？我说，开心。本来我前三年学习一直很好的。我对蒋老师印象很深。我的学习好，都是因为蒋老师，她是个女老师，那时大概也有五十几岁了。有一次，她留了我和另一个同学，背课文。因为黑板挂在那里不是很牢，蒋老师进教室时不小心碰了一下，掉了下来，一下子就打在老师的头上，她倒下去了，我们两个将她扶起来，她起来第一句话就是，'你们要好好学习'，我们当时太受感动了。那次以后，我们学习进步也很快，经常八九十分，还有 100 分的时候，有时候 100 还加一颗星，有时还加两颗星。现在好像没有这样的了。她还写评语，评语很草，我们看不懂，我就找高年级的学生看，他们说，这是好话，是说你学习态度端正，我别提多高兴了。村上人也都夸我，说我写字写得好，其实是我学习成绩好。"

"吃了官司后，才知道不能冲动，做什么事要'三思而后行'。有一次，我在旁边的一个店里，一些人在打牌（他悄悄地对我讲，就是赌博）。我在旁边看，说了一句：'什么臭牌。'那个人对我说，光哥，你别说话，你要说我怎么打牌啊。这话我不愿意听，小子，你才多大一点，我可是你大哥啊。我站在那想回他几句，可是想想他说的也对，人家那么多人在看，都没说。我说得也不对。但是那么多人，在旁边看着我呢，他们在看我会怎么处理这件事。我就到老板那里去买烟，我拿一张一百的，要买一盒二十多块钱的。老板奇怪地问我，光子平时你都买 5 块钱的，今天怎么买这么贵的？我说，你给我拿吧。我拿了烟，给在场的所有人，包括玩牌的，每人发了一支烟，就走了。我也没说对不起等之类的话，一句话也没说，我就走了。"

"现在这东西可真是先进啊。我的一个把子，他会玩电脑，还会聊天，和女的聊天。他怕老婆知道。我去他那里，他忙着玩电脑，就说，光子，坐吧。抽烟。我看着挺奇怪的，什么都没有，就是按按就能出字，真是不知道怎么回事。我就坐在那里看，不吱声。他在与人聊天，他老婆一来，他马上就换内容了，变成听歌了。我坐在那里不作声。等他老婆走了，我就问他，你怎么会这样，老婆和你是最近的人，应该老婆在与老婆不在一个样。他也很怕老婆，他老婆说，做饭去。还当着我们的面，揪着耳朵。不过他做得一手好菜。"

我问他是否想成家。他说："我不想这事。我的好朋友也都劝我成家，你看我现在这情况怎么能成家呢。一日三餐都弄不来。身体这样不好，家里什么都没有。我就是想把母亲照顾好就行了。"

谈话间，钱母一直催着我们吃西瓜，钱某就是迟迟不动。在这之前，张惠看到我热成那样，就去外面给钱某和我一人买了一瓶矿泉水，钱某说要冰冻的。在张惠买水时，我问他左手中指上的骷髅文身，他说是他和七个把子一起做的。他说他们有的当老板，有的上班，也有的坐牢。

当钱母手拿刀子要钱某切西瓜时，我主动站起来，将半只西瓜（昨天我们送的西瓜）切了一半，分成五小块。钱母在旁边说，切大点切大点。我留给钱母一块，余下都用盆子拿来。钱某称牙疼，不想吃，我还是给了他一块。我们都一点点地吃，边吃边聊。不知道说到什么话了，钱某想回答我，可是突然噎住了，那样子可真吓人。钱某一头的汗。我说吃东西也会噎到？他说不是，一大块西瓜在嘴里，他想说话，想想就给它咽下去吧。可是太大了，咽不下去，也吐不出来，太难受了。

我看他这样难受就打算停止访谈了。我就又问了一下他母亲的事。他说，可能是重男轻女吧，他随母亲的姓。姐姐随父亲的姓，姓王。自己对父亲没有一点印象，连照片都没看过。母亲藏起来了，不让他看。他说，母亲的亲戚很多，她的兄弟姐妹多，有的在上海，有的在香港。"可是我回来都没人看我。香港的那个舅舅曾经让我老娘把房子卖了去香港。她没同意。要真是那样，我回来，没有地方住，没有饭吃，我肯定又要犯罪。不能抢了，我也会偷的。"

第四次访谈（2008 年 8 月 22 日）

天气凉快多了，昨晚及今天早晨还有点儿冷。今天晚上一家人与魏××（同事）在和盛食府吃晚饭。吃过后，我就顺着长江路去钱某家。我的电动车昨天晚上没有充上电，电不足，我只能一点一点地走。大概晚上8：40，我到了钱家。钱家的大门敞着，没有任何光亮。钱某的房间关着门，上房的门也大开着。我跑到上房，喊，光子在吗，喊了两三声，没有人回答。我感到奇怪了，怎么母子俩都不在吗？我就出来了。我看见有一个人靠在拖拉机上，像是钱某，我一喊，果真是他，他在与人闲聊呢。我说我来看你了，并把在路上买的猪耳朵给他，他推着说不要。

于是我们就进到他的屋里去。他说老娘早就睡下了。我说，我好久没来你这里了，刚刚和朋友吃完饭，今天顺便来看看你。他说，你是跟××认识吗？他的女儿考上大学今天请客的。我说不是。

进了屋，他就说："对不起啊，那次，我那话，让你生气了。"我一愣："什么话啊？我怎么不知道？"他就说："就是那次西瓜的事啊，我说都是因为你问我话，我才噎住了。我很后悔，我怎么说那样的话？那天你那个学生来，我想让她坐坐，想跟她说，我不应该那样说，说那样的话，可是她不坐。我也没有别的意思，就是想让她把我的话带给她老师。你要是带个男的就好了，我就跟她讲了。"我说："没什么的。"

"刚刚我的一个同学，小学四年级，是做煤球生意的，是大老板。刚在你来之前走的。我的腿好多了，可以帮老娘买菜了。好了之后，我要找一份工作做。我的表哥上次问到我好没好，如果好了帮我找一份工作。"

在钱某的心目中，博士是高不可攀的，没想到能和博士做朋友。他将和我交往的事告诉他朋友，朋友都说，你知道博士是什么吗，就是教授啊。

在钱某看来，什么是有本事？就是能让别人为自己打工，而不是给人家打工。

他举一个例子，有一个吃了四年官司的人，他现在做大老板了。这个人对钱某说，你在里边待的时间长，你不知道，现在要想混得好，就得人帮人。这个人一脸的凶相，家里人都怕他。还有人说他外面有人，可是钱某不认为他是坏人。此外，那个煤球老板，他的小学同学，和他同岁到现在还没有搞对象。有人说这个煤球老板是乱搞男女关系，钱某说，不是那样的。说这个同学想找一个年轻漂亮的大学生，起码要有大学水平的。他经常请人吃饭，也都是大老板，还有男的和女的常到他这里来，来的女的，个个都像贵妇人一样。他的生意一次就是七八十万元啊。这个老板就住在旁边。

钱某的母亲本姓任，但是由于当年家中的孩子多，就被送到钱家。据钱某说，母亲是最小的孩子。送的人家的太太叫钱任氏。"我小时候也奇怪，为什么我舅舅都姓任，而我老娘却姓钱？我老娘就和我讲了。还说当时太困难了，她还吃过什么糕，说是吃完了就大不下便。"她家孩子多啊，还死了两个，钱某说他都没见过他的二姨娘。

对于钱某的父亲，看来钱某真没有印象。他说："那时，我太小，我老娘就带我去丹阳，她还告诉我说，不能说你爸死了，就说去玩。"我说为什么？钱某说她老娘不想让别人知道家中的事，人家知道会乱问。钱某还说："当时我很小，我老娘把我抱在怀里，我姐被拉着，我隐约地觉得好像是火葬场，我看到一个人睡在那里，我也不知道是不是我老子，反正我老娘哭啊。"

在谈话间，我说蚊子咬我了，钱某就点了蚊香，蚊香盒盘里的灰已经很多了，但是他还是没有倒。因为我告诉他我九月就去北京上学了，他很吃惊，怎么会在桃花坞上班还去北京上学？我解释给他听。他往我手机上打电话，让我记下他的号码。这个电话就是上次张惠帮他配的电池。他说买电池那天，很晚了，张惠还没有送电池来，他就急了。说不是怕别的，就是怕把那块旧的电池弄丢了。可是张惠比较讲信用，晚上给他送来了。

我说电话还可以发短信呢？我问他会不会，他说不会，还很吃惊。我给他演示了两遍，可是他依然不会。在监狱里待了那么长的时间，这个不会是很正常的。

"我老娘是文盲，为什么呢，我在里边的时候，我娘接见我给我钱，都是100元、50元的给我，打个比方说，一月给100元，二月就给50元，三月还是100元。我省吃俭用，每月的零花钱20元，我硬是省着用，到出来时，我就有七八百元呢，我没告诉我老娘。想想出去总得要花钱。到外边一看，钱真不够花啊。我刚回来时去九里街超市买东西。一进去，吓坏了，眼花缭乱。这是不是宾馆啊？过去，买东西是柜台，现在自己拿，我自己还不敢进去，还是我老娘陪我进去的，我不敢让我的朋友陪我，因为老年人细心啊。我顺着电梯上去，下来时，我想走下去，谁知道电梯自己可以走，我差一点摔了个大跟头。我跟我的朋友讲，他们都笑我。老娘要买牙膏总是挑最便宜的。上年纪的人就是这样，因而我不喜欢和她一起买东西。她细得不得了，连买东西的方便袋都留着，我回来的时候对她说，你怎么不收拾一下，你看人家多干净，进门还要换鞋，你看咱们家到处都是方便袋。她说，你有个家就不错了。"这时，钱某就不能说什么了，要不是他老娘，他真的就没地方住了。

他老娘还有可笑的地方。那是有一次坐出租车，钱某抽烟，钱母说，你怎么能在车里抽烟呢，别把人家车点着了。那次被人宰了，到359（医院）花了15元。后来有一次钱某坐出租去359复查，问能不能抽烟，那司机说可以，钱某不仅自己抽了，还递给司机一支。司机开始不要，钱某说不抽就是瞧不起自己，司机没办法也抽了。他们谈了一路，司机最后不想要他的钱，说是就当朋友拉一程。司机还将他扶到医院里。钱某说这8元钱一定要收，你们也不容易。如果下次还能坐上你的车就是我们有缘，我们就交个朋友。钱某后来拿这事对钱母说被宰的事。

我说，你对你老娘要好一点儿。他说，是的。等腿好了，一定要找个工作不让她操心了。是命运逼着他必须好好的。人也不小了，不能再不务正业了。他还说，等他好了，会请我吃饭，把他的那帮当老板的朋友叫到一起。到九点半的时候，我便告辞了，钱某说，等腿好了，会打电话告诉我的。

在交谈中，钱某总会说："钱是好东西。"而先前访谈的李某（另一个女矫正对象）也喜欢讲同样的话。

附录3：监区周例会记录

一般来说，每周一次（例如星期一）的例会，对监区工作是非常重要的。在这次由全监区民警参加的会议上，对上一周的情况进行回顾，对本周工作进行部署。下面是我2008年某天对某监区周例会的记录：

会前，大家都你一言我一语地说笑着，这是一个难得欢聚的机会。

会议开始了。

有人谈到服刑人员王某某的事，女警中心负责电话监听和收发信件的女警曹警官说："王某某与老婆一直不是很好的吗？"副教导员冯警官说："他主要想与减刑相挂钩。找朱某某（警官）要求打电话，说是让家里人接见日不要来了。可是打电话时，突然又叫家里人来。对于是否让其会见请示李某（狱政科副科长）、张某（狱政科科长）。他们说，这有什么。犯人打架很正常。犯人处理过了。"

孙某（教导员）："不管他，让他接见。接着讲。"

邓某（警官）："（我所分管的小组）正常，带值班都是正常的。上周五，站队时，代某没下去。"

孙某（教导员）："代某是否得到同意？要查一下。"

邓某（警官）："我问他，他说头疼，我对他说，这是最后一回了。另外，这几天稀饭太稀了。与生卫科要说一下。杂务组，单独打（饭菜）不好，现在（他们）都提前，事先打好了。不应该这样。他们几个人单独弄个桶，捞五份，还帮其他人捞。还有小岗，也有单独桶，不能提前打。其他犯人有意见。这种现象要杜绝，人家（其他犯人）看到难过。"

……

李德某（警官）："（我分管的）小组对计分考核意见较大。谢某某、文某某由9分降到8分。崔某某，孙某，因为劳动位置争吵，批评教育，态度蛮好。早晨，项某某，（在车间）嫌音响太吵，（播放）摇滚（音乐），摇啊摆的，年轻人喜欢，但是项某某这个年纪的人不喜欢。王某某（年轻警官）也喜欢。"

孙某（教导员）："本身我们监区有高血压和心脏病的，不能总是放这样的音乐。"

李某（警官）："（声音可以）开小点。"

杨某某（监区长）："曹某某也怕听。"

冯某（副教导员）："摇滚容易将精神病激出来。"

李某（警官）："（服刑人员水房）水龙头，六个只有两个好用。"

杨某某（监区长）："刘某（警官），还是你负责下，要四分的小管子。"

李德某（警官）："吴某在厕所滑倒，还得买垫子。"

王某某（警官）："二十几块（钱）一米，（避免）犯人摔倒，钱某某上次摔倒了，现在不能动了。"

李德某（警官）："孟某（服刑人员，某劳动小组长）要走了，得找个人接替他。"

张某（警官）："上次讲的那个局长怎么样？"

……

朱某某（警官）："周某某，哭了。这次报减刑，每月才得5分，分数还不够。他劳动态度很好，但是他的上道质量不好，影响了他的产量和分数，他感觉很委屈。以后在劳动方面的考核得考虑到这方面的因素，有的人劳动质量差，能力差。现在这种规定是不合理的。"

顾某（警官）："昨天（产品）返工，某某报减刑，前三个月每月6分，没机会不就惨了吗？想换人，能找到好人吗？"

杨某某（监区长）："新来的呢？"

……

孙某（教导员）："人人想干的（岗位），分数降下来，都不想干的（岗位），加分。"

顾某（警官）："来个竞岗。"

孙某（教导员）："某岗位，愿意干的，分数提高。周某某他要是想做的话，分数提高。这个岗位要考虑刑期长一点的，这个岗位上的应该是高手。"

……

顾某（警官）："产值三万四，三万五，怎么弄?"

邓某（警官）："一个人影响一大片人。"

……

孙某（教导员）："王某某跟某某市医生不配合，说人民医院糊弄他。王某某拍片子报告放在档案里。看病的表现，有价值的，医生医疗条件那么好，医生的话基本不听的。在医院时喊声很高，要求做CT，就是想做手术。做了CT，民警对医生反复讲10年以上重刑犯，要早一点治，当天要回到监狱。民警与医生的这样交流，被王某某认为是民警与医生串通。从过去就一直抵触，不配合。我们始终妥协让步。开了160多元药。王某某对我们抵触情绪非常大。他不吃药。我们要做材料，让犯医❶做材料。让他吃药，他拒绝吃，就让他本人签字。CT很清楚，没有任何大毛病，确实有骨刺，晚上躺着的时候也不用人扶。他的反社会情结太深了。看病过程中，干部为什么要去与医生勾结？他对任何人都不信任，认知相当偏激。他坚持说，必须开刀。他得寸进尺，带看病是没效果。人民医院的医生说：'你不用开刀。'"

顾某某（警官）："孙某和温某某之间闹了矛盾。温某某想坐在孙某的床上，说你要回去了，我想跟你聊聊。孙某某不让坐，两个人闹了矛盾，孙某用拐杖一扫，捣在温某某的牙上了。""陈某某在计分考

---

❶ 犯医，是指每个监区配备的卫生员，由该监区服刑人员担任，没有处方权，主要是协助监狱警察管理生病服刑人员的药物，督促吃药；及时发现病情，向警察汇报；协助警察做好卫生防疫、防暑降温等。监狱在选择犯医时，一般选择入狱前从事过医疗或医药工作的人，或者经过监狱医务部门短期业务培训合格的服刑人员。

核表上不签字，他嫌分数少，对民警说：'我不要分，不要减刑。'以前给他5分，现在给4分。"

……

冯某某（副教导员）："上周我值班时，葛某某，周五早上要求调床，说别人打呼噜睡不着。这理由不行。他就说：'以后睡不着，得病，发病别怪我。'他有过精神病。"

……

杨某某（监区长）：

"一、政工部门要求我们民警向某某同志学习，学习心得不少于五篇，他的事迹材料，（内）网上都有，有时间学学。（会议）记录上要有啊。某日前交到政治处，迟交一天就要扣分啊。

"二、王某某（警官，内勤），顾某（警官）七月份优秀民警评审材料要交。

"三、最近犯人中事情不少，站队问题……该处理要处理。要落实，抓好。早上稀饭和中晚饭分菜，杂务组要与集体一起分饭，否则给犯人不好的印象。三是计分考核方面，要说清楚……分管民警要做思想工作。何某某，想拿高分，达不到6分。可以让他上下货，再到杂务组帮忙，这样每月可以考核6分以上。垫子的事，与杨监（副监狱长）联系，向生卫科再反映反映，让代某某保持干燥，目前要用干的东西把地上擦干净。干得好，可以给代某某加1分。王某某，该看病看病，给他安排岗位，如果不参加劳动，每月只能给1~2分。如果有违规就做材料，不能一味迁就。他人格有障碍。加强收出工管理，分饭、放风，秩序要好。3月行为规范整训，8~9月国庆保安全，都得做好。如果整个监区成绩好，还可以提高减刑的名额。要物色大组长。某某十月份就减刑回去了，得找个人。还真难找。犯人里的事情多，协助民警做工作不容易，魏某怎么样？"

陈某某（警官）："他不错，打菜从不占便宜，不搞名堂，家里条件也不错，不会贪占其他犯人的东西。声音也不小，作为大组长能喊喊的。"

……

王某某（警官）："实在不行，干部（警官）兼（任犯人大组长）。"

邓某（警官）："要兼也是你兼。"

（与会人员大笑）

……

杨某某（监区长）："研究一下减刑假释名单。"

（大家手里都有一份表格，故冯某某只是简单解释一下）

冯某某（副教导员）："打申请21人，不打申请的不谈。王某1积1表，5年刑期，报减1年；孙某，1积2表，假释；冯某，1积1表，减1年3月；李某，强奸，10年以下没事，可以报假释，看是否惯犯累犯；王某某，表扬，还有6个月26天，外省贵州的，2年刑期，这事之前，一直稳定。不能怪他，（打架他）没还手；钱某某，省劳积，只能报减刑，1年10个月；陈某某，受贿10年，减1年7天；陆某，强奸，减1年5个月，因为犯罪时未成年，可以多减3~6个月……"

经过简单讨论，无异议后，大家纷纷在减刑假释会议记录本上签字，在申报减刑的相关表格材料上签字。这次讨论以及相关材料将作为减刑假释的必备材料之一。

杨某某（监区长）："某日晚上6点16分，某某（监狱警察）的儿子结婚，不值班的同志都参加啊。"

附录4：监狱警察夫妻的 32 小时[1]

监狱警察，在外人看来，是一个神秘又令人浮想联翩的职业。然而，一线监狱警察一个工作班次的工作量鲜有人知。因为职业关系，很多监狱警察很难结识圈子外的异性，所以诞生了很多夫妻警察，张琦与董坤就是其中的一对。

2015 年 9 月 9 日早上 7 点 30 分，阳光明媚。张琦与丈夫董坤站在指定乘车点等候单位的班车。张琦与丈夫同在监狱系统工作，张琦是南京女子监狱十监区教导员，而丈夫则在一墙之隔的南京监狱九监区担任监区长。十岁的女儿用力地挥手，大声地说着"爸爸妈妈再见"。张琦说，每天早上女儿都会送他们上班车，然后再独自去学校上课。

8 点 10 分，张琦进了监狱大门。她已脱下便装换上警服，直线距离不长的监狱二道门，张琦手持通行证经历了数次严格的核验，最后接受二道岗的安检。进入二道岗之前，张琦有着多重的身份，她是女儿，是母亲，是妻子，是普通的社会一员，但进入二道岗之后，她只有一个身份——一线监区的一名民警。

8 点 20 分，张琦来到监区办公室穿上"六件套"。"六件套"是监狱民警的基本配备，分别是民警执勤记录本、对讲机、催泪喷雾器、强光手电、警哨、伸缩警棍。在监区，4 公斤左右重量的"六件套"要一直穿着，"时间长了，腰上觉得特别沉。"张琦说道，"腰上那一圈特别不透气，尤其是夏天，发红发痒挺难受的。"

8 点 30 分，执勤记录本上密密麻麻记录着前一天值班的狱犯情况，张

---

❶ 付琳茜：《监狱警察：一对夫妻的 32 小时》，载 http：//js. ifeng. com/news/detail_ 2015_ 09/21/4369776_ 0. shtml。本部分的引用得到作者许可。

— 256 —

琦正在与上一班值班同事进行交接，同事提醒她要密切留意一名女犯，她最近的情绪不是很稳定。相关的情况一一交接完毕后，接班的张琦即进入主班模式。

9 点 10 分，监区操场上的国旗迎风飞扬。服刑人员在民警的指挥下进行队列训练，大家整齐有致，使得其中一名女犯慢半拍的动作尤为突出。张琦注意到，这名女犯正是交接班时同事提醒需要留意的那位。队列训练结束时，张琦单独喊出该名女犯询问，女犯的丈夫也在男监服刑，家里近日又出了变故。

9 点 50 分，监狱心理咨询中心，心理咨询师正在运用音乐疗法对一名服刑人员进行心理矫治。监狱的心理功能室有沙盘、静心、宣泄、生物反馈、催眠、音乐放松等多个项目。使用音乐治疗仪可以让服刑人员放松身心，舒缓压力，消除不良情绪，提高应激能力。

10 点 30 分，监狱习艺楼车间。一排电脑前，服刑人员正在学习电脑 CAD 服装裁剪技术，张琦正在手把手地教服刑人员操作。监狱的这种职业技能培训会由专业机构鉴定，合格者可以拿到国家统一的职业技能等级证书。

11 点 30 分，"感谢国家培养护佑，感谢父母养育之恩，感谢农夫辛勤劳作，感谢大众信任支持"，饭前感恩词在能容纳千人的监狱餐厅上空回响。服刑人员在监区管教民警的带领下集中就餐，如有特殊饮食要求的，监狱食堂会准备病号餐、少数民族餐，等等。

中午 12 点，带领服刑人员就餐完毕的张琦轮换出二道岗，前往民警餐厅就餐。在二道岗的储物柜，张琦拿出自己存放的手机，看看是否有未接电话或微信、短信。"手机不能带进监狱，所以一脚踏进监区，家人朋友就很难联系到自己。"张琦说道。

13 点 10 分，南京监狱，一次特别的会见。12 对有亲属关系的男女服刑人员正面对面地交谈。每年的端午、中秋、春节等传统佳节，监狱会组织有亲属关系且表现良好的服刑人员进行会见。今天并不是什么特殊的节日，监狱安排的这次特别会见是因为近期推出的活动，"2326 改造套餐"。2326 代表北纬 23 度 26 分，即北回归线，寓意希望服刑人员能回归社会，回归家庭。张琦领着上午情绪不稳的女犯来到南京监狱参加了这次特别会见，她在现场看见了丈夫董坤，但董坤留给她的却是一个忙碌的背影。这也是夫妻 32 小时里的唯一见面。

13 点 30 分，董坤正引领一位老人通过长廊前往监内会见室。老人牵着孙子来看望正在服刑的儿子，"会见要先申请，然后在监狱候见楼大厅取号、登记，轮到自己了再接受安检才能通过"，老人流利地说着，显然她对会见流程了然于心。"每次来我都要问问有没有什么新政策，问问儿子的改造情况，民警都很耐心地给我这个啰唆的老太婆介绍。"

14 点，家属会见结束后，董坤来到监房。多年的一线工作让董坤练就了一双"火眼金睛"，服刑人员一个细微的眼神或不经意的动作已会触动他的一种感知本能。刚见过家属的一名服刑犯眼底明显流露出焦灼。董坤将男犯领到监房的狱务公开栏前，分析他的计分考核情况，解释减刑假释政策。董坤告诉男犯要振作起来，明天上午监狱科技法庭开庭，他可以申请去旁听，从别人身上学习成功改造的经验，积极改造才能争取早点回家。江苏监狱严格落实司法部深化狱务公开的意见要求，坚持"公开为原则，不公开为例外"，对涉及罪犯监管改造的事项，包括对基本执法制度、重点执法环节、公众关注焦点、服刑人员权利义务等进行全过程、全方位的公开，利用狱务公开栏、会见室电子显示屏、刑罚执行信息平台以及网站、微博、微信等载体，建构多元化、立体式、分层次的狱务公开体系。

14 点 30 分，一名新民警正在监房大厅接受监狱的无册点名测试，董坤双手背着默默为他计数。所谓无册点名，即民警在没有服刑人员名册的情况下，仅看服刑人员的后背就要准确地报出他们的姓名。由于服刑人员统一着装、发型一致，看后背就要认出谁是谁，对新民警来说是一项很具挑战的基本技能。接受测试的新民警是董坤的徒弟，"监狱的工作非常复杂，所以新民警进来一般都会有经验丰富的老民警带着，一对一，手把手，传帮带，"董坤说，"监狱长期以来一直有'789 手牵手'的传统，就是 70、80、90 年代三个年龄层的人递进带徒。"

15 点，监区民警汇集在办公室召开狱情分析会。这是监狱每周的固定会议，主要对一周来的狱情信息进行汇总和分析，要求民警必须对自己分管的服刑人员情况了如指掌。这次分析会发现解决了一些隐患和问题，董坤和他的同事们在经历了紧张的研讨之后露出了轻松的笑容。

17 点，董坤已下班回到家中给女儿准备晚饭，三口之家干净整洁。"我和孩子他妈已经尽量错开值班时间，但一周也还是难得有几次能一块陪孩子吃饭"，董坤说道。女儿抬头望了望时间，知道这个点妈妈也出监区吃晚饭了，便拿起手机拨通了张琦的电话，跟妈妈说说话。孩子想妈妈了！

19 点 30 分，新闻联播播送完毕。每晚此时，民警都会对服刑人员当天的改造情况进行讲评，同时通知一些注意事项。张琦站在讲台前，面对着百来号服刑人员，正在点评今天他们的表现。突然有一名服刑人员举起手，原来张琦刚刚点评到她今天状态不佳，她举手报告个中原委。

20 点 30 分，张琦在亲情电话室组织女犯有序地拨打亲情电话。服刑人员每月可以根据分级处遇拨打亲情电话，有特殊情况可以申请额外拨打电话。这样既可以缓解服刑人员的思家念亲之情，也可以让家属了解其在狱内的改造情况。管教民警也可以通过亲情电话更全面地掌握服刑人员的所思所想，并因势利导地对其改造进行有针对性的指导和帮助。

个别谈话是民警教育改造服刑人员的最直接、最有效的措施。当服刑人员的家庭出现变故、情绪异常等情况时，管教民警会对其进行个别谈话谈心教育。民警会利用情感互动和生活关怀等感化手段，帮助服刑人员端正思想、调适好心理、走好改造之路。

22 点，监房的服刑人员分两列整齐站立，张琦一一点名清点人数之后，服刑人员就可以就寝休息了，这在监狱里叫作"收封"。除了清点人数，值班民警要锁好监房门锁，检查警戒设施。在做好一系列烦琐的检查、巡查等工作后，值班民警才能轮流洗漱休息。

次日凌晨 1 点，监狱领导与督察组民警到每个监区进行例行巡查。晚上的巡查在监狱民警口中叫作"夜巡"，其实监狱的领导及督察组民警白天已经轮流巡查过多次了。监狱民警在这样的高强度高风险高压力下，相当一部分人都患有咽炎、乳腺增生、静脉曲张、腰肌劳损等慢性疾病。

凌晨 1 点，监狱万籁俱寂。唯有一个地方夜夜无眠，那就是监狱的指挥中心。和督察组现场巡查不同的是，指挥中心的民警在监控大屏前进行远程巡查，正好看到监狱领导与督察组在张琦她们监区巡查的一幕。监狱的指挥中心是信息中枢，狱政管理、应急指挥、区域广播、紧急报警等十余个系统功能全部集中于此，能够全天候、全方位地对监狱进行动态管控。

早晨 6 点 30 分，随着起床音乐声响起，服刑人员开始了新一天的改造生活，整理内务是他们起床后的第一件事。张琦在检查完服刑人员内务卫生情况之后，指导新进的服刑人员叠方块被。

8点30分，女子监狱的教室内，安静得能听见针线摩挲的声音。这是监狱开展的刺绣兴趣班。"一针一线的刺绣需要耐心，可以磨一磨部分女犯的急躁脾气。"张琦说。兴趣班多种多样，除了刺绣还有绘画、器乐、茶道等，服刑人员可以根据个人爱好主动报名。民警有时也会根据女犯的个人特点进行安排，手把手进行教学，磨炼她们的心智，缓解思家念亲之情，安心改造。

9点，南京监狱，科技法庭正在审理案件。昨天申请旁听的男犯也在，看得出他听得很认真。董坤及另一名民警在现场执行警戒任务。科技法庭，是通过科技手段进行远程视频，对服刑人员减刑假释的案件在监狱内实现远程审理，提高效能的同时降低成本。

10点，"往前走，不要回头！"监狱大门口，董坤对身边的人员说道。"不要回头就是希望他们能够回归社会，不再犯罪，不要再回到监狱，开始新生。"董坤为这名刑满人员办理好了释放手续，交清他的私人物品，将他送出监狱大门。在董坤看来，监狱内外虽然是同一片蓝天，但能够自由地沐浴每一寸阳光是所有服刑人员的梦想。

10点40分，一名年迈的服刑人员突发胸闷，董坤赶忙将其送往监狱医院就诊。监狱医院配备了专业的医护人员和医疗设备，与社会医院也有良好合作，能够为服刑人员提供完善的医疗服务。"在监区，各种各样意想不到的突发状况随时可能发生，我们的神经也是一直紧绷着，很难有放松的时候。"董坤说。

中午12点，民警们出监区吃午饭，从储物柜里拿出手机后，纷纷低头摆弄手机。董坤给妻子张琦打了个电话，这个时间也正好是张琦出监区用餐的时间。用餐时间，是值班警察唯一可以通过手机联系外界的时间。

17点，晚饭时间，董坤刚坐下没吃两口，就收到了监区需要处理紧急事务的通知。董坤放下筷子，匆忙赶回了监区，手机遗忘在饭桌上。这时，手机铃声响起，是李健的《贝加尔湖畔》，"这一生一世，这时间太少，不够证明融化冰雪的深情"，歌声在食堂里回响，来电人显示的是妻子张琦的照片。

附录5：开放式劳动与封闭式劳动比较[1]

L监狱曾经是一个大型农场，曾经组织大批服刑人员参加大田劳动。后来，整个监狱生产劳动转型为高墙内封闭劳务加工为主。该监狱警察对二者进行了比较。

监狱农场室外劳动的特征主要有：

(1) 开放式劳动模式的选择既是当时历史条件的局限，也是基于人性本善的考量。当时的历史条件下，组织罪犯在农场每个角落从事生产活动，点多面广，许多点上的罪犯自己管理自己。他们常年住在监房外面，即便有些人住在监房，其围墙也多是泥巴墙或低矮的土墙，劳动场所周边到处是柴塘、芦苇。在这种情况下，罪犯只要想跑总有机会，每年脱逃几十人次是常有的事，有罪犯出去几天会自己再回到监狱来。即使如此，在现在看来，这些外宿罪犯发生脱逃的事件的概率也是非常低的。L监狱农场从成立至今只有4名在逃罪犯。室外劳作甚至在外住宿，是基于罪犯和监管者之间相互信任，基于人性本善的共识。

(2) 开放式劳动模式为服刑人员提供了广阔的改造场所。农场十几万亩土地，农田、盐滩、柴塘、沟河等是罪犯、知青、兵团、职工、干部共同的劳动场所，监狱几十年的改造史，实际上是农场发展史。罪犯在广阔的土地上辛勤劳动，严格遵循着"日出而出，日落而归"的生活节奏，从事改造自然的实践活动，用自己的汗水洗涤灵

---

[1] 此引文为张和周二人的研究成果，已获得作者许可。

魂，同时也在感受大自然的无限魅力，阳光、空气、土地、动植物的生命等给罪犯心灵深处的触动，超越任何形式的说教。在外因与内因的共同作用下，促进罪犯憧憬美好未来，从"要我改造"到"我要改造"的转变，为自己的未来奠定坚实的基础。这种形式的劳动当然有利于服刑人员进行心理调节。

（3）服刑人员对农业生产岗位适应性强。当时到农场接受改造的罪犯，不分年龄、身份、刑种、刑期等，由于农业生产岗位要求简单、技术要求相对较低，有劳动能力的罪犯只要手上有简单工具，就可以参加农场生产劳动，创造物质财富和价值。

（4）劳动成果激励作用强。罪犯在农场劳动生产过程中，有的从事机械加工、加工制造业，有的从事采矿烧制，有的从事农林牧副渔业，有的从事建筑业和服务业等，几乎涵盖我国全部三大产业，服务农场发展的各个层面。到了收获季节，罪犯面对自己的劳动成果，成堆的三麦、金黄的水稻、洁白的棉花、崭新的机械、长长的盐堆、成群的牲畜和欢蹦乱跳的鱼儿、崭新的建筑等，都能从内心深处激励罪犯，只要自己辛勤劳动就能获得自己想要的，也能实现自己的梦想。这种收获的喜悦，实际上也非常有利于稳定监管秩序。

（5）突出经济效益性。农场从建立时的一无所有，到功能俱全的小社会，都是要靠经济投入的，而农场的主要收入，是以监狱组织罪犯生产劳动获取的收益，不光承担监狱监管改造费用，同时承担"监企社"的费用，所有监狱费用支出都要靠罪犯劳动创造的经济效益。无论是在计划经济还是市场经济时期，在监狱体制改革前，监狱生产的效益都是为满足监狱发展需要，用发展取得经济效益改善监狱设施、生产和生活条件，为监狱农场发展提供物质基础。

室内封闭式劳动的主要特征有：

（1）基于"恶人本恶"的考量。监狱加大监管设施投入，将绝对不能发生罪犯脱逃作为第一要务。监管设施的改造升级其本质是围绕

"关得住"，确保绝对安全。全国监狱系统围绕"关得住"从过去的相对指标，到体制改革后的绝对"零指标"，作为考核监狱整体工作的否决性指标。2007年起监狱投入大量资金，对监房、围墙、电网、报警、监控、进出门等12个安防系统全面升级，监管设施全面现代化。

（2）劳务加工市场化。进入21世纪，监狱体制改革全面推进，国家保障监狱基本经费，实施监企分开，监狱产业结构相继作出重大调整。罪犯劳动从室外向室内转移后，监狱全力发展周期短、投资少、风险低、规模小、调整快、周转灵的劳务加工业，形成以球制品加工、电子加工和键盘加工为特色的产业，为罪犯劳动改造提供充足的劳动岗位。通过理顺监狱与监狱企业关系，以市场为导向，监狱农场企业形成产权清晰、权责明确、政企分开、管理科学的现代企业管理制度，推进监狱企业为罪犯劳动改造提供充足的劳动岗位。

（3）劳动条件明显优化。监狱实施产业结构调整，罪犯从室外劳动向室内转移，为监狱经济发展转型提供新的机遇。为落实以人为本的改造宗旨，监狱组织罪犯劳动的指导思想发生根本转变。监狱按照标准化工厂建设要求，提高设备装备、环境控制、现场管理和安全保护等投入，紧密结合国家的产业结构和法律法规要求，加大投入力度，全面实施更新升级，引进和发展新的产业结构，淘汰落后产业，为罪犯劳动改造提供充分条件，形成有利于罪犯劳动改造的全新环境。

（4）现场管理规范化。结合罪犯监管安全，创建"5S"车间，使车间工序和物流更加畅通，更加合理。各监区根据本监区生产特色，因地制宜，建立生产区、仓储区、生活区和管理区，现场标志明显，各区功能明确，使罪犯劳动生产现场的每个环节都在民警的管理之下。建立ISO质量管理体系、职业健康安全体系和环境安全体系，严格管理生产过程，促进现场管理规范化。监狱职能部门通过定期的考核和评比，向省局申报"5S"标准车间，目前监狱的劳务加工车间都具备申报条件，用授牌的形式，促进监区现场管理精细化，向更高标准迈进。

（5）技能培养专业化。由于劳务加工大多流水作业，罪犯相对固定在一个岗位劳动改造，而计分考核中劳动分考核与劳动态度、劳动质量和劳动总量相关，罪犯大多只是在某个岗位熟练程度很高，但不能独自完成单个产品的生产或熟悉整个流水作业。监狱针对当前的劳动状况，由职能部门委托社会职业机构，定期到监狱开展专业技能培训，对培训合格的发放社会认可的专业技术等级证书。同时监狱引进社会帮教机构，介绍社会招工和岗位需要形势，引导罪犯参加专业培训和自学考试，完成专业化教育，掌握专业技能，为回归社会准备谋生手段。

室内封闭式劳动虽然增加了安全系数，但是也有很多不足之处：

室内劳务加工，罪犯劳动只是某个环节，只需掌握某个工序即可，最终能否取得劳动成果，或是否合格不是他们所能决定的，相对来说缺少收获的喜悦和创造的快乐。同时罪犯相对固定在某个岗位，机械性重复某个动作，在精神上和心理上产生厌恶情绪，劳动改造对罪犯的心理调节作用减弱，甚至产生抵触心理，不利于罪犯的整体改造。室内流水线生产，罪犯劳动只是某个环节，岗位相对固定，人员流动性有限，只需掌握某个工序即可，提高熟练程度，机械性重复某个动作，只负责分内的事，人员的流动性较差，交往的时间和空间受限。在流水线生产过程中，岗位的相对独立性、分离性、重复性，使罪犯再社会化的功能并不理想。室内劳务加工后，经专业培训后的获证罪犯，在监内没有实践机会，拿证有很大程度是为专项奖励分，功利目的很强。流水线点上作业的单一性，使罪犯回归社会后不具有就业优势。也就是说，没有实践基础的简单培训和单点的机械重复，不利于罪犯劳动改造功能的发挥。

后　记

　　严格意义上讲，这是我人生中的第一本专著。我所主编的两本教材虽然也有一些独立的见解，但是那毕竟属于集体创作，在一定程度上缺乏系统性和独创性。本书是我在国家社科基金青年项目最终成果的基础上完成的。这个项目倘若没有爱人孙竽女士以及其他热心人的不断催促和鼓励，可能就永远无法结项了。

　　监狱，对于普通人来说，既避而远之又充满好奇。但对于我来说，监狱是学术生命中无法割舍的重要组成部分。我1995年参加监狱工作，吃过水泥灰，带服刑人员挖过阴沟（炎热的夏天，苍蝇落在水杯沿上，怎么也赶不走，当时哭的心都有）、盖过楼、修过马路、采过石灰石、做过外协劳务（我要亲自搬沉重的线圈），也在监狱办公室、政治处做过写材料的文员。九年多的监狱工作，让我真正体会到了南北方的差异，让我知道了在别人看来相当神秘的监狱里究竟发生了什么。

　　2004年，我"逃离"监狱到警校任教，在开始的几年里，还是改变不了在监狱里形成的霸道暴躁的习性。我甚至有些后怕，如果我一直在监狱里工作，现在会变成什么样的人呢？好在，2007年我抓住机会到中央民族大学师从陈长平先生攻读法学（人类学）博士学位，又幸得张海洋（中央民族大学）、朱晓阳（北京大学）、吴宗宪（北京师范大学）等众多先生的悉心教诲，使我用三年时间顺利获得博士学位。在选择学位论文的方向时，我校（江苏省司法警官高等职业学校）宋行教授给了我巨大、热诚而无私的帮助，使我很快就进入田野开展研究，并指导我顺利完成项目。斯波尔英监狱的监狱长也给我最友善的支持，使我能够以研究者兼警校老师的身份行走于田野的每一个角落。最终，我的博士学位论文《超越高墙的秩序：记录监狱生活的民族志》（以下简称《超越高墙的秩序》）被评为校级优秀博士学位论文。

本来《超越高墙的秩序》应该成为我的第一部专著，但是由于我个人的慎重考量及客观因素，至今还未能出版。我想说的是，阅读本书的人可以同时将《超越高墙的秩序》找来读读（网上可以查到甚至下载）。应该说，《超越高墙的秩序》是以微观视角描述大约 2000—2010 年某监狱的秩序形态，而本书是以相对宏观的视角来解读 1995—2015 年中国监狱的社会角色转向问题。要知道，光是 2010—2015 年，监狱的变化也是非常巨大的。《超越高墙的秩序》中的许多描述已经过时了。但是《超越高墙的秩序》所反映的"有什么样的社会就有什么样的监狱，监狱秩序是社会秩序的缩影"的观点并没有变。在本书中，我依然延续了这样的思考，将监狱视为一个人，它像人一样经历着社会化的过程，逐渐确立其社会角色。这个过程就可以称为"监狱社会化"。这个概念与"监狱工作社会化""行刑社会化"等不同，关于这一点我在本书中进行了阐述。

在本书的构思、写作、出版过程中，得到了许多人的帮助：宋行、郭明、吴宗宪、周永坤、张海洋、朱晓阳、李宁、朱力、刘同君、连春亮、王雪峰等教授，王正清、张庆斌、刘方冰、孙银军、张国宽、史雪峰、杨冰凌等先生，展翠琴、付琳茜、张玉洁等女士，梁中桂、李剑等博士，和其他热心的人士。我要对他们表示深深的敬意！

仲玉柱先生，一直在我的学术道路上给予鼓励，并引我拜宇文家林先生门下练习书法。当我向宇文老师求题书名时，得到慷慨应允。在此，我要特别向二位先生表示最诚挚的感谢！

我校张晶校长、王传敏政委等诸位学校领导以及众多同仁，也都以不同的方式不断支持我的研究。

还要感谢课题组的缪文海、马岩、张大成、马臣文、刘毅等好友的密切合作与无私奉献。

本书有关监狱困境与双向开放的论述，被光明日报内参采用，并报送中共中央办公厅、国务院办公厅以及有关部委领导。这真得谢谢光明日报内参编辑白雪蕾女士，她不仅慧眼识珠，而且文风简约，反复推敲文本措辞，令我无比佩服。

感谢我的师弟张大成先生对本书的前期编辑，监狱工作经历以及人类学的训练使他成为我的知己。更要感谢本书责任编辑韩婷婷女士，没有她的精心编辑与润色，本书就无法以如此精美的面目出版。

很荣幸能请浙江警官职业学院的郭明教授和北京师范大学的吴宗宪教授为本书作序。他们似乎是约定好了的，前者重点从内容上进行解读和批评，后者重点从研究方法上进行点评和鼓励，最后竟然都归结到一点，那就是本书的读者群不应仅仅局限于监狱系统。这样的评价，给我极大的激励。

作为老师，我也得益于学生们对我的信任和帮助。在本书的校对阶段，王震、杨润泽、傅文博、周奕潼、王若蕾、宣雯雯等同学利用课余时间帮助我通读书稿，找出不少错误，正所谓"后生可畏"。在我看来，敬畏学生，就是敬畏未来。他们以及他们的后辈才是这个国家的希望所在。

永远不应忘记众多无法在这里罗列其名的好心人，你们的抬爱与期待将成为我继续前行的动力。

由于水平有限，本书会有不少错误和不足，敬请读者朋友不吝赐教！我和香港城市大学博士张筱叶女士共同主持的"监狱人类学与社会学"公众号，越来越受到学界朋友的关注，期待大家光临指导！

此书早该问世，但是由于我的疏懒和其他原因，直到母亲辞世那一天（2018 年 4 月 17 日）还未出版，立军心中的凄凉与苦楚难以言表。愿天堂里的父母永生！

宋立军

2017 年 11 月 18 日夜于江苏镇江京口桃花坞

2019 年 1 月 31 日于辽宁黑山补记并修改